The Museum Experience Revisited

中国科学技术馆译著系列

马宇罡　戴天心

王　茜　霍菲菲　刘　渤 —— 译

欧建成 ——— 译审

博物馆体验——

再探讨

社会科学文献出版社

SOCIAL SCIENCES ACADEMIC PRESS (CHINA)

［美］约翰·福克　［美］林恩·迪尔金 ——— 著

John H.Falk　Lynn D.Dierking

总 序

　　中国科技馆是我国唯一的国家级综合性科技馆，是实施科教兴国战略、人才强国战略和创新驱动发展战略，提高全民科学素质的大型科普基础设施。除了提供科学性、知识性、趣味性相结合的展览内容和科学教育，中国科技馆还承担了流动科技馆、科普大篷车、数字科技馆、农村中学科技馆等项目的管理和服务，自身服务于中国特色现代科技馆体系建设与科普事业发展的职责和任务不断拓展，促进理论研究，引领事业发展，使命光荣、任重道远。

　　自 1988 年 9 月一期工程建成开放，中国科技馆至今已走过 30 余年。30 多年中，中国科技馆经历了一期、二期和新馆三个阶段的建设发展；30 多年里，中国科技馆事业在迎接各种发展机遇、应对各种挑战中砥砺前行；30 多年来，几代中国科技馆人在学术研究、实践探索和开拓前进中积累了宝贵的经验，积淀了一批珍贵的历史文献、技术资料。

　　不忘初心，方得始终。中国科技馆引进、编译"中国科技馆译著系列"丛书，旨在借鉴世界博物馆、科技馆在管理机制、展览展示、教育活动、观众研究等诸多方面的理论探究和规律总结，吸收其长处为我所用，从而使国内业界在实践中扬长避短、不断进步。丛书学术性和实践性并重，强调国外博物馆、科技馆理论研究和实践探索，兼顾专业人士与普通读者，力求质量，系列出版，自成体系，希望能对我国科技馆事业发展、全民科学素质提升起到积极的促进作用。

中国科技馆馆长

2019 年 3 月

谨以此书敬献给那些我们职业生涯中有幸相识并精诚合作的富于思想和奉献精神的博物馆专业人士。我的故友伊丽莎白·沃尔顿·弗洛（Elizabeth Walton Furlow，1958~2012）就是其中堪为典范之一员，她生前长期从事历史学方面的策展工作。在缅怀伊丽莎白及其为彰显博物馆的社会价值所做出的贡献的同时，我们一并向所有致力于营造高质量博物馆体验的专业人士致敬！

目　录

1

第二部分
参观过程中

第三部分
参 观 结 束 后

第四部分

博物馆参观的专业指导

第十一章 为博物馆体验提供支撑

第五部分

超 越 参 观

第十二章 21 世纪的博物馆 / 285

序

博物馆观众不是一个空空如也的器皿，坐等我们将智慧灌输其中。这个道理似乎显而易见，尤其当我今天写下这些话的时候，但我必须承认，直到我在《博物馆体验》（*The Museum Experience*）一书中领略到这个道理之前，在我职业生涯早期设计的众多博物馆项目中，我从未真正试着去了解观众的视角。1992 年之前，我曾供职于两家不同类型的博物馆（一家是艺术博物馆，另一家是人种学博物馆），其间我为包括普通观众、教师、学生等在内的不同受众开发展览和项目。我曾与富有才华的设计师、学者和策展人共事，同时我本身也曾做过策展人。对于我曾参与设计的博物馆体验的内容和质量，我都精益求精。

然而，我是否真正认真思考过——更不必说对此做调研——观众或潜在观众已经具备了哪些知识？想要了解些什么？对于那些影响观众体验（包括参观前和参观后的体验与喜好）的诸多个人、社会和文化背景我是否给予过考量？曾经的我，满怀激情，用心良苦，自认为我的认真态度、勤奋工作、项目研究和学科知识就是成功的关键要素。因此，《博物馆体验》这本书曾经让我感觉醍醐灌顶，对我 1992 年以后的博物馆工作起到了很好的指导作用。我觉得在这一点上我绝非个例。

《博物馆体验》首次出版距今已有 20 个年头，如今，作者约翰·福克（John H. Falk）和林恩·迪尔金（Lynn D. Dierking）以该书的灼见为基础，增补了足以反映出他们自身和其他人历年来研究成果的最新数据和信息，从而进一步丰富了此书的内容。在过去的 20 年里，博物馆界对于博物馆体验的本质、质量和影响之关注与日俱增。受《博物馆体验》的鼓舞，美国博物馆联盟随后陆续发表了《卓越与公平》（*Excellence and Equity*）（1992）以及一系列关于学习（包括终身学习和课外学习的力量）之本质的多学科研究等里程碑式研究报告，并出炉了众多个体项目评估报告，这促使许多博物馆重新思考并改进了其项目和流程。当然，在各个博物馆内部，这些变化都局限在通常较严格的运行环境中，其中博物馆的宗旨、项目和成本都需要保持均衡。了解相关研究、熟悉潜在群体和观众、掌握确定"何事可行"的更好办法，这一切皆有助于博物馆更加行之有效地将已有服务资源高效运用到实现其自身目标上。除了博物馆自身，还有来自包括私人资助者和公共资助者在内的外部利益相关方日益增长的需求，在提供资助之前，他们需要逻辑模型、评估计划和对观众产生影响的评估。评估变得愈加司空见惯、细致入微。虽然我们对观众（和非观众）越来越了解，但我们仍有很长的路要走。

福克和迪尔金受过去 20 年众多研究的启发，在本书 12 个章节中详细阐释了他们原创的学习的情境化模式。该模式聚焦于博物馆的个人、社会文化和实体情境及其观众。如今，博物馆从业者了解处于众多情境交会之处的观众的重要性并未减弱；实际上，我敢说，尽管许多博物馆并未吸收，更遑论采纳这一更为宽泛的背景框架，但前述的重要性反而增加了。

随着新理论和新的研究成果的出现，个人情境、社会文化情境和实体情境三者中每一项都得到进一步的充实。例如，福克在"身份相关动机"方面的研究，进一步对"个人情境"进行了阐释。福克谈到了体现个人参观博物馆动机的各种"身份透镜"，指出这些"透镜"是变动不居的：观众可以并且也确实基于具体的情形和动机交替使用这些"透镜"。因此，博物馆观众可把自己当作探索者（Explorers）、导览者（Facilitators）、专业人士／"发烧友"（Professionals/Hobbyists）、寻求"体验"者（Experience Seekers）、"充电"者（Rechargers）、虔诚的朝圣者（Respectful Pilgrims）以及（或）寻求"关联"者（Affinity Seekers），这些不同的角色身份使得他们的博物馆体验丰富多彩且独具特色。

由于认识到在任何社会群体中都存在广泛的学习生态系统，博物馆有必要认识和发挥自己在这些系统中的作用，因此有关社会文化情境的讨论得以进一步丰富。这些群体的学习需求是什么？博物馆如何利用自身的独特资源来满足这种需求？博物馆如何基于自身的"实物"收藏，并善用自身作为公众高度信赖的专业机构之威望而做出根本的改变？在这一部分，得益于迪尔金对青少年和家庭的广泛研究，福克和迪尔金强调了博物馆探索、阐明、展示自身社会价值的重要性，认为这对博物馆来说势在必行。

本书作者认为实体情境包括展览、展厅和博物馆建筑（包括停车场以及其他通常被视为观众体验重要组成部分的场馆设施），并强调有必要考虑包括教育活动在内的围绕展览设计的系列活动，以及虚拟技术与日俱增的重要性。在最后几章中，作者研究了"格式塔"（gestalt）①——在此，格式塔反映的是上述各种情境与我们在记忆和学习相互作用方面的最新研究成果的融合。其中深入探讨了两项评估案例研究——福克在加州科学中心开展的广泛研究，以及迪尔金和麦克里迪（McCreedy）关于校外 STEM 项目对女生之影响的纵向研究。本书以"21 世纪的博物馆"的现实案例结尾。每章的最后都包含小结和对从业者的建议，非常实用。

由美国国家研究理事会（National Research Council）发表的《非正式环境下的科学学习：人、场所与活动》（*Learning Science in Informal Environments: People, Places and Pursuits*）（2009）描述了一种更加强调学习广度和深度的终身学习理论。在我看来，《博物馆体验再探讨》在借鉴许多有价值的研究成果和观点的基础上，加入了关于这一学习理论的更加广泛和日益活跃的探讨之中。与上述研究类似，该书将博物馆置于更宽泛的学习生态或学习"基础设施"中。我从事的工作横跨博物馆、图书馆和大量正式、非正式学习场所，看到越来越多的人开始研究如下问题："关联学习"的强大动力，参与、兴趣和好奇心在提高学习效果中的重要性，新技术在打破先前受环境制约的学习边界方面的作用日益增强。诸如"自主学习""基于项目的学习""个性化学习环境"等概念，都已从非正式学习领域迁移至正式学习领域，并显示出新的重要性和受欢迎度。因此，福克和迪尔金在书中谈到的博物馆环境

①　根据《韦氏第七部新大学词典》（Webster's Seventh New Collegiate Dictionary），"格式塔"指的是"一种体能的、生物的或心理现象的结构或构造，完整得足以构成一个功能性单元，其特性不由总结其各部分而推导出来"。格式塔理论由奥地利和德国心理学家于 20 世纪初创立。——译者注

中社交互动的作用、社交互动对有效学习的重要性，以及书中详细阐释的博物馆最擅长的学习类型（帮助那些已经在某个方面产生好奇心或有所了解的观众学到更多），都是重要的理论贡献。

此外，对于如何测量和评估校外学习环境的学习效果，时至今日不断上演着富于启发的、硕果累累的、偶尔针锋相对的争论，福克和迪尔金的范例为这一热烈的学术探讨提供了大量素材，对于非专业人士来说尤其如此。两位作者认识到，对博物馆学习效果的测量和评估充满挑战（基于"自主选择式"和"非系统性"）。但是，他们提供了许多有价值的例证，包括最新研究数据，展现了新的研究方法，帮助我们更好地理解博物馆里的学习。鉴于学术兴趣高涨，以及来自资助者的迫切要求，这方面研究正在不断取得进展：有越来越多的研究者和从业者着手开展复杂的、运用复合型方法的研究（包括纵向研究），传播研究成果，建立新的协作关系〔比如，美国国家科学基金会资助的"非正式科学教育促进中心"（CAISE）〕，以及总体而言，更有兴趣收集共享数据、开发通用术语和工具并规定出数量有限的评估"影响"的通用方法。

最后，有必要将对于"影响"的讨论置于社会价值这个更大的情境中。如果博物馆真是重要的社区锚定机构，那么它们是否已准备好应对 21 世纪社会面临的重大挑战呢？这些挑战包括我们先前教育体系的危机——很大一部分儿童没有为上学做好准备，可能上完了高中，也可能没上完高中，而且，由于缺乏坚实的基础，很难获得在大学、事业或人生发展中必备的知识和技能。这些挑战还包括诸如环境、金融、健康和信息方面的素养，全球和跨文化沟通理解，公民参与和民间话语的重要性等 21 世纪的议题。这些议题迫在眉睫，却又缺乏有效应对，从而催生出新的合作关系、组织模式及对于"影响"的新的定义。基金会、企业、决策者、政府和个体机构正在整合力量，齐心协力，共同开展诸如"高毕业率国家"（Grad Nation）①和"年级读写运动"（Campaign for Grade – Level Reading）②等活动。一般认为，我们认定和评估的这种由特定项目和个体组织带来的孤立影响，不足以使目前的社会问题有所改观。诸如"教育资助者"（Grantmakers for Education）、"高效组织资助者"（Grantmakers for Effective Organizations）一类的组织机构，正在推广一种面向慈善的社交网络化理念，这种理念强调的是发展跨机构的集体影响措施和新的合作、投资、领导及治理模式。如果博物馆继续宣称其作为社区锚定机构的价值，那么它们就要形成新的可信的、不间断的和资源充足的联盟，为共同的公益目标而努力。此外，这些模式以及对"博物馆"一词的定义，都需要去适应精通技术的公众变动不居的行为、全天候的学习需求及其对我们的内容和藏品共同创造、融合、欣赏、玩味的期待。

《博物馆体验再探讨》探讨了以上每一个主题。本书视野宽广、语言简洁，为无论资历深浅的博物馆专家和志愿者、董事会成员、博物馆资助者和决策者们都提供了宝贵的信息。该书不仅基于作者的观点，也基于他们对于全世界为数众多的各类型博物馆的丰富经验，让我们了解到博物馆需要思考的更广泛的社会趋势。《博物馆体验再探讨》这本书，向我们展现了像哈罗德·K. 斯克拉姆斯塔德（Harold K. Skramstad）与

---

① Grad Nation，旨在到 2020 年将美国全日制高中毕业率提高到 80% 的社会运动。——译者注

② Campaign for Grade – Level Reading，美国一项旨在提升低收入家庭孩子读写能力以使其在大学和工作中获得成功的社会运动。——译者注

斯蒂芬·E. 威尔（Stephen E. Weil）这样的博物馆领军人物因在著述中提出"博物馆除了关乎我们也关乎公众"而闪现出的历久弥新的智慧和真知灼见，同时建议我们要尊重观众的知识和动机，运用我们的诸多资源（包括藏品、人员和场馆设施），让我们的个人生活乃至整个社会的生活品质焕然一新。

玛莎·L. 塞梅尔（Marsha L. Semmel）[1]

---

[1] 玛莎·L. 塞梅尔是位于华盛顿特区的美国联邦机构博物馆与图书馆服务协会战略合作办公室主任，曾任康纳草原历史公园（印第安纳波利斯附近的一家活生生的历史博物馆）和西部妇女博物馆（丹佛）的总裁兼首席执行官。她曾在美国国家人文基金会工作12年，其中1993～1996年任国家人文基金会公共项目部主任。这篇序是塞梅尔女士以个人名义所写，其中的见解为其个人观点，并不代表美国博物馆与图书馆服务协会和美国政府。

前　言

并不是我很聪明，而只是我和问题相处得比较久一点。

——阿尔伯特·爱因斯坦

作为《博物馆体验》一书的修订版，《博物馆体验再探讨》是我们两个人累加起来近 70 年努力之集成，我们尝试理解人们去博物馆的原因，他们在那里的所作所为，以及他们从这些体验中获得的东西（如果有的话）。这是一段漫漫长路，距离终点尚遥遥无期，至少我们希望是这样。当我们最初开始此种研究并着手撰写文章时，只有寥寥几人；而今，人数众多。《博物馆体验》的草稿完成于 1986 年，历时 5 年多才找到愿意出版这本书的人。最终，我们说服了华盛顿特区维尔斯贝克出版社的知名出版人迪安·豪威尔斯（Dean Howells），出版了此书。25 年之后，我们面临的挑战不再是找到出版社，而是保证书中有值得阅读的内容，并且有新观点。

当然，此书的主题一如既往地重要。当《博物馆体验》写就时，博物馆刚开始在世界范围内打开知名度，同时开始进行从先前主要专注于对藏品的收集和保护向如今强调观众体验的重要转型。现在，所有博物馆都前所未有地开始重视教育。[1]博物馆的工作重点与角色的这些转变很复杂（历史学家会

1

对此解释得更好），并且也不在本书的讨论范围内，但这种转变的重要性是毋庸置疑的。然而就在二三十年前，大多数博物馆仅将"教育"列于场馆优先考虑事项的第三位，使其居于收藏和研究之后而敬陪末座，如今，同样是这些博物馆，却倾向于宣称它们的首要及最重要的角色是公众学习的中心——或至少对教育、研究和收藏予以同等关注。收藏与研究在博物馆界一如既往地重要，并且在许多历史更悠久的、更传统的场馆，藏品管理员和登记员仍保有重要影响力。然而，在我们短暂的一生中，许多情况下，场馆的工作重心还是发生了翻天覆地的变化。在过去，一个博物馆往往只设一名教育人员或"教育协调员"，而且通常安排其在地下室办公。而如今，各馆突然出现了多位负责教育和公众活动的副馆长或副总裁。事实上，今天，从教育岗位晋升为博物馆馆长的事情已经并不罕见，而在二三十年前这是闻所未闻的。

在这一历史时期，博物馆界经历的发展进步大多发生在不以藏品收藏为目的的博物馆，比如科学中心和儿童博物馆，其建立的首要目标是教育公众。现在，我们期待的是所有博物馆专业人士，从馆长和教育人员到展览设计者和策展人，都注重与公众进行交流，并支持其个人的意义建构（"学习"的另一种说法）。虽然没有确切的数据，但是可以肯定地说，在《博物馆体验》问世之前的 20 年里，博物馆观众的数量翻了不止一番，场馆数量也同样显著增加。在《博物馆体验》出版之后的 20 年里，世界范围内的博物馆观众数量很可能又增加了两倍，场馆的数量增加了不止一倍；目前，仅中国就平均每三天开放一座新博物馆。[2]在此期间，致力于了解观众、努力提供高质量观众体验的博物馆专业人士的数量轻松地翻了两番还多。博物馆业已成为一个朝阳产业，并已成为发达国家和发展中国家人们最重要的休闲去处之一。如今，鲜有国家没有博物馆，而且大多数国家的博物馆专业群体正在迅速发展壮大。

人们对参观博物馆的感知价值呈指数增长，相伴而来的是该行业专业化的迅速提升，包括对博物馆体验的理解。《博物馆体验》一书的初版之所以很薄是因为很少有研究可以作为它的基础。与此形成鲜明反差的是，在写作《博物馆体验再探讨》时，我们遇到的挑战是如何使本书的篇幅限制在可控范围之内，尽管有众多研究可供我们参考。自1992年《博物馆体验》首次出版以来，关于博物馆实践的各个方面的研究几乎都在激增。《博物馆体验再探讨》从繁多的文献中获益良多，结果是本书中参考文献的数量是《博物馆体验》的两倍。这是富有成效的20年。

与《博物馆体验》一样，《博物馆体验再探讨》的目标也是为博物馆专业人员，特别是新进人员，打造一本可读的、易于理解的入门书。我们力求对博物馆体验进行简洁而又全面的概述，引导人们深入思考观众与博物馆之间的复杂互动。虽然书中列举了数百条新的参考书目，但我们并没有尝试系统地回顾这些文献，也没有引用过去20年中的每项研究，哪怕是优秀的研究。更确切地说，我们的愿望就是把我们所认为的博物馆应如何与其所在社区融合，并满足公众需求和兴趣这个基本的"故事"讲好。我们以我们能找到的最好的、最可靠的研究作为理论依据。毫无疑问，其他人可以（而且很可能会）对我们的一些结论和选择提出质疑。然而与《博物馆体验》一样，我们相信，这一"故事"的基本轨迹提供了关于博物馆观众体验的准确的、现实的观点，而且最重要的是，这种观点很有用。

在此次重新编写的过程中，我们尽最大努力去吸纳博物馆业界大量新的研究，同时适应博物馆如今所处的与以往截然不同的社会、经济和政治大环境。我们承认，这是具有挑战性的，因为关于该领域的大量信息和这些场馆所处的运行环境瞬息万变。两个事例——数字化和在线工具——适足能证明这个观点。时至今日，数字化和在线工具已然成为博物馆体验中日益重要的部分，而当《博物馆体验》初版发行时，它们还是博物馆世界里相对无足轻重的东西。[3]你不需要成为未来主义者，就能知道数字化的前景将会继续大大改观，并且毫无疑问，这种改观会一如既往地给博物馆带来深刻的影响，但是究竟将以何种方式带来影响，则变得更加难以预料。同样说明问题的是，我们完成《博物馆体验再探讨》时，世界经济秩序正在经历剧变，大多数博物馆正面临重大挑战。[4]博物馆目前面临的这些经济挑战是否会在21世纪余下的时间里成为持续挑战，抑或它们会转瞬即逝？这真的难以知晓。因此，我们必须承认，本书中的观点在时间的长河中只能定格在这一刻，只是对当下情形和理解的"抓拍"。

20年前我们明显需要这样一本书，那你可能会问为什么现在业界还需要一本关于博物馆体验的通俗易懂的入门书。尽管几乎所有在博物馆行业工作的人如今都认识到，观众才是一家博物馆成功与否的关键，但我们仍然认为，相对来说，很少有新进博物馆专业人员能完全理解这意味着什么，遑论如何据此完善和改进他们的工作。而这并非因为他们缺少敬业精神、动机或兴趣。可以说，真正的问题是，尽管在过去的几十年间，博物馆业界专业化获得了长足进步，但是毋庸讳言，在博物馆工作的绝大多数人或者是通过后门关系进入这个领域的，或者其之前所学的专业并非博物馆研究。虽然科学、艺术、历史或环境等方面的学术成就为博物馆工作的某些方面提供了坚实的基础，但这些对于理解博物馆观众体验的现状几乎没有帮助。理解观众需要更多的社会科学视角，特别是知道如何在我们称之为博物馆的这种特殊场景中应用这种视角。鉴于此，阐述博物馆观众体验就是本书之目标。

沿袭第一本书的做法，首先我们力图从观众的视角来撰写一本关于博物馆观众体验的书；其次是进一步探讨，我们应该如何针对那些目前没有使用我们场馆的人群，想方设法让博物馆成为其日常生活的必要部分，这当然包括处于弱势的种族/族裔以及社会经济群体，还有社区中的残障人士、青少年、青年人和老年人。

我们有意识地保留了第一本书的基本结构，虽然第二本书中有三分之二的内容是新的。这样做是因为，我们这些年从读者那里得到的所有有益的反馈表明，整本书的结构切实反映出这样一个事实，即（观众的）博物馆体验远远早于实际参观开始之时，并在参观后仍有持续影响。我们的"故事"始于观众尚在博物馆之外，继于观众进入博物馆之时，而终于观众走出博物馆之后。然而，现在我们对于该体验的每个阶段都有更多内容要叙述。我们在第一本书中介绍了一种新的"互动式体验模式"，这是一种研究和理解博物馆观众体验之复杂性的方法，围绕这个模式我们组织了该书的内容。后来，我们将这个模式重新命名为"学习的情境化模式"并以更多细节加以充实。[5]这样它就不再是新模式了。自问世20年来，对成千上万的博物馆研究者和从业者来说，"学习的情境化模式"一直是富有活力而又非常实用的框架。它也会继续指导我们的工作和思考。基于这些原因，我们选择继续使用这个框架来组织本书的结构。

虽然我们用"学习的情境化模式"来架构本书并按时间线——一个人从想去参观博物馆的第一个念头开始，到实际参观，再到参观后的这样一段经历——组织书中的讨论，但我们恳请读者不要简单地把博物馆体验想成一个线性过程，也不要认为博物馆体验可以清晰地划分成几个情境模块。重要的是，如同生活本身，博物馆体验充满迂回曲折，不能对它们进行简单分类。所有的情境彼此或重叠或融合；从很多方面来说，观众体验更多是循环往复的，而非线性的。尽管如此，我们所使用的这种结构似乎仍然是解析博物馆体验复杂性的一种便捷而有效的方式。

我们认为，理解博物馆观众体验的首个步骤是发问：当个人或群体面临各种各样可能的文娱康乐方式时，为什么数百万人自主地选择了参观博物馆？而为什么还有数以百万计的人没有选择博物馆？本书的第一部分解答了这些问题，找到了人们来或不来博物馆的原因，以及他们希望在这里做什么。这部分内容得益于约翰近来对身份相关动机方面的研究，以及林恩对社会文化环境、博物馆在社会中的作用，以及为吸引那些通常不来博物馆参观的群体所做的努力方面的研究。

对于那些参观者，他们一旦进入博物馆，就必然面对许多选择——去哪里？看什么？人们在博物馆里的行为是怎样的？观众所属的社会和文化群体，即时体验（例如展览和活动设计）与诸如观众的先验知识、兴趣及期望等要素之间有什么相互作用？本书第二部分主要阐述了人们从决定参观博物馆那一刻起，到来到博物馆门前，直至走出博物馆期间的行为。我们探讨了影响观众在博物馆内行为的各种因素和情形。该部分主要得益于过去几十年间对业内有重大影响的开创性社会文化研究和基于设计的研究。

最后，对于大多数人而言，参观博物馆只是一天、一周及一生当中的众多体验之一。然而，看起来几乎每一个进到博物馆并待上足够时间的人，都受到了影响。对于参观本身人们会记住什么？他们能学到什么？有必要说明，我们并没有关注作为参观效果观众应该做什么或记住什么，而是尽可能地关注他们实际上做了什么和记住了什么。特别是本书第三部分引用了数个近期研究，并尝试使博物馆体验对观众的长期影响形成条理清晰的画面。

在本书的第四部分，我们引导博物馆专业人员从观众的视角转换到博物馆视角，并提供关于如何打造高质量观众体验的建议和具体案例。这些基于研究的建议来源于我们自身以及其他业内研究人员、评估者和专业人士的工作。本章为博物馆推介了一些方法，以帮助它们完成教育方面的工作计划，同时通过对观众的参观在时空上向前后两端进行延伸来增强观众在馆内的体验。不过，我们并没有将关于实践的观点全部放于书的末尾，而是在每一章结尾处都有一个要点小结，并就这些观点如何进行实际应用给出一些案例和建议，我们希望这个微小的改动会使这些观点更易于接受，使读者能更快地将理论观点运用到他们个人的实践中。

本书还增加了一个新的部分，即关于博物馆在 21 世纪所扮演的角色。该"超越参观"部分提出了一些观点，即博物馆当前（以及理想状态下）应该如何找准其在社区和社会中的定位，从而实现自身影响和社会价值的最大化。

所有书籍，当然也包括本书这种理论类的书，都是集众人智慧之大成。正如我们在《博物馆体验》前言中提到的，我们诚挚感激这些早年间从事博物馆观众理论研究的人士，其冗长名单读来如同名人录一般。这些人士大多数（并非全部）

7

至今仍活跃在博物馆业界。我们对他们的贡献始终心怀感恩。我们要再次特别感谢以下人士的贡献：Mac Laetsch，Judy Diamond，Sherman Rosenfeld，Mick Alt，John J. Koran，Jr. Chandler Screven，Michael Templeton，Stephen Bitgood，S. M. Nair，Arthur Lucas，Roger Miles，George Hein，Sam Taylor，Hope Jensen Leichter，Randi Korn，Betty Dunckel，Paulette McManus。我们再次向此书的第一审订者致以谢意，感谢他们的宝贵意见：D. D. Hilke，Judy White，Harris Shettel，Gail Leeds，Ken Yellis，Gloria Gerace，Bonnie Van Dorn，Janet Kamien，Nancy McCoy，Susan McCormick，Linda Deck，Elaine Heumann Gurian，Mary Alexander。特别感谢维尔斯贝克出版社的迪安·豪威尔斯给予我们的充分信任，使《博物馆体验》终得顺利付梓。

　　除了感谢先前名单中的这些人，我们还要感谢促成《博物馆体验再探讨》中观点形成的其他富于见地和敬业精神的同人，他们是（按姓氏字母顺序）：Marianna Adams，Leslie McKelvey Adelman，Phil Aldrich，Sue Allen，David Anderson，Gail Anderson，Doris Ash，Jennifer Bachman，Roy Ballantyne，Maria Marable－Bunch，Jamie Bell，David Bibas，Minda Borun，Lonnie Bunch，David Cheesebrough，Dave Combs，Spencer Crew，Kevin Crowley，Al DeSena，Ben Dickow，Zahava Doering，Sally Duensing，Kirsten Ellenbogen，Dan Falk，Joshua Falk，Kathryn Foat，Susan Foutz，Alan Friedman，Celia Garibay，Katie Gillespie，Des Griffin，Janette Griffin，Josh Gutwill，Kate HaleyGoldman，Joe Heimlich，Dana Holland，Eileen Hooper Greenhill，Nohora Elizabeth Hoyos，Karen Hughes，John Jacobson，Nina Jensen，Julie Johnson，Jeff Kennedy，Robert Kiine，

Jim Kisiel，Karen Knutson，Neil Kotler，Judy Koke，Emlyn Koster，Gaia Leinhardt，ChiChang（Michael）Liu，Ross Loomis，Jessica Luke，Nanette Maciejunes，Candace Tangorra Matelic，Terry McClafferty，Dale McCreedy，Andrew McIntyre，Kathy McLean，Elizabeth Merritt，Theano Moussouri，Mary Ellen Munley，Jan Packer，Scott Pattison，Deborah Perry，Pelle Persson，Bonnie Pittman，Christine Reich，Leonie Rennie，Laura Roberts，Jay Rounds，Shawn Rowe，Bob Russell，Peter Samis，Carol Saunders，Dave Schaller，Leona Schauble，Jerry Schuble，Carol Scott，Beverly Serrell，Beverly Sheppard，Lois Silverman，Silvia Singer，Michael Spock，Carol Stapp，Nancy Staus，Walter Staveloz，Jill Stein，A. T. Stephens，Mark St. John，Martin Storksdieck，Sonnet Takahisa，Tali Tal，Kate Tinworth，Sue Dale Tunnicliffe，David Ucko，Barry Van Deman，Martin Weiss，Mac West，Cynthia Yao，还有最后但同样重要的已故的 Stephen Weil。此外，我们要特别感谢 Salvador Acevedo、Lynda Kelly、Kris Morrissey、Dennis Schatz、Marjorie Schwarzer、Nina Simon，Daniel Spock、和 Loic Tallon 等人给出的评论和意见。他们阅读了《博物馆体验》，对出版《博物馆体验再探讨》时需要改进之处提出了无比宝贵的建议。我们还要感谢左岸出版有限公司，出版商米奇·艾伦（Mitch Allen）富有远见卓识，从迪安·豪威尔斯那里取得了《博物馆体验》的版权，感谢《博物馆研究与实践编辑》的斯蒂芬妮·范·戴克（Stefania Van Dyke）在《博物馆体验再探讨》写作过程中一如既往的支持与批判性意见。同样感谢迈克·詹宁斯（Michael Jennings）提供的编辑支持，感谢汉娜·詹宁斯（Hannah Jennings）在美编设计方面的付出。

特别向玛莎·塞梅尔（Marsha Semmel）致以谢意，她新撰写的序为《博物馆体验再探讨》增色不少。诚然，业内罕有人如玛莎一样对博物馆有着宏微兼顾的视角。

最后，我们不无自豪并满怀谦卑地宣告《博物馆体验》取得的成功。对业内许多人来说，《博物馆体验》填补了一个空白；但愿《博物馆体验再探讨》这本书能同样发挥效用。中国先哲老子有言："千里之行，始于足下。"2500 多年后这句名言仍然适用。每个旅程都需要迈出第一步，任何有价值的旅程都还需迈出第一百步、第一千步，乃至第十万步。不过，归根到底，最重要的是每一步都走向新境界。在途多年，我们踏破铁鞋，但仍"且行且学习"。所幸这段旅程引人入胜；前路方遥，我们满怀期待。

约翰·福克（John H. Falk）

林恩·迪尔金（Lynn D. Dierking）

俄勒冈州科瓦利斯

第一章　导论

——学习的情境化模式

  各种类型的博物馆在每个发达国家都普遍存在，在发展中国家也日益司空见惯。在世界范围内，每年都有成千上万的新博物馆落成，还有数以万计的博物馆改扩建。据估算，每年有超过十亿老老少少的人，或独自，或成群结队，前往博物馆参观。在 20 世纪的最后 25 年里，博物馆观众数量呈指数级增长。以 1980 年的美国为例，每年参观博物馆的人大约占总人口的 40%；到了 2000 年，这一数字攀升至 60%。[1]虽然最近几年，博物馆观众人数趋向平稳，但除了 2001 年美国"9·11"事件发生后以及 2008 年经济衰退初期，[2]观众人数并未出现严重下滑。

  本书就是关于上述这些博物馆的体验的。我们考虑的是体验的全过程：从观众产生"参观博物馆是个好主意"这一念头开始，到参观本身，再到几天、几周甚至几年后回想起参观体验为止。最重要的是，我们从观众的视角来审视博物馆：通过描述观众在博物馆中做什么以及为何这么做来实现这一目标。同时，我们还思考一个棘手的问题，即为何有些人不来参观博物馆，我们从个人角度和社会角度加以分析，因为人们来与不来，以及他们何以做出如此决定，都直接取决于特定社会或部分社会群体中人们对"博物馆"这一文化机构的认知。

1

对于那些来参观博物馆的人，本书还考虑了参观互动的结果。人们从这些体验中有什么收获？如果有收获的话，对于个人和集体来说都获得了什么？在目前关于社会价值和责任的讨论正值热烈之时，这个问题很重要。在外界看来，博物馆是否在履行作为深受信赖的社会机构和社区管理者的职责？博物馆的工作是否完全地、有意义地与其所在社区的社会结构和真实需求相衔接？同样重要的是，随着我们进一步认识到这些体验的互动式、对话式属性，观众将何种资源、动机和优势带入其博物馆体验中，博物馆是否以开放的心态赋予观众权限并向观众学习。

我们的观察由馆外开始，从潜在观众和社会成员的角度审视博物馆机构。然后，转移到博物馆内部，描述观众是如何与博物馆的展品、理念和预期目标进行互动的。最后，再次移到馆外，回望博物馆，认识到其是复杂社区内众多机构中的一员。重要的是，最后这个审视角度指引我们找到人们参观博物馆的最初原因以及博物馆的社会角色；因此，我们的论述不是线性的，而是环形的。

尽管我们只是对博物馆体验做简要介绍，但仍会努力阐明观众和博物馆之间互动的惊人的复杂性。而且，由于博物馆的特色就在于其独特的馆藏、展览和活动，我们的讨论自然会包含博物馆体验的这些方面，但涉及程度也仅限于通过这些方面来阐明观众的博物馆体验。我们还会审视21世纪博物馆存在的双重性——一个是由有形展品和建筑构成的实体世界，另一个是由数字技术和社交媒体构建的虚拟世界。20世纪90年代初《博物馆体验》一书最初写成时，很容易只关注实体博物馆。20年过去了，任谁都无法忽视虚拟技术对博物馆日益强化的重要性。我们认识到这一新的现实，另外，鉴于博物馆体验的这一方面总体上超出了我们的专业领域，我们已尽力去应对它。

在本书中，我们用"博物馆"一词指代范围广泛的自主选择式/非正式教育机构，包括艺术、历史、儿童和自然历史博物馆；另外还有动物园、植物园、科学中心、故居、国家公园、游客中心、档案馆以及其他众多的展览和藏品展示。当时间进入21世纪的第二个十年时，博物馆不仅自身定义正在改变，还面临大量涌现出的自称为博物馆的新机构的挑战。部分此类机构没有博物馆的任何传统特质，比如有馆藏或展览。然而，鉴于我们以观众为中心的视角，对潜在观众而言"博物馆"意味着什么，对我们来说比内容、展陈或设计更为重要。毫无疑问，在博物馆中工作的专业人士和与之互动的观众之间存在差异，我们也同样会对此进行讨论。但是，我们的关注点仍会主要放在使博物馆体验成为有趣的研究主题的那些相似之处和共同模式上。这些模式受到众多因素的影响，包括大众对博物馆的总体认知，对具体某个特定博物馆价值的认知，每位观众参观中带入的个人的不同期待、经验和知识，观众在博物馆中实际所见所为，以及观众在参观前、中、后置身其中的社会、文化情境。

为了对博物馆体验进行全面而系统的表述，我们建立起一个模型，用以体现博物馆体验中共同和独特的部分；这是一个用来认识、展现、组织博物馆复杂性的框架。和其他模型一样，创建这一模型的目的主要是用来描述一种现实，但它本身并不真实存在。相反，它是指导我们研究和分析复杂系统的工具。我们在20年前建立了学习的情境化模式[3]这一模型，事实证明该模型很好地发挥了作用，是解释和理解博物馆体验的便利工具。

学习的情境化模式

鉴于观众和博物馆的多样性以及两者各有的独特性，试图理解观众为何会参观博物馆，在其中做了什么，又是如何从这些体验中建构意义的，就构成了重大挑战。我们将博物馆参观定义为包含三种重叠情境的相互作用（图1）。

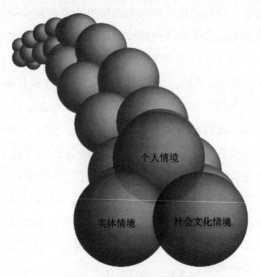

图1 学习的情境化模式

尽管我们能够将这三种情境或多或少地当作独特的实体加以区分、讨论，但实际上它们相互作用，交织在一起。只有对这三种情境加以整体考虑，我们称之为博物馆体验的整体概念才能得到理解，因为这一整体大于各要素的总和。这些情境包括：

1. 个人情境；
2. 社会文化情境；

3. 实体情境。

所有的博物馆参观，以及带入其中的意义和从中获得的意义，都可以理解为在上述三种情境的交互作用中产生。事实证明，运用这一框架理解博物馆体验不仅是一种从观众视角理解博物馆体验复杂性的有效途径，还是用实证法评估影响博物馆观众行为和学习的诸多要素相互作用及彼此关系的有效方法[4]（图1）。

个人情境

每位博物馆观众的个人情境都是独一无二的，其中包含大量经验和知识。这既有一般意义上的对博物馆不同程度的经验，也包含对所参观的特定博物馆之内容和设计的经验与认知。个人情境还包括观众的个人发展水平和所偏好的学习模式。尤为重要的是，这一情境还包含观众的个人爱好、态度与动机等方面的差异。以上这些特性决定了观众为自我实现而寻求哪些体验，决定着观众带入参观的个人需求和相关资源，以及最后影响着观众从体验中获得的乐趣和知识。这些特性体现在观众入馆时的个人参观计划中———一系列预先形成的兴趣、信念、需求，以及经常包含对于参观会是什么样的，又能带来什么的预期。个人情境的变量有助于我们认识和理解观察到的来参观的人和不来参观的人之间，以及观众的行为举止和学习方式方面的诸多差异。个人情境变量还帮助我们理解观众是如何衍生出自己特定的个人参观"故事"的，以及其中的原因。这种参观"故事"有助于形成对参观的记忆，促进观众从参观中学习，这种记忆或者说收获通常会持续数周、数月甚至数年。

社会文化情境

参观博物馆有其社会文化情境；该情境的一个方面是观众自带的，另一个方面则存在于博物馆之中。对于前者，每个人都生于、长于某种文化背景中，这种文化背景包含共同的信仰、习俗、价值观、语言及思维方式。人们由于文化背景（族裔、社会经济地位、出生国等）不同，对于博物馆也有着不同的总体认知，这就很可能导致人们在真正来参观的时候会有不同的体验。参观者个体间存在的文化差异，因以下情况而变得复杂：博物馆本身也是由具有不同文化价值观和信仰的人所缔造的，这些价值观和信仰决定了他们认为什么值得保存、养护，以及什么值得向观众介绍。博物馆的价值观和信仰体系，可能与观众的一致，也可能不一致。另外，社会文化情境的这一方面也有助于理解人们来或不来参观，以及他们做出这种决定的原因。

除文化因素之外，每个博物馆观众在博物馆中还受到社交互动因素的强烈影响。多数人是成群结队来博物馆的，那些单独前来的人总会与其他观众和博物馆员工接触。观众的博物馆体验取决于，他们是否扶老携幼而来，是否带着两个孩子来，以及偕行者对于展览内容是否非常了解。博物馆里是否人满为患会强烈地影响参观体验；与志愿者和博物馆其他员工的互动亦是如此。了解这些社会情境因素的重要性，有助于我们更好地理解观众的行为差异，例如，家庭团体中的成人参观行为和全成人团体中成人参观行为之差异，或者，参加学校组织的实地考察的儿童与跟随家庭而来的儿童在与博物馆的互动方式方面之差异。

实体情境

博物馆是观众通常可以自主选择进入的实体场所。实体情境包括场馆建筑和对建筑的"感觉"以及其中的展品和文物。这些实体情境要素强烈影响着观众的参观路线、观察到什么、记住哪些。例如，给博物馆的地板铺上地毯、增加座椅，可以减轻许多观众的疲惫感。建筑和设计方面的特点可能会为残障人士参观增添便利，也可能为他们带来不便。动物园中大象馆的气味或许会影响到特定观众每次在大象馆中的逗留时长。艺术博物馆与科学博物馆之间、故居和水族馆之间的许多差异，都取决于实体情境的要素——场馆建筑、展陈和氛围，这些都是对观众有重大影响的要素。实体情境还包含在参观前和参观后观众与之互动的那些实物和事件，包括电视节目、网站、图书杂志等。

时间

"时间"本身尽管并不是情境，但却是这一模型的第四个重要维度。将博物馆体验在时间维度上看作一个快照，哪怕是一个长长的快照（例如观众在博物馆停留的这段时间），都远远不够。对博物馆体验以及任何体验的理解，都需要"从长计议"。人们需要从时间和空间上移动镜头来看待某人更长一段人生中的经历，在社区和社会的更大背景下看待博物馆。

情境模式代表的是一种动态的、考虑具体情境的系统。观众持续构建着每一种情境，而正是这些情境在时间中的相互作用构建了每个观众的博物馆体验。这种构建起来的博物馆体验对于每个个体都是独一无二的；没有哪两个人对这个世界的体验是完全相同的。在任何一个特定时刻，这三种情境中的任何一种，都会对观众产生至关重要的影响。观众体验的产生可以被认为是由个人情境、社会文化情境和实体情境这三者持续变化的相互作用导致的。考虑该模式的一种便捷方法是（虽然公认这种方法是人为的），将包含"学习"这一关键部分在内的体验，视为是由人们随着时间推移在自身社会文化和实体世界中建构起来的；久而久之，意义一层一层地逐渐建构起来。然而，该种描述也没能很好地捕捉到这一过程的实际动态，因为这些意义本身一旦建构起来，就不是静止的，甚至不一定是永久的。全部各层意义，包括最早建构的那些（尤其是那些），都会直接影响未来各层的形态、形式，并与之相互作用；人们塑造着自身环境，也被环境所塑造。与其他系统类似，这一模型的各部分存在持续的互动和反馈环。为方便起见，我们区分了这三种情境，但要铭记于心的是，这些情境并非真的各自独立，甚至并非可分。其核心是，这种理解博物馆体验的情境化模式有助于我们更容易了解、研究复杂的细节和交织在一起的整体、相互之间的作用及其导致的结果。情境化模式时刻提醒我们，博物馆体验具有内在复杂性。相应地，它也提醒我们，在我们描述和影响博物馆体验的预期方面，必须保持谦卑。与各种复杂系统类似，我们无法理解或掌控博物馆体验的全部。

博物馆专业人士不辞劳苦地设计展览、开发解说材料、策划活动，以期观众们参与进来，但这种期待未必总能实现。当观众真的参与进来时，他们的情境中则包含了这些展览、解说材料和活动。如果观众不关注某个展览、解说材料或活动，这些东西就不是观众当前情境的一部分，即不是观众建构起来的体验。无论观众关注什么，都经过其个人情境过滤，受社会文化情境影响，融入实体情境中。就观众建构的情境之间的相互作用来看待这一过程有助于我们认识到，观众所做的选择造成了潜在的博物馆体验和实际博物馆体验之间的差异，这些选择包括看一场电影还是听一场示范讲座，是在博物馆人多时还是人少时来参观，是先看恐龙还是先看木乃伊，以及是在博物馆内再逛一会儿还是停下来吃午饭。

用基于需求的情境化"透镜"审视博物馆体验

客观地说，我们历来不曾以这种非常情境化的角度——个人情境、社会文化情境和实体情境的透镜——来看待博物馆体验。自我们写就《博物馆体验》一书的20年来，我们高兴地看到，如今的大多数展览和活动在设计方面不仅对实体情境如照明、色彩、展品的布置、文本的易读性等方面予以关注，还将观众的个人情境和社会文化情境，例如观众对某一主题的既有兴趣或观众跟随参观的社交团体等纳入考量中。然而，鲜少有博物馆在设计观众体验时用到的方式完全包含情境化模式的所有细微之处和系统复杂性。行政管理者、教育者、设计师或策展人这样的博物馆专业人士，通常会透过部分这种透镜来审视博物馆体验，而且尽管博物馆宣称自己"以观众为中心"或"履行社会责任"的这种现象越来越普遍，但观察它们的礼品店、售票员、餐饮服务或如何组织学校活动，就会发现未必如此。博物馆虽用意良善，但常常在运行中使用一种不完整的博物馆体验的模型，只关注两种情境中的一种或某个部分的相互作用，不幸的是，关注点更多在某些理想化或"平均化"的观众上，而通常少有关注真实观众。更为重要的

9

是，这些方法很少将博物馆体验视为一个以一系列基于需求的现象为根本驱动的复杂系统。

无论是单独前往还是集体参观，典型的博物馆参观都是个人或团体在博物馆这一实体背景中满足个人/社会文化方面的一种或几种需求。尽管这不是考量人类行为的典型方式，但我们往往会选择一些让我们有特定机会去满足特定需求的场所去参观。如果想去逛街，我们会去商店或购物中心；如果想去锻炼，我们会去健身房、慢跑步道或球场；如果想找让人轻松的娱乐活动，我们或许会去电影院或窝在家里的沙发上看电影。对场所的选择，在相当大的程度上取决于我们需要被满足的社会文化需求和个人需求。在情境化模式中，实体情境提供了许多体验的常量。尽管我们偶尔也会处于有意想不到的事情发生的境况中，但这终归是生活中的例外，而非常态。我们一生的绝大部分是在这样的情况下度过的，那就是，事情大体上可以预测，对于所期待之事以及应该如何做，我们有着大概的认知。

对于 21 世纪早期去往多数博物馆中的多数观众而言，博物馆这种情况属于可以适度预测的范畴。尽管每一家博物馆都是独特的，但都为观众带来了适度新奇却基本可以预测的体验。比如，观众参观水族馆，期待的是看见水族箱里的活鱼，了解这些种类众多的鱼的信息。观众不一定需要知道他们要看见的具体是什么鱼，以什么方式看见，但他们确实会期待看到水族箱里的鱼。观众参观艺术博物馆，期待的是看见挂在墙上的画，或放在地上或底座上的雕塑，通常是特别的画作或雕塑。观众参观儿童博物馆，会期待着各种互动体验，尤其是依据儿童身量、爱好和生长阶段而专门设计的互动体验。这一看法虽然显而易见，却着实重要。我们生活在无数实体情境、社会文化情境和个人情境的交集中；对于包括以情境交集为特征的博物馆体验在内的各种情况而言，这种"交集"都伴随着一系列通常不言自明（甚至在潜意识里）但又显而易见的期待。

基于这一前提，有人会问：与博物馆相关的期待是什么？事实证明这是个重要问题。我们对回答这个问题所做的努力，使得我们提出了将在本书中探讨的许多重要观点。人们并不是凭空走进博物馆的，他们来必有因。这些原因一定与人们既有的体验、期待、动机、知识、喜好等个人情境因素相关。人们之所以来参观博物馆，是源于他们对博物馆及博物馆对他们自身及他人的价值的总体认知——这些是与社会文化情境相关的要素。接着，我们适当地迈出了理解博物馆体验的第一步，即探讨真正成为参观者之前的公众，思考人们愿意踏入博物馆的原因；我们还认识到，认为博物馆值得参观的观点代表了一种文化上先进的特殊视角。后面我们将看到，这种视角让我们洞悉为何有人不会选择参观博物馆，甚至不认可、不理解博物馆一类的机构在满足其需求方面可能发挥的作用。

 ## 小结

■ 博物馆体验，开始于参观之前，包括在馆内的体验（与博物馆员工或同行伙伴的互动，还有与其他观众的交流，与展览、解说材料和活动等的互动），并在离开博物馆后的很长的时间里继续存在。

■ 博物馆体验可以用学习的情境化模式加以理解。

◆ 个人情境：对于博物馆的内容及其作为社会机构的认知，每位博物馆观众在参观时都带着自身独有的先前体验、兴趣、知识、动机、信仰和价值观等个人背景。

◆ 社会文化情境：每次博物馆体验宏观上都植根于博物馆作为社会机构的社会文化情境中，微观上都受到与他人（同行伙伴、其他观众、博物馆员工等）进行社会文化互动的影响。

◆ 实体情境：包括场馆建筑、展览、展品和解说材料（说明牌、多媒体设备、导览手册等）在内的博物馆，代表的是一种观众通常可以自主选择进入并参与其中的实体环境。即便观众不是自愿来参观的，一旦进入博物馆，他们的所看、所谈、所做都有充分的自主权和选择权。

◆ 时间：一切博物馆体验都随时间而产生、变化；与其他体验一样，若要理解博物馆体验，需要长远眼光。

■ 人们参观博物馆是为满足特定的，通常是高度个性化和/或社会文化的需求。

给从业者的建议

■ 博物馆工作人员应该认识到，来博物馆参观的观众都带着自身的个人情境，包括参观计划、兴趣、期待、才智和身份等。观众利用博物馆的环境、展品、现象和体验实现和发展其个人情境。为有效服务观众，博物馆工作人员除了完成机构自身的目标和计划外，还需要了解如何去帮助观众实现其个人目标、完成其行程计划和达到其参观效果，即观众的个人情境计划和效果。

■ 博物馆为个人学习提供了丰富的实体环境和社会文化环境。观众中有人在这种环境里非常舒服自在，有人则不然；有人知道做什么、实现怎样的目标，有人则不然。博物馆工作人员应该留心了解观众类型各异的需求，为其实现自身目标提供多种多样的帮助和支持，并确保观众有舒适、满意的体验。实际上，如果工作人员能够满足各类观众的参观需求和兴趣，观众才有可能拥有舒适、满意的体验。

■ 博物馆体验的开始远远早于观众抵达之时，也会在其离开之后持续很久。博物馆从业者应该学会为观众的长期学习和休闲时光更好地提供帮助，并发掘观众的喜好和参观计划。博物馆体验可以对观众的兴趣起到"跳板"或强化的作用，帮助观众就某个主题积累专业词汇、建立理性认识，形成个人记忆。如果博物馆体验切合实际，并且在观众离开博物馆之后能贯穿于他们的日常生活或其他活动（例如，就家庭而言，参观其他场馆、读书、看电视、做游戏等）之中，那么，随着时间的推移，数周、数月、数年之后，观众就能产生对于该主题相对更深入的认识。

第一部分

参观开始前

第二章 个人情境
——与身份相关的动机

问：请讲讲你平时喜欢做什么事。

答：天哪，我喜欢做的事情太多了。我真的喜欢我的工作，同时我还有一家五金店，需要我帮忙打理〔我承认，我有点工作狂（笑声）〕。从前，我的大部分空闲时间花在忙着照顾孩子上，但现在他俩都上大学了，尽管还是要花很多时间为他们操心，不过我有更多时间了。我想想还有什么呢？哦，我喜欢弄花侍草、参观博物馆、旅行。我们夫妻俩喜欢一起做饭，也喜欢出去吃。还有，我喜欢阅读，喜欢看电影。我为（美国）民主党和在其他几个非营利机构做义工。有太多事要做了，但又很难有时间投入进去。

问：你喜欢做这么多事，我一点也不奇怪。你提到了博物馆，那跟我说说博物馆吧。

答：我和我丈夫都喜欢参观博物馆，尽管喜欢的类型不同（笑声）。他喜欢航空博物馆和科学类博物馆，而我喜欢艺术类博物馆。我迁就他，陪他去他喜欢的博物馆，他也陪我去我喜欢的。

问：哦，你为什么喜欢艺术博物馆呢？

答：我一直都很喜欢艺术，但（参观艺术博物馆）主要还是为了跟上潮流，看看有什么新东西，让我能站在思想和趋

势的前沿。我尤其喜欢参观最新的当代艺术展和与之类似的
展览。因为我是五金店的家居设计采购员，所以总要寻找新趋
势和新思想。[1]

安娜[2]是居住在内布拉斯加州奥马哈市的 45 岁墨西哥裔
美国女性。

以上为本书作者约翰所做的一系列访谈的部分内容，这
些访谈旨在更多地了解人们为何以及如何利用博物馆去满足
闲暇时的需求。安娜和她的丈夫都受过良好教育；她在银行工
作，她的丈夫在保险公司工作。像生活在 21 世纪的许多人一
样，安娜非常忙，她在描述自己喜欢做的事情时，并不能轻易
地将生活中与工作相关的事情与纯休闲的事情区分开来。描
述的活动中，有放松型的，比如阅读；有活动型的，比如园
艺；有消费型的，比如外出吃饭；有学习型的，比如参观博物
馆，这些活动都混杂在一起。在她所举的博物馆的例子中，参
观博物馆既为乐趣，也为工作，二者并没有明显区分。反观
20 世纪，那时，工作和休闲的界限泾渭分明，而在 21 世纪早
期的知识时代，工作、消费、学习和休闲紧密交织在一起。[3]随
着参观博物馆成为各行各业的人日渐普及的休闲活动，以上
这些对我们理解博物馆体验具有重要影响。博物馆的情境可
以满足人们的许多重要需求——博物馆是人们社交、学习、休
憩、发现新知的好地方，也是人们到其他国家和城市旅行时的
好去处。要想理解谁参观、谁不参观博物馆以及个中缘由，首
先需要将参观博物馆视为满足个人需求的途径。

尽管有许多博物馆观众对于是否参观博物馆并没有太多
选择余地（比如许多小学生来参加实地考察活动），但绝大多
数博物馆观众可以自主选择参观与否。对于这些观众——例

如前文提到的安娜——来说，参观博物馆是各种休闲活动中的一项，即选择去参观博物馆本质上是利用闲暇时间满足特定需求。因此，为开始理解博物馆体验，需要提出两个根本性问题。

1. 为什么人们在闲暇时选择参观博物馆，而不是去参加其他类型的活动？

2. 为什么人们选择在特定的日子参观博物馆？

为理解以上两个问题，我们不能，也不应该仅从博物馆这个参照系入手。我们从这个博物馆角度思考其所做设计、组装，表面看来是为了满足观众需求和兴趣，但通常来说，我们营造的博物馆体验——展览、导览手册、媒体演示、活动、网站等等，首先是要满足博物馆的需求，达到博物馆的目标，通常是博物馆如何更好地帮助观众去理解和欣赏艺术、历史、科学、环保等特定主题。但是，大多数观众参观博物馆时只是把对艺术、历史、科学、环保等主题的理解和欣赏放在第二位。观众的真正目标是满足其个人需求和爱好，无论是智力、实体、社交方面的，还是像最常见的那样兼而有之。如果真想知道人们为何参观博物馆，我们就需要从观众的参照系入手，即公众利用其闲暇时间去满足其个人的、与身份相关的需求。

参观博物馆与休闲

人们通常会将生命中的一部分时间用于休闲。20 世纪的大部分时间里，工作常常包含某种程度的体力劳动，那时，人们主要将休闲活动作为一种手段，用以逃离繁重的体力劳动或高强度的脑力劳动。典型的消遣是去迪士尼乐园或其他主题公园游玩，或是假日时在海边放松一星期。尽管这些休闲消遭在今天仍受欢迎，但其市场份额在下降。在 21 世纪早期，这些体验（有人称之为"海滩流浪汉"）正被完全不同的休闲体验所取代。无论是参加急速漂流或登山一类的冒险运动，还是去名胜古迹或博物馆等能扩大知识面的地方参观，越来越多的人将休闲活动视为拓展其理解自身、理解周遭世界的机会。[4]尽管这些新型旅行者或许仍会花时间在棕榈树下无所事事、浅斟低酌，但有越来越多的人通过将自己沉浸于新想法、新地点、新体验中，将休闲时间用于充实自己、焕发活力，该种动机就是安娜所谈到的参观博物馆的原因。

加拿大旅游委员会近期一项关于美国人休闲时间的调查为此趋势提供了实证。[5]调查表明，在美国人度假的目标中，海滩位列第一（占比 54%），紧随其后的是文化（51%），探险（41%）排名第三。此外，40% 的受访美国度假者表示，他们旅游的目的是提升自己、探寻心目中的桃花源。调查还表明，越来越多的女性愿意独自旅行，过半数（52%）的受访女性表示，她们旅行的目的是体验文化，比如参观历史遗址和博物馆。这些统计数据表明，许多美国人以及其他发达国家的公众和发展中国家日益增加的中产阶级，都将文化、学习和自我实现视为休闲活动的主要目的。虽然历史上总会有人怀有如此价值理念并有能力承担相应的开销，比如 18、19 世纪，受过良好教育的欧洲精英们去游学旅行，但当今如此多的人秉持这样的价值理念是史无前例的。[6]

休闲活动目标发生重大转变的一个结果就是公众可选择的休闲活动的数量呈井喷式增长。很简单，休闲场所、方式和机会比从前多了许多；它们都迫切希望人们将有限的闲暇时间分配给自己。正如本章开头对安娜进行的采访所表明的，人们发现自己的闲暇时间被各种各样的活动所分割，其中大部分时间还要分配给紧张的生活和日程。比如，虽然美国人曾经每年都会留出一到两周时间来休假，但如今人们时间紧张，大多数假期是三到四天的短假。[7]然而，同以前一样，越来越多的人将闲暇时间该做什么的决策纳入一系列价值相关的成本收益考量之中，他们主要考虑时间和金钱，且对少数人而言，金钱是关键问题。[8]无论是进市区逛商场或参观博物馆这样的短途行程，还是一部分可能包含大量活动的旅游观光型体验的长途旅行（包括参观博物馆），人们都会"计算"这些体验的价值：投入了这么多的时间、精力和金钱，如何能让我和我的亲朋好友获益最多？[9]通过权衡这些有意无意的选择，人们进行这种"计算"——我的需求如何跟众多休闲活动相匹配？这些活动能带给我什么？"需求"是从身份相关的角度来定义的，比如，我想成为好家长或好伙伴，体现我对知识怀有好奇和/或表明我是一个积极健康的人，和/或体现我参观特定场所并做特定事情这样的身份。[10]与这些身份相关需求相匹配的就是一系列为满足这些需求和体现这些角色而提供机会的休闲活动或休闲场所，比如，博物馆、图书馆、书店、公园、慢跑步道、商场和跳蚤市场等。

虽然在发达国家，博物馆参观人数或许已接近峰值，但在发展中国家，参观博物馆的人数继续以指数级增长。从整个世界来看，今天的博物馆无疑是重要的休闲场所，但正如上文所指出的，其他休闲活动也在逐步发展，包括购物、打电子游戏和健身。那么，为什么会有人特别选择参观博物馆？

参观博物馆的原因

参观博物馆的决定，来源于潜在观众两种想法的结合：

（1）我，或我和我的团体，想要满足一种或几种个人和/或社会文化需求；（2）我，或我的团体中有人想到，博物馆是一个能够满足上述一种或多种需求的场所/环境。当且仅当这两种想法发生碰撞时，人们才有可能去参观博物馆。如果潜在观众在特定时间和特定地点产生特定需求和愿望，并且知道某个特定的博物馆能够满足该需求和愿望，她才会做出参观博物馆的决定。这一"对话式"决策过程几乎总是由个人（或团体）的身份相关需求和以往休闲行为来决定，而如果某个博物馆成为个人或团体潜在的目的地，那么，参观通常会围绕具体的身份相关动机展开。

休闲活动决策就好像是一种谈判，需要在相关成本和收益之间做出权衡，成本包含对时间和金钱的投入，收益包含休闲活动附带的价值和重要性。大多数博物馆收费。尽管对于许多中产阶层而言，门票费不是主要阻碍，但收取门票费似乎的确会影响参观人数，英国许多博物馆免费开放，据统计，过去十年间，政府资助类博物馆由于免费开放，总参观人数增长了一倍。[11]然而，同样是这些博物馆，低收入群体和历史上政府扶持不力的其他群体的参观人数先是上升，随后又跌到接近免费参观政策实施之前的水平。[12]最近所做的数项研究表明，尽管门票是否收费是一个因素，但它本身极少成为人们是否参观博物馆的唯一决定性因素。[13]其主要原因在于，门票费大约只占参观总成本的17%；其余83%包括交通费、在食品饮料上的花费以及在某些情况下的住宿费。离博物馆越远，这些参观成本越高。[14]但是，对于低收入群体及博物馆历来不属于其社会结构组成部分的那些社群，无论是否有闲暇时间，门票费都是一个重要影响因素。[15]

对今天的大多数观众而言，参观博物馆最主要的"成本"

不是金钱，而是时间。以实体博物馆为例，抵达那里需要时间，穿行其中也需要时间。如果是去一些与博物馆相似的场所，比如国家公园，路上就会花大量时间；其他如街区博物馆之类则较易抵达。因此，便利性是从另外一个层面对时间进行的考量。抵达博物馆是否容易？是否需要开车穿过城市中的陌生街区或市郊区？交通是否拥堵？停车是否方便？如果是，那么，需要花费多少，方便程度如何？参观博物馆是否会和用餐时段冲突？如果会，博物馆里是否有食品供应，需要花多少钱买，是否干净、可口？时间有限的情况下，博物馆的潜在观众一定会在参观博物馆和做其他事之间加以权衡。从根本上说，尽管每件事都有成本，但参观博物馆这一休闲决策不仅是基于成本而做出的，同样地（或更为重要地）还基于收益而做出——我们将其定义为"价值"。[16]参观对于我（及我的团体）有何价值？

例如，参观博物馆会使人有哪些收益？环境使人愉悦吗？如果今天天气好，开展户外活动会不会更好呢？如果今天天气不好，选择室内去处是否更有吸引力？博物馆是不是一个让人身体上、社交上和心理上都觉得舒适之所在？如果不是，这么不舒服的地方是否值得去？它适合与亲朋好友一起去吗？或者，它是不是结识新朋友的好地方？人们在博物馆里是否有事可"做"，或者，在这个地方人们可以仅仅满足于做个"观众"吗？在博物馆里是否能学到知识，或者挑战自我？人们会感到放松吗？在博物馆里是否安全？那里的设施适合孩子吗？观众能否在那里做其他事，如购买礼物或美餐一顿？如果不考虑成本，去博物馆参观体验是不是一个千载难逢、绝对不容错过的机会？参观体验是否能提高社会地位或专业声望？是否有趣？重要的是，所有这些"收益"都是以观众自己为参照——不取决于别人认为它是否有价值，而取决于自己认为与否。

大多数人不太可能对这些潜在"收益"等量齐观，但若要参观博物馆，人们需要相信，参观至少是有好处的。同样，认识到以下事实也很重要：尽管以上所有这些因素都可能对是否参观博物馆的决策起作用，但大多数人每次在考虑是否参观博物馆时，不会总是特意将全部因素纳入考虑。近年来，博物馆研究者在论证人们参观博物馆的原因方面取得了巨大的进展。[17]通常来说，观众对"你今天为何来参观"这一问题的答案，可以大体上归结为以下几个宽泛类别：（1）社交方面的原因；（2）消遣、观光方面的原因；（3）学习和个人提高方面的原因；（4）爱好和专业兴趣方面的原因；（5）虔诚纪念的原因。

长期以来，无论是博物馆业内人士还是圈外的人都希望能用二分法分析参观博物馆的原因：消遣娱乐 vs. 教育学习。这种"教育 vs. 娱乐"的论点其实是伪二分法。简·派克（Jan Packer）[18]、约翰尼·弗雷泽（Johnny Fraser）和杰斯·西可勒（Jess Sickler）[19]、作者约翰及其同事希诺·墨苏里（Theano Moussouri）和道格·柯尔森（Doug Coulson）[20]等研究者发现，大多数观众认为，学习和娱乐是"同时并存"的——而不是"非此即彼"的。正如本章前面所述，21 世纪的休闲体验越来越多地是一种自我实现和自主选择的学习。尽管很多研究者在封闭式调查（也就是说，受访者必须从"娱乐""学习""社交"中选择参观原因，这是封闭式调查的硬性要求）中发现了区别，但从对观众更深入的开放式访谈中发现，人们一般并不对这些原因选项自然地加以区分。尽管人们可能会倾向于其中一种意义，但他们很少认为这些意义无法兼顾。

实际上，弗雷泽和西可勒在一项对美国动物园和水族馆（这两种可谓是所有类型博物馆中娱乐性最强的）观众的全国性调查中指出，超过 90% 的公众不认为这些仅仅是娱乐设施；反之，几乎所有人都认为，动物园和水族馆同样具有教育意义。[21]

实际上，几乎所有参观博物馆的人都明白，博物馆是教育机构，因而期待在参观时能学到东西。人们不言必称"学习是参观博物馆的原因"，并不能证明他们缺乏学习动机。早在 20 世纪 70 年代[22]，人们就认识到，博物馆的内容和教育意义往往是如此显而易见，以至于人们并不需要特意表明这是参观的原因。例如，当舍曼·罗森菲德（Sherman Rosenfeld）问人们"为何到动物园参观"时，只有三成的人提到了动物。是因为人们不知道动物园里有动物吗？或许不是；更有可能是由于这个事实太显而易见，所以无须再提。作者约翰在解释这一现象时用去餐厅吃饭做类比。假设你在做一项关于人们为何去餐馆吃饭的研究，为找到答案，你访问了众多餐馆，询问在那儿吃饭的人，为何今天来这家特定的餐馆吃饭。你肯定会得到五花八门的答案：人们会评价菜品质量、餐厅服务、价格，或许还因为方便。但是，有多少人会回答说"因为我饿了"？少之又少。人饿的时候去吃饭是前提条件，调查者知道这一点，所以不加提及。非常类似的是，博物馆受访者会假设采访者应该知道什么、不知道什么，所以不会重复显而易见的东西。人们在去博物馆的时候不会想着是去商场或游乐园，他们知道博物馆是教育机构。

然而，教育并不是观众所认为的博物馆能发挥的唯一作用。大量观众将博物馆看作家庭、情侣或其他社会群体能休闲消遣的社会环境和场所。事实上，几乎所有的博物馆观众都作为社交群体的一员前来参观，且社交收益是参观博物馆最强烈的动机之一。大量研究表明，对大多数公众而言，参观各类博物馆是为了满足某种附加需求。[23]对于希望将博物馆当作帮助孩子学习和体验新知趣事场所的成年人来说，尤为如此。斯蒂芬·凯勒特（Steven Kellert）在一项对大约 3000 名美国人所做的调查中发现，参观动物园及其他拥有动物展览的场馆，最常见的原因就是"为了教育孩子"。[24]凯斯琳·汀沃斯（Kathleen Tinworth）团队在丹佛地区的大量场馆所做的研究也得出类似结果，这些场馆包括布法罗比尔博物馆及陵墓、蝴蝶馆、丹佛儿童博物馆、丹佛自然和科学博物馆、丹佛动物园，以及野生动物体验园。[25]

博物馆吸引观众的另一个重要原因是其拥有的独特的展览。从某种意义上来看，诸如华盛顿特区的史密森学会、台北的"故宫"或伦敦的大英博物馆等场馆，其本身就是独一无二的国宝；另外，它们展示了稀有的展品或独特的展览。许多人觉得必须告别平庸的休闲模式，去看看埃及图坦卡蒙法老、第一块月球岩石或国家纪念碑之类的。尽管这通常被认为是人们参观博物馆的重要原因，尤其是当热门展览开放时，观众人数更会猛增，不过，事实上这种参观动机并不如大多数博物馆通常认为的那样重要。

人类学家尼尔森·格拉本（Nelson Graburn）提及，公众对崇敬体验的需求是"一种更高层次、更神圣、超越家庭生活和工作带给我们的琐碎日常的个人体验"[26]。博物馆能提供类似的崇敬体验和一个"宁静且神奇"的场所，在这里，观众们能远离世俗，暂别朝九晚五的生活。对于植物园、艺术博物馆和水族馆这样的场馆而言，这种参观动机尤其重要，不过，对于少数人来说，几乎参观所有类型的场馆都是抱着这一动机。[27]

最后，观众参观博物馆，也是为了探寻特定职业灵感或爱好相关灵感。摄影师游览植物园、动物园、水族馆等场馆，是为了拍摄动植物。业余爱好者参观自然历史博物馆或历史博物馆，是为了寻找特定问题的答案。艺术家参观艺术博物馆，是为了寻找灵感或思路。此外，当某个展览甚至整个博物馆都专门展示有关特定民族、族群或种族群体的内容的这种情况日益普遍时——例如，位于堪培拉的澳大利亚国家博物馆、位于首尔的韩国国立民俗博物馆、位于华盛顿特区的美国印第安人国家博物馆、位于洛杉矶的日裔美国人国家博物馆等——带有特定民族和/或族群/种族身份的个人把这些场馆当作强化其个人和集体认同感的工具。如何理解这些情况？

从身份角度去描述博物馆观众

随着博物馆日益成为热门休闲场所，越来越多的人对博物馆是什么样的、为何以及如何利用博物馆有了认识——换言之，博物馆体验能为他们提供什么。然后，博物馆的这些"供给"和与观众身份相关的需求相匹配。这些共同形成了一个非常牢固的、积极的反馈环。这一反馈环的开端是公众寻求满足和实现特定身份相关需求和意义的休闲体验，例如自我实现、培养子女或如前所述的，寻求新奇的事物。随后，观众会思考他们的参观过程，并判断这种体验是否很好地满足了其特定需求，如果是，那么他们会把这次参观的情况告诉别人，这有助于建立社交和社会层面的理解，即这家或其他类似博物馆能很好地满足需求。结果就是，这些观众和其他类似的人，在未来如果怀有相似的身份相关需求，则更有可能来到这家或另一家博物馆参观。

大量研究结果表明，这些与身份相关的反馈环存在于各类博物馆中。[28]尽管从理论上讲，博物馆观众的身份相关参观动机可能有无数种，但事实似乎并非如此。人们参观博物馆的原因与参观后对体验的描述，可以概括为少数几个基本类型，这反过来似乎反映了观众对博物馆的功能认知。目前归纳的最常见的五种观众类型如下。

1. **探索者**（Explorers）：此类观众受好奇心驱动，总体上对博物馆内容饶有兴趣。他们期待能找到吸引其注意力，又能激发其好奇心、促进其学习的东西。

"我记得我想把比如生物之类学科的基本原理再学一遍……（参观前）我觉得你不可能面面俱到，但你总会学到一些东西。"

2. **导览者**（Facilitators）：此类观众受社交驱动，其参观目的主要聚焦于帮助其偕行社交团体成员学习和体验。

"（我来参观）是为了给（我的）孩子一个机会，看看早期生活是什么样的……这是在非商业环境中与家人共度时光的好方式。他们总能学到很多。"

3. **专业人士/"发烧友"**（Professionals/Hobbyists）：此类观众感觉到，博物馆展览与其专业知识或爱好联系紧密。他们的参观通常是需求推动的，目的是满足其与特定内容相关联的需求。

"我正着手组装一个海洋礁石缸，我对海洋生物有浓厚的兴趣。我希望（在水族馆）能找到一些好点子。"

4. **寻求"体验"者**（Experience Seekers）：此类观众参观博物馆的动机，是他们认为博物馆是个重要的目的地。他们的满足感主要来源于"到此一游"。

"我们从外地赶来参观，为的是找一个好玩的地方，又不用待上一整天。这看上去是个好主意；毕竟，我们已经到了洛杉矶，有人告诉我们，这个地方刚刚开放，而且真的很棒。"

5. **"充电"者**（Rechargers）：此类观众主要寻求的是一种沉思的、精神上的、休憩的体验。他们将博物馆视为逃避朝九晚五庸常生活的"避难所"，或坚定其宗教信仰/精神信念之所在。

"我喜欢艺术博物馆，它们真的非常安静、让人放松，与这个城市其他地方的喧闹和杂乱相比简直是天壤之别。"

我们还将另外两类观众纳入此列，他们反映了专门展示特定民族、族裔或姻亲关系团体的展览或博物馆数量有所增加。[29]截至写作本书时，对这两类观众研究并不充分，但他们填补了我们所观察到的观众参观动机的空白——人们参观某些纪念馆和有关族裔的特定机构和展览的原因。这两种观众是：

1. **虔诚的朝圣者**（Respectful Pilgrims）：此类观众完全出于一种义务感或责任感而参观博物馆或纪念堂，借此缅怀和追思。

2. **寻求"关联"者**（Affinity Seekers）：此类观众之所以参观某个特定的博物馆或某个特定的展览，是因为这能唤起他们的某种传承感以及对"自我"的认同或人格特性。

回到本章开头的访谈，同当今很多人一样，安娜参观博物馆是因为博物馆能满足其特定的休闲需求。在这个例子中，安娜参观需求的核心是她身为一个好奇者的自我认知，需求是"站在思想和趋势的前沿"——这些是"探索者"类型观众的自我描述。我们用各种研究方法，从世界各地囊括博物馆全部类型的二十余家博物馆中采集了超过一万个受访者样本，调查结果足以证明，用这种基本方法考察谁来参观博物馆，能够解释大多数人（虽然不是全部人）来馆参观的原因。更为重要的是，正如我们在接下来的各章中所讨论的那样，从身份动机的角度去观察博物馆参观，能够得出观众如何建构其博物馆体验的重要见解——包括参观前、参观中以及参观后对此次参观的回想。作者约翰及其同事乔·海姆李希（Joe Heimlich）和凯利·布朗恩坎特（Kerry Bronnenkant）对四家动物园和水族馆所做的迄今为止最为详尽的研究发现，大多数观众不仅能归入前述五种类型中的一种，而且某一种类型的观众在举止和学习方式上与其他类型的观众不同。[30]因此，不同于许多划分博物馆观众的其他方法——比如按年龄、族裔、性别甚至教育程度划分——按身份相关动机来划分博物馆观众，能够为理解观众实际参观体验提供有益的见解。

或许最为重要的是，这些身份相关动机的类型并不代表个体永恒不变的特征（类似于目前许多人口统计学和心理学细分方法）；导览者不是某一种类型的人，而是一个在特定日子出于同一个特定动机参观一个特定场馆的群体。一个人今天去某个博物馆，是因为他想要帮助他的孩子学习；但明天去同一个或另外一个博物馆，是出于自身的兴趣和好奇。因为一个人可以有不同的身份相关需求，所以同一个人其两天内的博物馆体验的类型和特征截然不同。每个个体的参观动机反映的是其对于博物馆能够提供何种价值的认知，以及在参观当日待满足的需求。

以上对身份相关动机的研究大部分是以实体博物馆为对象的。初步研究表明，对于虚拟参观的动机和期待——至少就科学中心而言——与参观实体科学中心的大不相同。[31]人们不去访问虚拟科技馆，是因为他们将科技馆视为接待外地游客或假日参观之地，而虚拟科技馆使人缺乏这种感觉。虽然人们进行虚拟参观可能有其现实方面的原因，比如户外太冷而无法带孩子去公园，但这种动机罕有报道。此外，出于社交原因而访问虚拟场馆也鲜见于研究中。虚拟参观最主要的动机可以分为下列几种：

1. 为即将参观实体场馆收集信息；

2. 随意浏览；

3. 为自发性研究收集特定内容的信息，或为指定研究（比如学校作业或工作任务）收集信息。

尽管每项研究对问题的表述稍有不同且倾向于信息搜集的动机，但多项研究证实了以上发现。[32]例如，研究者维多利亚·克拉夫钦亚（Victoria Kravchyna）和沙曼萨·黑斯廷（Samantha Hastings）提出以下问题："你参观的目的是什么?"但是每一个可能的回答都与信息收集相关："寻找近期展览的信息，寻找博物馆特别活动的信息，为研究搜寻额外的材料，寻找能联系上博物馆员工的信息。"[33]其他研究者，如约翰·查德威克（John Chadwick）团队、戴夫·沙勒（Dave Schaller）团队、吉姆·奥库里（Jim Ockuly）团队等，找到了更为多样的动机，包括"为充实自己而学习艺术"和"个人成长"。[34]最后，乔纳森·博文（Jonathan Bowen）在其对在线博物馆观众的研究中将"好玩、有趣"列为三项主要动机之一。[35]

如果在当今全国公众如何使用互联网这一更大背景下考虑，那么这些动机是符合逻辑的。皮尤研究中心进行的"互联网与美国人生活"项目研究[36]的最新调查表明，超过半数的美国成年人通过无线方式接入互联网，例如使用笔记本电脑、移动设备、游戏机或 MP3 播放器。使用笔记本电脑上网是美国人最常见的无线上网方式，五分之四的成年人采用此种方式。调查结果也表明，美国人使用手持移动终端上网的比例不断提高，在本书写作时，受访的美国人中有三分之一使用手机或智能手机处理邮件、即时通信或搜索信息。随着智能手机技术在世界范围内的不断提高和发展，这些统计数据无疑将继续发生变化。与使用哪个网络平台无关，上网的原因包括：单纯为娱乐或消磨时间而上网冲浪，为工作而做研究，出于兴趣爱好而查找信息，"回答问题"以及/或为学校作业或培训做研究。在最常见的上网原因中，前述这几种位居前列——仅次于看新闻和收发邮件。这些数据强调，参观虚拟博物馆的动机和网民常见的上网动机非常类似：娱乐和搜索信息。

据我们所知，身份相关动机角度只是现在才用于理解虚拟博物馆参观行为，因此我们目前还无法得知这些动机之间是如何相互组合的，也不知道这些动机（无论是个体动机还是集体动机）是如何影响体验的预期和结果的。正如前面所述的参观实体博物馆的情况，作者约翰发现这些动机确实是互相关联的。娱乐和学习这两个变量并不一定是相互独立的（人们参观博物馆，可能既为了学习，也为了娱乐），而这些动机强烈地影响到实体馆参观的学习过程。[37]我们有理由相信，类似的过程在参观虚拟博物馆中同样具有，但目前尚缺乏确凿证据来证明身份相关动机和期待是否会影响这些参观，如果确有影响，是通过何种方式进行的。

人们不参观博物馆的原因

到目前为止，我们的讨论集中在人们参观博物馆的原因方面，但那些不参观博物馆的广大公众呢？在美国和欧洲，解决"人们不参观博物馆"这一问题的努力大部分倾向于围绕族裔问题（特别是在美国）或社会阶层（特别是在欧洲）展开。这或许不足为奇，因为研究发现，在美国，与欧洲裔美国人这样的多数族群相比，拉美裔或非洲裔美国人这样的少数族裔参观博物馆的人口比例更小。在美国之外的地区，这一问题通常归因于社会经济层面，据统计，低收入群体参观博物馆的意愿更低。[38]

上述研究中的统计数据无可置疑，但我们认为，对于人们为何不参观博物馆这一问题的答案，比之归因于族裔和收入因素，通常既更为复杂，又更为简单。尽管这些人口统计学变量的确与人们不参观博物馆的原因有着强相关性，但和通常所推测的不同，这些变量并非首要原因。首先，参观博物馆已成为日益普遍的休闲活动，有越来越多的少数族群与低收入群体前往博物馆参观，尽管与多数族群和高收入群体相比，参观人数比例仍然较低。[39]这是一项重要发现。我们承认，与族裔和收入状况相关的因素可能会影响参观意愿，但数据表明，单纯的种族/族群和收入因素不足以解释人们为何去或不去博物馆参观。

洛杉矶一项持续逾十年的研究表明，族裔并不是影响人们去或不去该市众多博物馆参观的有力因素。例如，洛杉矶白人市民有近50%的人参观过加州科学中心，另外50%略多一点的人则没去参观过。换言之，无法根据某人是不是白人来判断他是否会去参观加州科学中心。对非白人居民而言，亦是如此：加州的非白人居民中，曾参观过该科学中心的近乎50%，而没去过的人占50%稍多一点。从统计学意义上来说，族裔因素并不是影响参观这一特定场馆的重要指标。实际上，加州科学中心的观众中，39%为拉美裔，31%为白人，13%为非洲裔，12%为亚裔，另5%为其他族群，这种分布与该市人口的族群分布大体类似。毋庸置疑，观众族群分布之广的部分原因在于加州科学中心是免费开放的。然而，加州科学中心隔壁的洛杉矶县自然历史博物馆是收费机构，该博物馆的观众中白人占35%，拉美裔占27%，非洲裔占17%，亚裔占13%，其他占8%。同时，几公里外的另一家科技博物馆"佩奇博物馆"同样是收费场馆，其观众中白人占63%，拉美裔占20%，亚裔占12%，非洲裔占5%。[40]可以得出这样的结论，在洛杉矶，只凭族裔因素并不能有效判断谁会去、谁不会去参观博物馆，而这种情况并非洛杉矶独有。

20世纪90年代初期，作者约翰牵头开展了一项重要研究，试图探究为何非洲裔美国人参观博物馆的比例偏低。他假定族裔应该是，实际也是因果链中的"因"，然而两年研究下来，结果却与假设大相径庭。[41]首先，博物馆参观在非洲裔美国人社群内部的差异，要大于黑人、白人之间的差异。尽管与欧洲裔美国人相比，非洲裔美国人更少参观博物馆，但原因主要在于，关于如何利用休闲时间，二者看法不同，虽然这些看法也受社会经济地位影响，但同样也是个人和家庭经历的结果。一般而言，那些认为闲暇时间应该参与自主选择式学习活动的非洲裔美国人，比不这么认为的非洲裔美国人更有可能去参观博物馆，这对所有收入层的非洲裔美国人而言，都是如此。约翰对洛杉矶地区的博物馆参观者所做的大规模调查已经证实了这些结论。[42]

休闲行为研究者约翰·凯利（John Kelly）称，个人经历对参观博物馆的影响极其重要。家庭休闲经历非常关键，大多数人早在孩童时期就已养成休闲方面的习惯。[43]对非洲裔美国人进行的研究发现，出身于经常去博物馆等场馆的家庭的非洲裔美国人，成年后更有可能去参观博物馆。在洛杉矶开展的研究表明，那些孩童时期就随家人去博物馆或图书馆，或参加童子军、教会团体等业余活动，甚至只是在闲暇时间阅读的人，成年后都明显更有可能去参观博物馆。[44]收入也与该发现有关，但无法预测其结果。

与种族和族群有复杂关联的教育和收入，几乎肯定会继续影响未来的博物馆参观人群。美国全国艺术基金会 2008 年进行的"公众艺术参与调查"表明，人们受教育程度越高，就越可能参与基准艺术活动，接受过大学教育的人参与这些文化活动的可能性，比只读过小学的人要高出近 50%。[45]但是，20 世纪 90 年代进行的几项关于非洲裔美国人参观艺术馆和博物馆的研究都证实了，尽管社会经济因素与博物馆参观具有很强的相关性，却并不能完全对博物馆参观做出解释。[46]

机会同样是影响博物馆参观的一个因素。财富的一个显著优点就在于为所有消费者提供了越来越多的机会，包括文化体验和其他各种甚至无法标价的具有社会价值的资源。金钱能买到的不只是有形商品，它还能赋予人们社会地位和权力。但是，接受更高层次的教育一直与博物馆参观紧密相连，其原因仍不甚明了——也许仅仅是因为接受正式教育和参观博物馆这一休闲选择之间有很多关联因素在起作用。在一些欠发达国家或社会中，博物馆基本上不存在，一般家庭也没有去博物馆度过闲暇时光的习惯，对于刚从这些国家移居到发展中国家的人来说，以上情况似乎显得尤为明显。即使在收入、价值观和需求方面都符合参观博物馆的条件，家庭没有参观博物馆的习惯这一事实也可能使其将博物馆排除在休闲选择之外。遗憾的是，这些习惯能够延续下去。这一事实直接和本章开篇的假设有关，即以下两种想法汇集到一起时，参观博物馆的决策才有可能做出：一是希望一种或几种特定需求得到满足，二是认为博物馆是能满足该种需求的场所。可惜，许多低收入者、新近移民和/或少数族裔并不将博物馆（前述条件 2）视为能满足其需求（前述条件 1）的场所。

重要的是，通常能驱动人们参观博物馆的身份相关需求，比如满足好奇心、满足所爱的人之需要、探索新场馆、满足爱好或兴趣、恢复活力或寻求个人文化传统归属感等，都不是博物馆观众所特有的。可以说，每个人都有以上几种或全部需求。然而，有人认为博物馆能够满足上述需求，有人则不这么认为。那些相信博物馆能提供这些益处，且认为自己的身份相关需求与博物馆提供的这些东西相符的人，会选择参观博物馆，那些认为其自身需求与博物馆提供的东西不相符的人则不会去参观。因此，目前对于谁会参观博物馆、谁不会参观的事实，最宜以休闲价值观和个人经历为出发点去解释。诸如收入和族裔等因素必将纳入考虑，但这些因素本身不能完全说明参观博物馆的原因。

为了将以上这些理念阐述清楚，我们将目光转向早在身份相关理论提出之前就写成的一本书里所论述的受众发展工作。[47] 我们用这些新理念重新阐释这种扩大受众群体的工作，并相信这种分析远比我们最初使用的更有道理。20 世纪 90 年代早期在一家重要私人基金会的资助下，美国南部一家艺术博物馆策划并实施了一项旨在吸引更多非洲裔美国人群体的活动，这一群体历来参观该博物馆的人数偏低。通过重新陈设其重要的非洲艺术藏品，该博物馆实现了目标，这种做法基于举办有关非洲的展览就自然会吸引非洲裔美国人，其结果将是更多非洲裔美国人来参观博物馆。或许不足为奇的是，该博物馆确信将关注重点放在藏品上就能扩大受众范围（至今仍有许多博物馆专业人士坚信，这一策略能够奏效；毕竟，几乎每次博物馆会议上，都会有人为这种方式的成效背书）。博物馆最初策划的营销方案是精选一些藏品中的非洲艺术品，将其印制成精彩图片。他们计划将这些图片印在精美、有光泽的小册子中，印在主流日报的平面广告中，印在博物馆外墙悬挂的条幅上，以这些传统宣传方式使用这些图片。

然而幸运的是，这一项目有形成性测试。博物馆与非洲裔美国人社群成员进行的对话表明，大多数人认为印刷精美的小册子和印在条幅上的展品很讨人喜欢，但无论是这些特殊展品还是营销策略似乎都不足以改变该地区非洲裔美国人长久以来对参观博物馆的态度。实际上，通过这些对话，博物馆发现，无论他们是否意识到了这一点，他们对于如何有效吸引一直未能充分享受博物馆服务的受众的基本假设有明显缺陷。值得嘉许的是，博物馆馆长及员工没有两手一摊，说"好吧，我们已经尽力了"。在缺乏一个实用模型以了解博物馆观众体验如何发挥作用的情况下，博物馆只剩下一种古老而有效的办法——尝试大量不同的方式，通过反复试错，确定其是否能找出好办法。博物馆还在专业方面得到了一位极富创造力、忠于职守的非洲裔美国女性的帮助，她带领团队试着去了解非洲裔美国人社群。最终，他们成功了，而在此过程中，他们发现了扩大受众群体的一些有趣之处，凡此种种与本书提出的模型非常吻合。

在其新的受众发展领导者的帮助下，博物馆明确的第一件事就是，非洲裔美国人社群并非铁板一块。社群内部的黑人在参观博物馆的兴趣、经历和接受能力等方面有巨大的差异。博物馆深入研究了打破历史藩篱的方法及如何以实际行动支持越来越多的非洲裔美国人参观博物馆，他们随之发现自己需要为非洲裔美国人社群中的不同群体量身定制不同的信息和内容。例如，与他们对话的有些非洲裔美国人喜爱艺术并经常参观艺术博物馆，其中的许多人却并不经常参观这家博物馆，因为能感觉到无论是当今还是在过去，这家博物馆都明里暗里地弥漫着种族主义氛围。但幸运的是，其中大多数人表示愿意重新考虑与博物馆的关系。博物馆员工在与这些艺术爱好者交谈时得知，这家博物馆在非洲艺术方面的关注点是有趣的，却有潜在的冒犯性。这些群体中的大多数人参观艺术博物馆的动机是欣赏更广义的艺术——他们对巴洛克和印象派艺术展览的兴趣，与他们对非洲艺术的兴趣是同等的。他们乐于探索各式各样的艺术，发现新事物，无论其起源是什么，无论通过何种媒介。换言之，这些人是探索者或是专业人士/"发烧友"类型的观众。结果是，这家博物馆之前所采用的营销方法，特别是仅仅强调非洲艺术意象这种方式，是不足以跨越其他更多的社会和文化方面的参观障碍的。鼓励这类人更经常去博物馆的方法，不是重设非洲艺术展，而是从安保人员和其他服务类员工做起，改变这类场馆对待黑人观众的态度，也包括开展让他们感到宾至如归的特别活动和其他推广活动，以满足其对艺术的兴趣。一旦他们感觉自己受到欢迎并融入整个博物馆展览中，有些人甚至会自愿做起讲解员来，并在此过程中成为博物馆长期的、固定的观众。实际上，为回应非洲裔美国人观众对艺术的兴趣，这家博物馆最终决定将其非洲裔美国人艺术展作为当代艺术常设展览的一部分，而非仅作为特展展出。

非洲裔美国人社群中的另一部分人则对新的非洲艺术展厅兴致盎然，其中一小部分人也确实参观了新设的展览，但大多数人只去过一次。事实上，大多数用这种"展览驱动"方式改变观众群体结构的同类场馆都有这样的经历。这些人的确对非洲文化产生了深刻的认同感，也对该博物馆展览的拓展和重设深感兴趣。这些人中的一部分拥有丰富的非洲艺术专业知识，博物馆一旦分辨出这类人，就能邀请这些专业人士/"发烧友"和/或寻求"关联"者类型的观众更深入地参与到博物馆及其展览中。博物馆面临的挑战是分辨出这类人，因为这是一个庞大得惊人的群体。通过黑人教会所做的铺垫工作，博物馆才得以开始接触这类群体。这些教会中，有些已经组建了非洲文化兴趣小组，但即使那些没有此类兴趣小组的教会，也有办法在其教友中接触到怀有这类兴趣的人。该博物馆组织了特别的展览、讲座，观众甚至可以与策展人私下讨论。同上文案例所述的一样，参与这类活动的一些人对展览兴奋不已，从而自愿担任讲解员。有趣的是，对于那些早先参观过展览的人中的相对一小部分人来说，那些最初设计好的图片内容本该很好地发挥作用，但这些图片的布置成效不彰。这些人来自非洲裔美国人社群的各个经济阶层，但其中很少有人长期阅读主流城市报纸（这类报纸存在不远的过去遗留下来的沉重的种族隔离问题），曾驱车前往博物馆所在的高度种族隔离地区的人就更少了。同样，该博物馆通过与城里的黑人教会合作，并在当地大多数非洲裔美国人阅读的黑人报刊上推广展览，得以接触到这部分潜在观众。

最后，该市还有第三类非洲裔美国人，这一群体应该会愿意参观博物馆，却从未感受到欢迎之意，或者更确切地说，从未认为博物馆能满足其特定的休闲方面的身份相关需求。实际上，这一群体中的部分人认为该博物馆这一位于城中具有种族隔离传统的富人区的新古典主义建筑，是一个私人俱乐部，而非免费的公共设施。在这第三种群体中，许多人是学龄儿童的父母。该博物馆制作的宣传推广材料，突出了家长带着孩子在展厅中一同开展活动，而不仅仅是简单布景中的动人展品。该博物馆史上第一次让员工在黑人美容院、发廊发放宣传品，在公交车车身和当地黑人报纸上做广告。结果是，大批非洲裔美国人父母开始考虑将该博物馆作为带孩子参观的可能之选，其中许多人是第一次这么考虑。归根结底，对于导览者类型的观众而言，关键是要凸显将参观博物馆作为发挥其导览者作用的良机。与非洲艺术相关的宣传推广内容对这些黑人父母来说是好的，他们尤其乐于与孩子分享这类与文化相关的体验；但这还不够，这些内容本身对参观者而言并未构成充分的理由。

该项目说服非洲裔美国人父母走进博物馆的另一部分原因是，博物馆向一个有关非洲音乐和舞蹈的学校项目提供资助。其亮点是博物馆邀请一位世界闻名的非洲鼓手教孩子们击鼓和跳舞。现场演出是在博物馆里举行的，以强化"博物馆是家庭欢聚的理想之选"的观点。尽管在这个案例中，这个与博物馆合作的基于学校的项目特别设计成与非洲裔美国人社群文化有所关联，但我们认为，即使将重点放在 20 世纪20 年代的艺术上，让孩子们学习爵士乐，或关注的是 20 世纪60 和 70 年代的现代艺术，让孩子们学习那个时代的摇滚乐，这个项目同样会奏效。有趣之处还在于，除了一般性参观指南之外，该博物馆还为该展览特别设计了一份家庭参观指南，这在该馆所有展览中尚属首次。由于这一家庭指南反响颇佳，该馆最终停止了一般性参观指南的发放。以上种种变化的关键在于，该博物馆将自己打造成了一个适合亲子共同做有意义的活动的上佳场所，这是起推动作用的关键，最终促使参观该博物馆的非洲裔美国人数量急剧上升。[48]

与此同时，普遍认为真正奏效的做法是用适宜的、尊重多样性社群及其不同爱好的方法和话语，去实地接触多元的黑人社群。从身份相关需求的角度去重新理解上述工作，会发现，一个过度简化且只专注于内容的方法无法解决全部问题。在由身份相关需求定义的不同类型观众中，一部分受自身族裔、文化背景和社会经济阶层的影响，但并非全部是这样。他们需要的是差异化的信息和不同的参与方式。最终，该博物馆可以说自己取得了成功。在活动过程中，非洲裔美国观众所占比例增至原来的三倍，从占观众总量不足 10% 上升到接近总量的 1/4。

与这类活动相似的是，真正的考验是如何吸引历史上代表性不足的社群经常参观博物馆。例如，明尼苏达历史中心举办了一个关于非洲裔美国人发展的展览，名为"我们的聚集之地"，非洲裔美国观众在观众总数中所占比例从不足 1% 上升到约 10%（与双子城都会区的非洲裔美国人人口统计占比相符），然而这一增长只是昙花一现。[49]尽管这个例子证明，为未被充分代表的群体打造与其个人兴趣直接相关的内容固然对改变参观人数有立竿见影之效果，如何吸引他们经常来参观仍是个问题。然而有趣的是，明尼苏达历史中心突然增加的非洲裔美国观众的经济能力与教育水平，也反映出该馆白人观众的经济能力与教育水平——后者相对更富裕，接受的教育水平更高。总体而言，以上这些发现，与我们先前对非洲裔美国人参观博物馆的研究共同证明了族裔之外的因素对人们是否参观博物馆的影响。

总之，参观博物馆受个人身份相关需求和动机的影响，这些需求又受到文化背景、经济水平和受教育程度的影响。后面这些影响因素在个人是否认为博物馆能够满足其身份相关需求方面具有特别重要的作用。因此，诸如族裔和社会阶层等因素的确会影响人们是否参观博物馆，但并不总是直接影响，也并非像过去认为的那样进行影响。对于这一问题，我们将在下一章进行更充分的讨论，下一章我们将从社会机构这个角度对博物馆进行审视。

 小结

■ 对于大多数人而言，博物馆体验是一种休闲体验，用来满足特定的、与身份相关的休闲需求。

■ 研究表明，当今人们参观博物馆的与身份相关的动机可归纳为七种常见类型：

◆ **探索者**。此类观众受好奇心驱动，对博物馆内容总体上感兴趣。他们期待能找到既能吸引其注意力又能激发其好奇心、促进其学习的东西。

◆ **导览者**。此类观众受社交需要驱动，参观时的重点在于帮助与其同行的团体成员进行学习和体验。

◆ **专业人士/"发烧友"**。此类观众感觉到，博物馆展览与其专业知识或业余爱好联系紧密。他们的参观通常受需求驱动，以满足其与特定内容相关的需求。

◆ **寻求"体验"者**。此类观众参观博物馆，是因为他们认为博物馆是必去之地。他们到过那儿、参观过，就很满足了，这对他们而言是个重要目标。

◆ **"充电"者**。此类观众主要寻求一种沉思的、精神的和/或修身养性的体验。他们将博物馆视为逃离朝九晚五庸常生活的避难所，或坚定其宗教信仰/精神信念之所在。

◆ **虔诚的朝圣者**。此类观众完全出于一种义务感或责任感而参观博物馆或纪念堂，借此缅怀和追思。

◆ **寻求"关联"者**。此类观众参观某个特定的博物馆或展览，是因为它唤起了他们的传承感和/或对"自我"的认同或人格特性。

■　身份相关动机代表了一种有效的方法，这种方法不仅有助于理解为何人们去参观博物馆，还结合个人经历、收入和教育程度等因素去理解为何有人不去参观博物馆。

给从业者的建议

■　了解观众的身份很重要。特别是，要知晓观众参观或选择参与活动的原因。

■　人们的身份相关参观动机是什么？

◆　这一框架可以用来制定适用于全馆的解说方案，帮助全体博物馆员工更好地理解、关注如何满足博物馆观众的多样化需求。

◆　了解观众的身份相关动机有助于博物馆更好地为观众量身策划展览设计和活动。

1. 记住，这些观众类型并不是对人进行分类，而是观众在这一天参观这家博物馆的原因。同一名观众在不同的日子参观博物馆，身份相关动机可能完全不同。

2. 博物馆的目标未必是为每种动机类型都开发不同的展览和活动，而是要确保拥有特定动机或几种动机混合的观众能有办法通过贵馆的展览和活动去满足其多样化需求。要设计出开放性的展览和活动，让观众从多种切入点参观，并得到不同收获，这很关键。

◆ 了解观众的身份相关参观动机有助于更好地制定营销策略。

1. 如上所述，这些观众类型并不是对人进行分类，而是人们在特定的一天想要参观你的博物馆的原因。

2. 就营销而言，确实有必要设计独特的营销信息和图片去吸引动机各异的潜在观众，这一点对于纸质媒体、广播媒体和互联网媒体的营销也同样重要。

第三章　社会文化情境
——社会中的博物馆

　　问伊丽莎白及其儿子纳特：请谈谈你们最近一次全家去博物馆的经历。

　　伊丽莎白答：我们参观了史蒂文斯要塞——我儿子在学习美国历史，他尤其喜欢军事史。我们还参观了克拉特索普要塞（国家纪念馆）、沃登要塞、阿斯托利亚的消防员博物馆……

　　问伊丽莎白：你们为什么参观博物馆？

　　伊丽莎白答：我对孩子进行居家教育，用额外的阅读和自由的外出体验补充我们在家教育的课程，以满足儿子的兴趣。这些阅读和参观的经历帮助他增加军事史方面的知识，并拓展他对博物馆的研究。我和儿子都很乐于进行长时间的讨论（讨论通常由他发起），我们还用旅行去补充他在科学和历史方面的学习。这次，我们是想去看看西北部的历史遗迹，感受一下在历次战争中军人们在要塞中的生活环境。

　　问纳特：我想听听你是怎么想的，能告诉我你的参观体会吗？

　　纳特答：这些要塞反映的都是真实的历史，有点儿像二战史，但这也是历史。这并不是很久之前的事。那里有些很棒的要塞，一层叠着一层。地窖里面有装军火的这些大房间，铁轨铺设在房顶上方,货车还有直通炮台的升降机就在那。还有各种各样的物品。

伊丽莎白现年 45 岁,白人,是对孩子开展"居家教育"的母亲。纳特是其 16 岁的儿子。这次访谈是俄勒冈州立大学的詹妮弗·巴赫曼(Jennifer Bachman)对俄勒冈威拉米特河谷地区的"居家教育"家庭开展的民族志学研究的一部分。[1]

在上一章中,我们提出了本书的核心观点,即观众利用博物馆来满足其自身需求和爱好。然而,上一章结尾处曾简略提及,人们的个体需求千差万别,人们对于博物馆如何能,以及为何能满足其需求的理解同样千差万别(同时我们也应明确指出,博物馆也有可能实际上不能或没有满足个人需求)。

在个人需求之外,还有社区和社会的集体需求,例如一个民主的市民社会中对教化公民的需求。这些集体需求同样影响着一个社会对于博物馆这类场所的作用和功能的看法。

在我们充斥着各种媒体的生活中,书本、电视和电影中描绘的博物馆形象难以忽略。有趣的是,博物馆的观众从他们非常个人化的视角在脸书、推特和 Flickr(网络相册)这类当今最常见的社交媒体上去描绘博物馆,且这种情况越来越多。在此过程中,我们的受众不仅会在参观中和参观后就其体验建构意义,他们也积极影响了其他人对博物馆的看法。参观过的观众使用社交媒体(发言),成为未来参观博物馆的观众博物馆体验的共同创造者。

作为社会机构的博物馆

从社会视角来看待博物馆,这个观点应该并不奇怪。如我们早前所述，人们是在影响其语言、习俗、价值观和思维过程的文化环境中成长、发展的。从历史上看，博物馆是为了收藏被视为珍贵的、值得保存和珍藏的物品而建立的。自博物馆诞生之初，它们就一直在社会中发挥着学习和教育功能；社会将博物馆的内容视为值得了解和学习的东西。随着时代和环境的变迁，社会倡导人们（至少是部分人）充分利用机会，去体验博物馆独特的展品、标本和思想观念。当然，由于观众有不同的文化和背景，不同人对作为社会机构的博物馆的体验也就千差万别，而且更重要的一点是，不同人对博物馆的看法也大异其趣。

公众对博物馆的不同看法相互作用，影响着观众的个人需求和集体需求，同时影响着观众的以下期待：博物馆是不是为其服务的，能否满足其需求？如果答案是肯定的，那么能为其提供什么？对于最终选择前去参观的人而言，以上看法影响着他们对体验的满意度。博物馆本身是一个社会文化实体，是由有着各种文化价值观和偏好的人建立的，这一事实使观众间的文化差异更加复杂。观众的体验可能与博物馆创建者的价值观和信仰体系相一致，但有时可能并非如此。有趣的是，尽管最初是西方人发明了博物馆，但这种机构形式日益为世界所认同。要理解博物馆体验的众多文化维度，以及为何有些人会使用博物馆的丰富资源来满足个人学习需求，而其他人却不这么做，则需要我们冲破重重迷雾。正如我们在上一章所指出的那样，对权威和地位的社会文化方面的讨论有可能唤起强烈情感，而且有许多差异性和微妙性。这就导致了很难用短短一章将该命题论述清楚。然而，由于博物馆在文化环境中的地位着实重要，不能不加以讨论。

通过分析对实行"居家教育"的母亲伊丽莎白及其未成年儿子纳特的访谈内容，我们可以看出，其中一些文化因素是如何发挥作用的。詹妮弗·巴赫曼在对众多家庭进行观察和访谈后，将伊丽莎白的居家教育实践描述为一种高度结构化的"居家上学"模式；例如，使用的课程是市场上可以买到的。[2]然而，由于该家庭重视"真实的东西"，因此伊丽莎白的目标是为儿子提供丰富的有关真实生活的体验，以作为其居家学习内容的补充，并尽可能遵循孩子自己的兴趣爱好。从纳特对他们出行参观过程的描述可以看出，他的确非常喜欢历史，尤其是真实的历史。伊丽莎白称，在对孩子的教育中她所发挥的家长作用就是，不断提出问题并鼓励孩子探究重要内容、设定目标并深入学习。她如此积极地寻找能去参观的历史遗迹，以巩固和拓展儿子先前在军事历史方面的研究和阅读，这些都体现了她的导览者角色以及她认识到博物馆能满足这些学习需求。在这篇访谈的后半部分，他们还谈到了前一年去芬兰岸炮博物馆和俄勒冈州的哥伦比亚河海事博物馆参观。所有这些体验帮助她的儿子增长了军事史知识，拓展了他的图书资料研究。

伊丽莎白清楚地认识到博物馆在其家庭日常生活中的作用，称博物馆为"深入探究"的地方，可以让儿子纳特接触真实的藏品和思想观念。在这个例子中，博物馆是能够满足其个人学习需求、建立联系并将纳特（也包括伊丽莎白）在家所学情境化的场所。他们对于博物馆这类场所的认识广泛而深刻。例如，伊丽莎白认为博物馆就是保存历史的地方，这从她在访谈中谈及的一些印象深刻的博物馆体验中可见一斑，她说："我们看到了一些点睛之笔，也很喜欢这种展览方式，比如在一件展品旁展示那个年代或当地的人们的私人信件、日志或日记片段，透过当时人们的视角，通过他们自己的语言描述，我们能更好地了解当时的生活是什么样的，这些远比官方叙述有趣得多。"伊丽莎白的话从另一个侧面表明，对一手材料和原始物品的真实体验是博物馆的主要优势所在。纳特对博物馆的认识同样远胜于偶尔参观博物馆的普通观众。在访谈中，他还详细谈及了一个州立公园以及俄勒冈州其他遗址的复原工作。

居家教育群体中的其他家庭也对博物馆持此种理解，他们认为博物馆是能看到"真东西"的地方，认为像这种非常娇贵的文物（其中一位家长使用的名称）也只有在博物馆里才能"一睹芳容"。另一个家庭则表示，他们一直希望博物馆能够"不仅展示某个主题的真实信息，还要展示关于该主题的一些研究方面的信息"。许多人都评价说，博物馆促进了他们所看重的动手做、视觉化学习等，"我们就像走进图书馆借阅一本书，而这本书，你不仅能读，还能从触摸、聆听、观察这三个维度去亲身体验（感受真实事物），有时甚至能闻到气味"。一个家庭特别指出，他们期待博物馆能够适合家庭中包括成人在内的所有年龄层，使他们感到愉悦，领受教诲。他们感谢那些帮助回答深层次问题的"令人受益匪浅的专家"。

这类居家教育群体明显将博物馆看作能够帮助其学习的重要社会机构。事实上，他们对与博物馆建立长期关系很感兴趣，并将自己视为博物馆馆内活动的合作开发者，这些活动能满足其更具开放性，但往往极有针对性的学习需求。这类家庭中的许多都重视民主价值观和社会主人翁的意识，因此认为回馈社会很重要，这意味着他们可能会与博物馆建立联系，参与志愿服务和其他服务或研究相关工作。实行居家教育的家长同时也表示，他们渴望通过幕后志愿服务之类的经历，为其子女提供高等教育和职业选择方面的信息。一位家长谈道："我希望历史博物馆里，能有一小组人走进博物馆的'后台'，哪怕只是了解一下藏品管理员的日常工作。这一工作从学校或教科书上获悉甚少。这一办法也适用于动物园。孩子们觉得动物管理员很酷，但他们不知道那里还有动物园营养学家、动物行为专家、兽医、栖息地设计师等等。"还有家长谈道："我们喜欢参与现实生活中的活动和研究。如果我们参与一项正在进行的项目，那么我们就会继续参观一家特定的博物馆。例如，如果我们需要为了一个研究项目统计物种数量，我们就需要持续参观博物馆。"尽管听起来令人欣慰，但遗憾的是，这些关于博物馆能做什么、能提供什么的复杂观点，并不能得到那些不来博物馆参观的人的认同；即便对那些确实来参观的人而言，他们的期待有时也与博物馆并不一致。

对比体验

菲利普是一名近40岁的拉丁裔男性社工，他参与了一项由作者约翰及同事马丁·斯托克斯迪克（Martin Storksdieck）主导的针对加州科学中心观众的大型研究。[3]这项工作从观众参观前、参观中和参观后这三个阶段采集数据。菲利普高中毕业，自认为是下层中产阶级，非常热心参与社区工作，尤其是教会活动。他有两个孩子，却在日常工作中与许多其他孩子共处。菲利普在参观加州科学中心的过程中，展现出了一个非常积极的"导览者"的家长形象，并在访谈一开始就清楚地表明他对参观有着非常具体的学习规划，而这个学习规划更类

似于正式教育机构的学习目标。他带孩子参观科学中心是为
了让他们学习具体的科学概念。他的学习观和他认为科学中
心是能够帮助他们进行特定学习的地方这一观点体现在他与
孩子们在参观过程中的互动上。他试图指导孩子们的参观体
验，尽管孩子们并不太接受这些指导。菲利普及其两个孩子并
不是这个富于互动性的小组仅有的成员，这个小组还包括他
的妻子、他孩子的一个朋友和这个朋友的一名家人。在参观
中，这个小组成员间互动不断。菲利普一直在跟朋友及其家人
说话，但在巨大的常设展厅停留的半小时里，他只在几件展品
前驻足。以下对话摘自此次参观约两年后对他进行的访谈。

　　问：你们那天为什么去参观（加州科学中心）？
　　答：我觉得让孩子们去看看大自然挺好的，那儿免费，而
且能了解一些保持活力的方法，了解运动和保持身体健康的
好处，所以就带孩子们去那儿了。
　　问：谈谈你当时对参观有何期待。
　　答：学学科学，了解身体机能如何工作，而且还希望他们
学到更多，比如防止地球毁灭的各种方法，比如森林和其他类
似的东西。
　　问：以上都实现了吗？
　　答：并没有。我想，有那么多孩子去那儿，在这里教给他
们如何保护环境应该是个好主意，我认为加州科学中心没有
把这个当成一个工作重点。我以为该科学中心在身体机能，如
何保健，关节、肌肉、心脏及其功能方面做得很好。环保是我
曾期待看到的内容，但那里没有这些。此外，我发现博物馆里
有太多东西，确实太多了，多到你都不知道从哪儿看起，该做
些什么，如果有太多事情和东西要去做、去看，就会使你有些

丧失兴趣。如果你把关注点放在大的事物上，那么你就不太会关注小的事物，因为东西实在太多了，但小的事物也可能很重要。

问：那么你的孩子从加州科学中心的参观中受益了吗？

答：我不知道他们是否受益，但我想应该是的。我不会带他们做无谓的旅行，（因为）那无论从近期还是长远看对谁都没有好处。你知道你需要做什么，我认为这对学习科学有好处，无论这种好处是立竿见影的，还是好久后才能显现的，总之我认为是有价值的。

问：但很难准确描述好处究竟是什么吧？

答：对我的孩子来说，差不多是这样的……

问：你还会再去参观吗？

答：可能不会了。我不确定这些事是否值得做。我的意思是，这也不错，但我能想出更好的事做。

问：比如？

答：我不知道……要是带孩子去主日学校可能更好，能更好地利用他们的时间。

问：我知道你没有再去加州科学中心。你还打算带孩子去其他博物馆吗？

答：不会。

在这一后续随访的过程中，菲利普清楚地表明，他去博物馆纯粹是为了孩子，不是为了整个家庭在博物馆度过一段愉快的时光，只是为了孩子们可以有针对性地学到一些东西。他希望孩子们去学习的目的是改变他们的行为，比如多锻炼、保护环境等。与这些具体成效相比，他不确定孩子们学到了多少，因此他对这次体验大体上是不满意的。同样有趣的是，尽管菲利普提到了加州科学中心参观免费，而且离他家不算远，但他在随后两年里再没有去过。最终，他表示，尽管仍然希望这次参观某种程度上对孩子们的学习有些帮助，但总觉得本该更好地利用这段时间，比如在主日学校学习。我们可以从访谈中推断，菲利普一直努力做个好家长，并认为加州科学中心可能会满足这种身份相关需求。然而，鉴于他对科学中心在此过程中能发挥什么作用的看法，即他似乎将博物馆看成一个更类似于正式教育机构的地方，因此，由于他不确定孩子们是否达到了（他本人的）预期的学习效果，他到头来质疑自己决策的正确性。假定他的孩子们的确如他所愿，既学到了知识也修正了行为，那么他的看法就可能发生改变。就目前来看，他不仅不会再去加州科学中心，在此情况下，似乎也不太可能再带孩子去任何一家博物馆了。

那么，我们从伊丽莎白和菲利普这两名家长的事例中获得了哪些启发？他们两位都是关心孩子的家长，同样急切地为子女的将来深谋远虑，同样都在寻求一座能满足相似的身份相关需求的博物馆，这种需求就是支持孩子的学习需要。伊丽莎白的博物馆之旅满意而归，因为她的参观体验与预期非常匹配；而菲利普的不满意很大程度上是因为其预期和实际的参观体验不一致。伊丽莎白不久后很可能去另一家博物馆参观，而遗憾的是，菲利普却不会这么做，至少不会以"导览者"的身份去了。尽管这只是推论，但它容易使我们相信，这种对博物馆这一社会机构的价值的认知，将在他们同辈人际网络中得以传播——伊丽莎白向其他居家教育者传播，菲利普向其他社工，可能还向所在教会的其他成员传播。就这样在口口相传中，日复一日，人们对博物馆的个人和社会价值的认知得以建立和强化。于是，伊丽莎白周围的人更有可能去博物馆参观，而菲利普的朋友们参观博物馆的可能性则较小。

社会文化生态学

上述访谈有助于揭示出这样一个事实，那就是，一个社区、一个国家乃至全世界的博物馆其实都是互联互通的。十几年前，教育评估者马克·圣约翰（Mark St. John）和黛博拉·佩里（Deborah Perry）提出，应该对社区中的学习进行重新定义，建议把中小学、大学和自主选择的学习机构（在这里，我们还要加上工作场所）都看作是一个更庞大的教育基础设施之组成部分。[4]他们用"基础设施"一词来描述保障日常生活平稳运行的由支撑体系、条件和能力构成的体系，比如，交通基础设施除了包括公路和铁路、机场和车库，还包括公交、地铁、私家车等等，不一而足。同样地，一个社区的教育基础设施也有许多组成部分，对公众学习起着支持和促进的作用。基础设施中的各部分的一个共同的方面就是，其高度相互关联、相互依赖，共同建立起一个复合生态。以此观之，每家博物馆都是彼此相似而关联的组织构成的复合生态的一部分；事实上，每家博物馆都是众多复合基础设施、复合生态的组成部分。

博物馆作为社会中的教育机构，与包括中小学和高校在内的其他教育机构彼此关联。各家博物馆依其内容而与其他内容近似的机构有关联。例如，动物园和水族馆与国家公园、自然历史博物馆和其他保护性、保育类组织有关联；历史博物馆与档案馆、图书馆、历史遗迹、系谱学小组、系谱学网络等有关联；艺术博物馆与艺术画廊、舞蹈工作室，甚至售卖艺术品、手工制品的礼品商店有关联；面向儿童的博物馆与各类以儿童为主体的校内外活动密切关联，这些活动内容包括儿童日托和健康护理。如此这般，关联互相叠加，且每一种关联都因社会和文化力量的影响而不同程度地加强和/或减弱。

以上关于"基础设施"和"生态"的理念表明，博物馆除了要满足个体学习者的个人需求外，还要扮演社会角色。比如，博物馆作为教育机构，要在社群/社会的集体需求方面发挥作用，以教化公民。可以说，博物馆的这种作用在民主社会中要比在专制社会中更大。社会文化学者盖亚·莱因哈德（Gaea Leinhardt）指出："博物馆是（社会的）卓越的学习机构，是我们的社会收集、保存社会、科技、艺术等诸方面成就有形记录之所在，是社会支持从事知识传播的学术研究之所在，是全民增进对文化、历史、社会和科学的理解之所在。"[5]博物馆是一种促进上述目标及其他社会目标实现的特殊社会文化机构。[6]

近十年来，上述对博物馆社会角色的讨论被"公共价值"这个术语所重构，这一概念由哈佛大学的马克·摩尔（Mark Moore）教授提出，在其于 1995 年出版的有关这一主题的著作中，他指出，博物馆这类机构在改变个体和社群生活方式方面具有潜力。[7]然而，这并不是一种全新的观点。在 19 世纪后期、20 世纪早期，公共博物馆就显现出自身的重要性，肩负起推进公益事业的使命。进步教育家约翰·科顿·达纳（John Cotton Dana）于 1909 年创立纽瓦克博物馆并担任馆长，他将其当作纽瓦克劳动人口的一种资源，他的核心理念是博物馆应该以社区所认为的有用方式对社区有所助益。[8]最近有几名学者注意到，博物馆在影响社区福祉的全球或本土重大议题上缺失公共话语权，甚至在讨论教育和学习方面的问题时也是如此。[9]

博物馆期刊近期的专题和一份聚焦这一主题的全新杂志的创刊都证明了这种趋势。[10]在最基础的层面，就是要确保博物馆及其他文化组织的工作能完全地、有意义地与其所处社区的结构和真实需求相连接。博物馆实现并证明自身公共价值的这种理念近来得到更为密切的关注，原因在于两种迥异而有明显相关性的议题：其一，在世界上很多社会中，曾赋予博物馆过多价值和使命，如今，人们希望能够回归博物馆创立之初的核心价值和使命；其二，随着全球社区面临经济难题，非营利机构正在被适当要求切实展现其公共价值，以保证资金供应和长期可持续性。[11]

英国和澳大利亚的学者采用上述方法对博物馆潜在价值的各个方面进行区分，将其预期结果归纳为增强经济社会凝聚力、促进健康和福祉、促进公民/民主化、加强文化认同、促进终身学习以及巩固国家遗产传承等几种。[12]这些学者特别提出，博物馆这类机构是否仅仅因为收集、保存了社会、科学、艺术成就方面的藏品就具有内在价值。学者们还提出使用条件价值评估法去评估人们是否愿意付钱或捐献以确保图书馆、博物馆、档案馆之类的社会机构存续下去，如果愿意，会出多少钱。换言之，如果缺乏这种社会资源，其代价有多大？有趣的是，关于民意而进行的讨论和工作表明，许多人都认为这些机构值得被支持，即使其中有些人并不常去这些场馆参观。[13]对英国公众的广泛调查也显示，总人口中相当一部分（超过三分之一）的人通过志愿服务和/或慈善捐赠为文化和体育机构做贡献，这些人中绝大多数目前仅通过慈善捐赠献爱心，而以志愿服务等更具积极性的方式参与的比例则小得多。[14]在英国，这些活动都与政府倡导的"大社会运动"有关，其目的是使人们更积极地参与社区活动。作者约翰在加州科学中心进行的研究表明，这种参与和人们参观博物馆高度相关。[15]

或许并不意外的是，这些对博物馆价值的讨论可能具有不确定性和复杂性。伦敦城市大学文化政策与管理中心讲师戴夫·欧布莱恩（Dave O'Brien）2011 年在捷克布尔诺举行的国际博协关于该主题的会议上调侃道："你做出资助决定的依据是什么？你是去花 3000 万英镑买一幅圣母像，还是去资助 600 个医院工人？"但公共价值的本质就在于它很少是一成不变的；真正的公共价值通常不止有一种效益，而是有一系列效益，其中许多是无形的。比如委内瑞拉 El Sistema 项目的发展，这是一个以音乐教育为抓手的志愿公共资助项目，最初名为"音乐社会行动"，其官方名称为"委内瑞拉国家青少年交响乐团网络"。El Sistema 是一个国家基金会，管理着委内瑞拉全国 126 个青年交响乐团和音乐学校，成员中 90% 的孩子来自贫困家庭。这是一个借助文化机构的艺术资源来增强社会凝聚力的典范。[16]在委内瑞拉全国设立的 200 余个音乐教育中心为逾 30 万名最贫困儿童提供音乐课程。El Sistema 模式正在苏格兰最贫困地区之一的瓦珀其地区得以复制。瓦珀其的这一项目名为"苏格兰 Sistema"，目前方兴未艾，但其 2011 年的评估结果已经很乐观，在那里的家庭生活中，出现了家庭关系改善、社交网络扩展、亲子之间分享活动增加等景象。家长们可以期待孩子有一个积极向上、充满希望的未来，这种方法也激发了瓦珀其社区的自豪感。[17]

由美国博物馆联盟发起、伊丽莎白·梅里特（Elizabeth Merritt）创立的"博物馆未来中心"的项目致力于通过理解博物馆发展趋势、博物馆该选择实现什么样的目标、博物馆如何预先准备好应对前进路上将遇到的各方阻力，为博物馆在未来复杂的情势下引领航向。博物馆未来中心在其 2008 年的创立预测报告《2034 年的博物馆与社会：趋势与潜在的未来》中，描绘出它所确信的能够影响博物馆及其社区未来的主要力量的图景，这些力量包括经济、文化、人口和技术趋势。另一份新报告《人口结构转型与博物馆的未来》则深入研究了美国人口的族裔结构变化，[18] 从而提出两个关键问题：未来人们将如何利用博物馆？利用博物馆的将是何许人也？

本书中的分析内容表明，如果按照目前的趋势继续发展下去，博物馆未来堪忧。和其他大部分文化机构类似的是，美国的博物馆受众远不如美国人口那么多元化。如果参观博物馆的人口结构不发生变化，那么美国博物馆未来所服务的社会人口比例将持续缩小。具体来说，从 2000 年人口普查开始，美国人口普查局考虑到美国人口的多样性，将"族群"（特别指拉美裔人口，无论其种族如何）和"种族"（将人数最多的人口群体分为白人、黑人或非洲裔美国人、亚裔、太平洋岛民以及"其他种族"，可以选择的种族不限于一种）做出区分。过去 30 年间，美国人口最显著的变化趋势是拉美裔人口的增长，从 1980 年占总人口的 6.4% 上升到 2008 年的 15.1%。在此期间，美国人口的种族构成变得更加多元，白人占比从 83% 下降到 74%，而非洲裔美国人、亚裔、太平洋岛民和那些选择"其他种族"及选择"多种族"的人口占比有所上升。

预计到 2050 年，拉美裔人口占比将再增长一倍，占美国总人口的 30%，亚太裔美国人占比增长缓慢，非洲裔美国人占比将稳定在 12% ~ 13%。因此，根据使用的预测模型，2040 ~ 2050 年，当今美国人口中的少数族裔——非洲裔、拉美裔（无论何种种族）、亚裔、太平洋岛民、印第安人以及包括那些自认为是多种族人在内的群体将共同成为美国新的多数群体。届时，美国自18世纪晚期立国以来，其非拉美裔白人占比首次降到低于50%。美国朝"少数群体占多数的"①社会的转变预示着深刻的变化，最起码"主流"的定义将不得不加以修订。事实上，美国参观博物馆人口族裔结构正变得更为多元，但它的变化速度与整个国家的变化速度并不一致。美国博物馆联盟的报告所引述的大量不同研究都指向同一个结论："多数证据都表明，不同族裔参观博物馆人数呈现明显差异。在此回顾的各项调查，因其研究范围、类型和所提问题的特异性而各有差异，但总体模式是明确的。"[19]

尽管我们将在下一章及随后几章里更加详细地讨论这些问题，但正如前一章所述，目前重要的问题是，博物馆受众中族裔的特定分布并不是问题的本质，同样，美国特定的情境也不是真正的问题所在。问题在于要去理解这些统计数据所展现出的人们对于博物馆的价值和"供给"的不同认知，并就此做出应对。虽然所有社会都倾向于努力推动其各组成部分在规范的理想类型和价值观方面达成一致，但绝对的整齐划一永远无法实现。这对于大多数发达国家和地区而言尤其如此，近几十年来，这些国家和地区的社会发生了巨大的分化，边界越来越模糊，全球化致使流动性增强，人口收入差距扩大。世界上同质化社会越来越少（如果同质化社会确实曾存在的话），但即使是这类社会中的博物馆，其受众年龄分布和代际价值观的变化也都在影响着认知。例如，美国国家艺术基金会1983～2008年这25年间的数据显示，尽管美国艺术博物

---

① 相对全国总人口而言的一种或几种少数族裔，在当地却成为占多数的人口。——译者注

馆和画廊的观众数量保持稳定，但从 2002 年至 2008 年，45～54 岁的成年观众（他们通常被认为是博物馆的核心受众）所占比例从 32.9% 下降到 23.3%。这一变化几乎完全可以归因于这些机构缺乏新观众，因为从前的观众仍会来参观，他们只是变老了。[20] 不同年龄层的观众看待博物馆的眼光是不同的。苏西·威尔肯宁（Susie Wilkening）和詹姆斯·张（James Chung）在最近的著作里强调了千禧一代与婴儿潮一代和 X 世代的观众看待和体验博物馆的不同之处。[21]

总之，我们可以看到，对博物馆体验进行理解需要站在博物馆本身之外。博物馆的"现实"不仅存在于场馆建筑、展览、项目等实体现实，以及博物馆网站或营销的虚拟现实中，博物馆的现实也作为独立的社会文化概念存在于社会个体的认知中，社会中一部分人头脑中的"博物馆"和另一部分人头脑中的"博物馆"很有可能是不同的。最重要的是，对博物馆等文化资源重要性的认知和利用方式，很大程度上是由该场馆与观众个人所发生的关联所决定的，这些关联决定了这一资源在认知上的可利用空间。从理论上讲，关联越多，对观众而言的潜在价值就越大。比如，如果我像前述的菲利普一样，只将博物馆与正式教育相关联，将参观博物馆当作我和/或孩子参加的与学校课程相关的行程，则我对博物馆价值的认知就会相当局限。相反，如果我像伊丽莎白那样将博物馆与更广泛的事物相关联，那么我对博物馆供给的认知就会更广泛、更丰富。

毫无疑问，社会中的每个人都对博物馆有某种认知，这些认知因人而异。那么问题就来了，个人对博物馆的看法是如何产生的？个人对博物馆这类社会资源的理解并不是某种神奇的潜移默化的结果。所有人对世界的理解和观点都是通过经验而来的。经验可以从诸如参观博物馆等行为直接获得；但同样的，也更普遍的，是间接获得的。大部分人对世界的认知是通过诸如媒体对博物馆的报道或者与家人朋友的谈话等间接经验形成的。人类思维的一个神奇之处在于，这些通过社交媒介得来的间接经验，无论从哪方面讲，对我们而言都如同直接经验一样真实。据我们所知，在所有物种中，只有人类如此。[22]具有远见卓识的教育哲学家约翰·杜威早在近100年前就完全理解这一点了，他认为经验产生于两种规律的相互作用：连续性和互动性。[23]在杜威看来，连续性指的是一个人的每次经验都将影响其未来，无论好坏。互动性指的是此时此刻的情境对人们经验的影响。换言之，人们现在所拥有的经验是其过去经历和当下所处情境之间互动作用的结果。我们将在下一章讨论到，这些产生于经验的认知构成了博物馆体验的基础。每个打算来博物馆参观的观众来到博物馆时，都会对自己的所见所闻赋予意义。从根本上说，这种意义建构由个体先前的经验、知识和爱好，即个人情境所塑造。然而个人情境包含的这些先前经验、爱好和知识从何而来呢？答案是从个人历史而来，即由社会文化所建构的历史。关于为何参观博物馆、参观如何能帮助人们满足特定需求的社会认知，一直是更广阔的社会文化情境的产物，因此，在学习的情境化模式中将其定义为社会文化情景的一部分是恰如其分的。我们再次看到，随着时间的推移，博物馆体验存在于各种情境的交会之处。

 小结

■ 人们为理解博物馆的社会文化情境，就必须从宏观角度去理解，观众对博物馆这一社会机构的认知是如何影响其参观行为的。这也为观察谁不参观博物馆、为何不参观提供了一个视角。采用这种视角让我们退一步思考作为社会机构的博物馆，它不仅满足个人需求，还满足社区和社会的集体需求。人们对博物馆这一社会机构的认知受到更宽泛的文化/社会（历史上看通常是处于主导地位的文化）的影响。

■ 来自不同社会、经济阶层，来自不同文化和族裔背景，可能对博物馆之类的机构不够熟悉的人，对博物馆作为社会机构的本质和价值有着不同的认知。

■ 随着世界上许多国家在社会、经济和文化层面越来越多元化，这种情况变得日益重要；适应这些变化趋势对博物馆意义重大。曾经的博物馆观众日渐老去，其人口代表性在整个社会中的比例日趋下降，这种趋势只会持续下去。

■ 认识博物馆，不仅要考虑实际的场馆建筑、收藏、展览、活动、网站等，同样还要从"想象中"和"认知中"去理解它的本质，这些想象和认知存在于社区中每个人的头脑之中，而这些人可能并不经常参观博物馆。

给从业者的建议

■ 重要的是，了解社区对博物馆有何看法，仅通过与参观观众去交谈无法获悉这些看法。要理解你所在社区各类群体对你的博物馆的看法，有必要进行大量的交流，但最重要的是倾听；所有这些都发生在博物馆之外。

■ 尽管从文化、经济、族裔等视角理解不同群体以及他们如何看待你的博物馆可能不是唯一最佳的方式，但这些视角仍具有重要的指导意义。

◆ 由于历史和经验的原因，不同群体可能对博物馆这一社会机构的看法各异。

◆ 不要错误地认为拉美裔、亚裔、低收入群体、新移民等各群体都是铁板一块——事实上，这些群体内部极有可能存在巨大的差异。要想服务好这些群体，需要深刻理解其内部复杂性。

■ 你固然能对社区如何认知博物馆施加影响，但如同你工作中的其他方面，施加影响需要时间、毅力和艰苦的工作。改变人们的认知是一个长期的、持续的过程。

第四章 个人情境
——先前经验、兴趣和知识

年轻时，我们心怀各种美好梦想（关于读书、工作等），包括从事美好艺术的梦想。如今，虽然梦想未能成真，对艺术的热爱却始终如一。我是说，自打跟随爸爸去参观了一些博物馆以后，我开始大量读报。我现在读报纸读得更多，甚至比过去还多，以此来获取信息。现在，我父母每天都在读报，爸爸订了《华盛顿邮报》、《每日新闻》和《明星晚报》这三份报，他竟然全部都读一遍！他认为通过这种方式能获得真实的信息，因为每个人都多少失之偏颇，而这才是他想获取的信息。当然，我妈妈也看报纸。小时候的我生活在他们的这种氛围中，却并不想这么做。但当我长大后，我开始想"读这读那"，也开始获取一些信息，我就是这么开始的。

我从报纸上刊登的博物馆信息中搜寻正在举办的各种特展。我想看那些展览……现在，我的一个爱好就是读别人可能称之为"娱乐版"的部分，看看现在有哪些展览。就比如现在吧，我知道曾经的第一夫人威尔逊夫人原来是一位艺术家，后来放弃了她的艺术事业去相夫教子。然后我就会想："看，我在这方面不是特例。"当然，后来她重拾艺术创作。现在城里的伍德罗·威尔逊故居正在展出她的作品，而我是读了《华盛顿邮报》才知道这个消息的。所以我读报，在报纸上找关于国家艺术画廊的展览及博物馆的其他特展信息；我也带孩子去。

受访者弗洛伦丝是居住于华盛顿特区的 25 岁白人女性。

当观众抵达博物馆时，是兴高采烈、满怀期待的，迫不及待地想开始其探索之旅。哪怕是第一次参观博物馆的观众，也往往对接下来的体验充满期待。他们希望在博物馆里有哪些发现，又有哪些期待？我们在前两章讨论过，观众的期待一般符合其个人身份相关动机，这一动机又取决于对博物馆的作用和价值更宏观的社会文化认知。一些观众总体上对博物馆整体非常了解，也很了解自己在特定日子参观的特别展览；而另一些人则相对地知之甚少。大多数观众即便缺乏对博物馆具体展出主题的了解，也会对其展出的展品和观点充满期待，当然，有些人则不是这样。有些观众参观经验丰富，有些则不是。有的人动手触碰到实物学习效果最好，有的人则更适合通过阅读来学习。有的人有恐惧症，例如，怕蛇症、恐高症、密闭空间恐惧症和密集恐惧症等；有的人有视力不好、听力不佳、行动不便等身体障碍，或是精神障碍等等。这些情况在观众参观时就已存在，甚至会导致他们根本无法参观。有的人参观博物馆必须与其他人同行，有的人却喜欢独自参观。以上所有因素与其他因素共同组成了观众的个人情境，它们对观众的博物馆参观计划有重要影响——正如本章开头所援引的对华盛顿特区的一位 25 岁主妇，同时也是国家艺术画廊的常客弗洛伦丝的访谈[1]中体现的那样。她的谈话展现出个人情境中的先前经验、兴趣和知识三个特定方面在观众博物馆体验中的重要作用。

先前经验

20 年前，撰写《博物馆体验》一书之时，如果我们认为只有部分人参观博物馆，是合乎情理的。然而，到了 21 世纪初期，在发达国家和地区很难找出一个毕生没有参观过博物馆的人。即使是欠发达国家和地区的人们也很有可能在其一生中的某个时候参观过某个博物馆，至少对那里的城市居民而言是这样的。这些关于博物馆的先前经验决定着观众的期待，也进一步影响着观众的博物馆体验。正如前文所述，观众的期待既受到先前参观同一家博物馆之经历的影响，也会受到参观其他类似博物馆之经历的影响。观众对于参观过程中将看到哪些内容、参与哪些活动的期待，是在亲身体验的基础上不断明确并完善的。每次参观都使他们更清楚下次参观的范围，还有以什么顺序参观。同一家博物馆的常客不仅知道他们期待体验什么、如何找到想看的东西，还知道自己喜欢或不喜欢博物馆的哪些部分、哪些活动。久而久之，他们知道博物馆哪里人多、哪里人少，何时繁忙、何时清静。有些情况下，个人可能成为博物馆会员，收到博物馆向他们发送的普通邮件和电子邮件。博物馆会员能知道何时有特别活动，何时有新展览展出。这些因素使观众对博物馆体验的期待更加具体和有针对性。

先前经验不仅影响着我们对参观的期待，也影响着我们实际的参观行为。就拿看电影来说吧，几乎每个常去看电影的人都知道在影院里期待什么，唯一不知道的就是要看的具体是什么电影，而这个问题可以通过看报纸上的影讯、影院外的大屏，给影院打电话，或目前流行的上网看预告片等方法解决。即使人们到一家从未去过的影院看电影，他们的期待的重点也只是电影，而非影院。这是因为，我们去过太多次影院，我们对影院的期待无非就是某些惯例性的服务和设施——配备了舒适座椅的暗室，出售糖果、苏打水和爆米花，配有洗手间等。因为我们先前去过影院，所以我们期待影院按照特定方式规划，所有固定座椅全部朝向银幕。换言之，我们已经习惯于理解并期待在影院里将要发生的事和行为规范——我们不会害怕灯光熄灭，我们会接受，或在某些情况下期待映前秀，我们知道电影开始后就停止谈话。我们将这些视为理所当然。

博物馆观众的做法与上述情形类似。大多数博物馆观众知道从参观中期待什么，与看电影的观众一样，他们对博物馆中独有的，有时甚至是另类的特质习以为常。但这是否意味着首次参观博物馆的观众毫无期待？恰恰相反，绝大多数新观众对自己将要做什么、将要体验什么抱有期待，至少是大致的期待。有时，他们的期待还很具体。例如，唐纳德·亚当斯（Donald Adams）指出，首次参观亨利·福特博物馆和绿野村的观众往往期待那里所有员工都身着亨利·福特时期的服装，这自然是误解。[2]与博物馆常客不同，首次参观的观众无法从直接体验中产生期待，那么他们的期待从何而来呢？

信息来源

一些潜在观众对博物馆的部分期待来源于广播和电视、公共服务固定节目、报纸文章及其他形式的广告。大多数博物馆会定期制作宣传推广材料，通过发送邮件、张贴海报、在图书馆和/或学校散发印刷品、发布媒体新闻稿等方式传播信息。然而，大量研究都表明，这些渠道对公众期待所产生的影响微乎其微。[3]

　　我们的生活中充斥着各种媒体，我们无法忽视书籍、电视和电影中塑造的博物馆形象。可悲的是，甚至近年的电影和电视综艺节目，如二十世纪福克斯电影公司 2006 年推出的《博物馆奇妙夜》、2009 年推出的《博物馆奇妙夜 2：逃离史密森》以及现在的电视真人秀《博物馆的奥秘》，都大肆宣称"博物馆是美国展示珍奇文物的地方"；[4]博物馆仍然被媒体描述成古老、陈旧的异国藏品之渊薮。这些描述与大多数观众对博物馆的实际体验截然相反，但对于近年没参观过博物馆的人来说，这类描述无益于改变他们"博物馆是稀奇古怪东西的陈列柜"的传统观点。

　　不过，口口相传也是影响参观期待的一个主要甚至首要的因素，尤其是来自参观过或听说过某个博物馆的信得过的朋友或亲戚的口头介绍。就在 30 年前，口口相传还是人们形成个人世界观的重要途径。1988 年的一项洛普民意调查结果显示，人们会首先向朋友寻求行事建议，这些建议明显改变了人们在很多方面的行为，如保健、生活方式，以及诸如如何度过闲暇时光方面的决定。[5]随着互联网和社交媒体的兴起，这一现象只增不减。最近一项研究表明，有 90% 的美国人认为"朋友推荐"是最重要的营销方式。[6]实际上，不仅有 90% 的美国成年人或经常，或偶尔地就产品或服务咨询朋友的意见，还有 95% 的人或经常，或偶尔地以口头介绍的方式向他人提供产品或服务方面的建议。[7]一项消费者习惯研究指出，口头介绍的有效性是报纸杂志的 7 倍，是个人推销的 4 倍，是电台广告的两倍。[8]总之，口碑被视为一种高度可信的信息来源，因为它不会受到生产者、销售者、发行商或服务者的影响。[9]

　　口头介绍的重要性或许还在于，它在人们格外乐于接受的社交情境下，出人意料地直抵人心。大部分口头介绍是在社交情境下主动提供的，这保证了以此种方式提供的信息的可靠性、社会效度和真实性，原因大概是因为提供口碑的人亲自体验过某种商品或者服务，而他们也不会从中获取既得利益。亲友建议我们去参观博物馆，是因为他们相信这种体验是积极的。罗斯·卢米斯（Ross Loomis）指出："口头推荐参观某个博物馆也许可以称得上是宣传博物馆、建立公共关系的最有效的方式。"[10]

20多年前，唐纳德·亚当斯（Don Adams）就证实了口碑是观众了解博物馆并决定前去参观的重要途径。[11]1980～1988年，亚当斯（Adams）发现，在亨利·福特博物馆和绿野村，三分之二至四分之三的观众表示，口碑确实影响了他们是否参观博物馆的决定。表示自己受到口碑影响的观众中，大多数人是第一次来参观，其次是偶尔来参观的，而常客少到可以忽略不计。

弗吉尼亚古迹威廉斯堡的运营方估计，逾80%的首次参观的观众和将近一半的常客最初是通过口头介绍的方式知道这个地方的。实际上，口头介绍是威廉斯堡首次参观观众中四分之三的人来此的最重要影响因素，也是对常客中三分之一的人产生影响的最重要因素。[12]口头介绍也对人们决定是否参观下列场馆产生重要影响：费城富兰克林科学博物馆、宾夕法尼亚州恰兹佛德镇白兰地谷博物馆、印第安纳州费舍镇康纳草原历史公园、亚拉巴马州安尼斯敦的安尼斯敦自然历史博物馆、北卡罗来纳州阿什维尔市比特摩尔庄园、纽约的石溪博物馆、密歇根州麦基诺岛的麦基诺国家历史公园。对于以上这些机构而言，广告和宣传项目吸引的参观者不足总体的20%。[13]

自唐纳德·亚当斯提出口碑的重要性已过去了 25 年，如今，由于社交媒体的蓬勃发展，特别是随着脸书、推特和Flickr（网络相簿）风靡世界，口头介绍的重要性与日俱增。[14]脸书创始人马克·扎克伯格的愿景是创造一个他称之为"脸书化"的网络。[15]这一愿景是希望人们能够与亲友随时随地保持在线联系，更重要的是实时了解亲友的意见或想法。一个人无论何时想要在网上购物、找餐馆或看视频，都能与亲友联系上并了解其意见或想法。因为他知道谁写了这些评论，并大致了解写评论的人的偏好和爱好，对作为消费者的他来说，这些评论因此格外有意义、格外重要；这些评论融合了个人情境和社会文化情境。这是一个全新的世界：从由海量匿名信息主导的网络转变为由你的亲友的各类信息所主导的个性化网络。在这个新天地里，其他人如何评价某个事物并不重要，重要的是你亲近的人、信任的人认为它很重要或很好。

当然，正如前文所述，只有当某人参观过某个场馆且比较熟悉其内容，他才可能做出口头介绍。由此可以假定，人们不经常去博物馆的原因之一是，他们所在的社区和日常生活中，缺少可靠的信息来源。即使种族、族群、移民身份、收入、教育程度和地理位置等条件都相同，有人去参观博物馆，而有人不去，这也许是对此种情况的另一种解释。在前一章[16]里谈及的美国博物馆联盟发起的"博物馆未来中心"发布的人口统计学报告的研究强调，不参观博物馆（的情况）和人们在其社区与日常生活中缺少信得过的口头介绍有关。2005 年美国城市研究所的一份报告表明，鼓励亲友去参观博物馆而不是进行其他休闲活动，这在一些社区中并不多见；换言之，如果你的朋友们不去博物馆，你也不太可能去参观。[17]遗憾的是，如果一个家庭没有参观博物馆的习惯——无论是在童年期[18]就没有培养出这种习惯，还是由于经历或习俗等其他因素——那么这种情况可能更严重，并持续下去。[19]

博物馆未来中心建议将外来人口的文化适应过程当作预测（我们会称其为"积极影响"）今后博物馆参观的一个关键因素。例如，在美国，20世纪外来人口在人口净增长中占1/5，[20] 在2000～2007年人口增长中几乎占到40%。[21] 出生在本土以外的人口占目前美国总人口的12.5%，其中又有83%来自拉丁美洲和亚洲，大部分是从1965年开始来到美国的。[22] 美国人口普查局的最新人口预测表明，到2050年，美国人口将达3.23亿至4.58亿人。美国本地人平均年龄将更大，青年人将更为多元化，这很大程度上是因为，相比较之下，拉美裔移民家庭更为年轻、规模更大，这些家庭人口出生率也更高。[23] 幼儿园和小学等机构将最先为这一新的"占多数的少数群体"[24] 提供服务，儿童博物馆也可能会发现自身需要应对人口变迁造成的影响。关于这些趋势，如何未雨绸缪、如何积极应对，我们将在下一章中探讨。

考虑到20世纪90年代才开始上升的高移民率，当前博物馆面临的挑战是吸引观众，尤其是针对家长很少或压根没有参观过博物馆的那些家庭。为了发展下一代博物馆观众，现在去吸引这些家庭就至关重要了。参观博物馆可能是外来移民家庭适应本地文化的重要途径，它能够帮助这些家庭适应新的社区环境。其关键在于，要创造一种使这些家庭觉得能掌控自身体验的情境，而这种掌控感在他们试图适应的其他情境如正式教育、医疗卫生服务和劳动力市场中则通常不易获得。[25] 对这个建议补充一个重要提醒，那就是博物馆需要确保观众的实际参观体验是以家庭自身的期待为基础的（回想一下，上一章提到了，菲利普对博物馆体验表示不满）。

博物馆要帮助那些不常去博物馆的外来新移民真实、准确地看待博物馆，从而与他们建立更稳定、更有意义的关系，还需要重新思考运营方面的某些问题，以照顾到潜在观众的生活习惯。这类家庭的成员中极可能有至少两名成年人在工作，他们通常身兼数职，经常加班加点。有的艺术博物馆尝试在晚间也开放，这种做法吸引了更多观众，而且其观众构成比平时来参观的人更为多元。[26]在周末，人们需要在参观博物馆与工作、做礼拜、购物及其他休闲活动中做出取舍；而工作日晚间开放对一些这样的家庭更具吸引力。尽管这些社会力量影响到所有美国人，但由族裔和社会阶层而形成的工作和家庭结构可能阻碍少数族裔参观博物馆。另外，结构性因素如观众居住地、博物馆的位置、交通方式和经济水平（通常与族裔有关）等，也会影响到人们对参观博物馆价值的积极或消极的期待。[27]

还有最后一个问题非常重要，必须认真予以考虑，那就是观众先前对博物馆的了解，以及这种了解对于建构和拓宽新观众的博物馆体验之影响。家庭的代际差异可能会逐渐地导致家庭成员对于博物馆产生不同的体验和期待。正如我们在前文所提到的，在新移民家庭中，第一代移民家庭（尤其是来自欠发达地区家庭中的成年人）在其母国时可能很少去博物馆或根本不曾去过博物馆；要牢记的是，参观时需要遵循的行为准则可能会对这些首次前来的观众构成很大障碍。这一点经常被忽略，而博物馆通常想当然地认为每名观众都曾经参观过博物馆（至少上学时学校组织参观过）。如果博物馆以具有吸引力的、让人舒服的方式行事，那么就可能有助于新观众适应文化，但这需要长期努力。

另一方面，即使只是参加学校偶尔组织的实地考察，第二或第三代人口也将有更多的博物馆体验。慢慢地，他们会比家庭中的第一代人获得更多博物馆体验。正如本章开头介绍的，弗洛伦丝描述了她是如何主动地、有意识地将自己培养成国家艺术画廊的常客的，她所谈到的就是这种代际演变。尽管弗洛伦丝并非成长于移民家庭，但她的家庭是工薪阶层，父母由于种种原因没去过博物馆。但是，他们读报纸，她成年后也养成了这种习惯。她从报纸上读到了博物馆的信息，从而能够了解哪些特展在举办。"我读报纸，在报纸上找关于国家艺术画廊的展览及博物馆的其他特展消息，我也带孩子去。"我们可以推断，弗洛伦丝的孩子们中至少会有一个受到影响，长大后也保持着参观博物馆的习惯，并可能会将这种习惯继续传给自己的下一代，使之成为一种传统。考虑到代际在态度和认知方面的差异，博物馆从业者有机会主动接触那些父母不参观博物馆的年轻一代，并把博物馆描述成单身人士可以去约会的地方，和学校学习方式不同的地方，或者是塑造自身想要的身份和形象，比如成为艺术爱好者，或求知若渴、见多识广的人的地方。

兴趣

对于是否进行博物馆参观之类的活动，通常都会归结到兴趣问题上。[28]不同文化和族裔认为哪些事情是有趣的，某种程度上取决于谁提出这个问题以及问题的措辞。[29]比如，狭义的文化活动包括参观艺术馆、参观博物馆、聆听古典音乐会等，少数族裔群体通常很少参与这些活动。然而，广义的文化参与就会把现场音乐会、萨尔萨舞、园艺、节庆以及类似活动都包括进来，这样，少数族裔群体的参与程度就上升到能够与多数族裔群体参与程度差不多的水平了。这就是美国国家艺术基金会 2008 年在对艺术活动参与情况的调查中将萨尔萨舞列入选项的主要原因之一。少数族裔群体在文化参与方面非常积极——每个国家的族群都在非传统场合（教堂、社区、学校、公园，甚至家中）为自己创造机会（节庆、传统庆典、展会、年度聚会），这在很大程度上在传统艺术组织（包括博物馆）与面向族群的组织之间制造了一道鸿沟。许多博物馆现在积极与这些基于社区的组织开展合作，以便更好地吸引这些群体。[30]从根本上说，每个人都希望成为群体中的一员，而非成为"他者"。这被称为"FUBU 测试"——我们享有，我们负责。[31]美国城市研究所的一项调查进一步证实了这项研究，该调查发现非洲裔和拉美裔美国人比其他人更有可能将"庆祝传统"和"支持社区组织"当作参加艺术和文化活动的原因。[32]

另一个非常简单却意义深远的道理就是，个人兴趣不仅从根本上影响着人们为何参观博物馆，以及为何参观特定主题的博物馆，还影响着人们在博物馆的体验以及通过这些体验获得的收获。本章开头对弗洛伦丝的访谈有力地证明了兴趣和行动之间紧密的相互关系，就该案例而言就是对艺术的热爱和参观艺术博物馆的愿望之间的关系。作者约翰发现，当请博物馆观众评价对展陈主题的兴趣时，约 98% 的观众对主题表现出很高或较高的兴趣（另有 2% 的观众说，他们是陪同兴趣很高的人一道而来的）。[33]对博物馆展陈主题感兴趣的人，也是常去博物馆的人——参观历史博物馆的人，喜爱历史；参观艺术博物馆的人，喜爱艺术；参观科技博物馆的人，喜爱科学。

然而，需要注意的是，尽管兴趣和知识通常有关联，但二者并不能画等号。兴趣和知识的这种差别对于博物馆观众而言尤为如此；认为自己对博物馆里的科学、艺术和历史有很高或较高兴趣的观众，可能同时认为自己对这些主题有很少或较少的知识。[34]这些人到博物馆是为了提升自己对相关主题的兴趣和扩充相关主题的知识；他们不是专家，去参观博物馆也不是为了成为专家。[35]

兴趣是博物馆体验中的一个根本方面，却没有得到充分研究，且重要性被低估。近年来一些重要的国际研究表明，儿童和成人都利用多样的社区资源积极追求终身兴趣，无论是在上学期间还是毕业之后。[36]包括儿童在内的人（尤其是儿童），一旦对某个主题感兴趣，就更有可能积极学习这个主题的相关知识，更有可能主动寻求挑战和困难，使用有效的学习策略，寻求并听从有经验的人的反馈。[37]此外，他们更有可能在任务中持之以恒，并不遗余力地完成任务，尤其是当他们从所做的事情中体会到快乐和价值时。[38]换言之，如果说博物馆是支持公众学习的所在，那么兴趣就是学习的入口。尽管关于博物馆学习的研究浩如烟海，但客观地说，观众的既有兴趣对于后续学习及行为所具有的重要意义超出我们的理解。然而，关于兴趣所发挥的作用，我们认识到一点，那就是，观众对博物馆的关注更有可能集中于他们熟悉的主题，而非不熟悉的主题上。[39]简言之，观众选择是否参观博物馆，通常视他们对博物馆主题的既有兴趣和/或他们所寻求的体验类型而定，例如"动手做"或"户外活动"，然后从其具体兴趣和身份相关动机的角度出发，去决定关注博物馆的哪些方面；这一决策的某些方面可能是在无意识的情况下发生的。

既有知识

观众来到博物馆参观，不仅带着明确的喜好，而且在知识方面也有一定的储备，而不是白纸一张。观众带着对展览的期待、身份相关动机，同时还有大量既得知识、技能、信仰和态度前来参观。[40]与先前兴趣一样，观众既有知识、技能、信仰和态度也在以下方面发挥着重要作用：不仅影响着人们参观博物馆的原因，还影响着他们在博物馆中的所做与所获，影响到观众专注于怎样的体验以及他们给这些体验赋予的意义（如果有的话）。虽然不是每个观众都像弗洛伦丝那样，在参观前阅览展览相关情况，但几乎所有观众都会在抵达前对博物馆展览和活动内容有不同程度的了解。但是，观众即使知识渊博，往往也并不是专家。我们的同事马克·尼哈姆（Mark Needham）和作者约翰最近在加州科学中心所做的一项研究表明，据观众自述，他们参与最多、收获最大的主题，是自己已经多少有所了解的。[41]讽刺的是，观众去博物馆参观更多的是为了去巩固已经掌握的知识，而不是去建构新的知识体系。但是，知其枝叶不等于知其全树。观众既有知识存在的差距会对学习造成巨大的阻碍。例如，历史博物馆一种常用的阐释方法是时间线；但时间线需要观众具有一定的基本认知，比如纪年法的应用，比如展品在线性空间中的排列分布象征着历史事件的发生顺序。有证据显示，一些观众，尤其是儿童不具备这些基本认知。[42]

在巴尔的摩国家水族馆开展的一项研究也同样发现，博物馆观众往往知识渊博但并非专家。研究结果表明，水族馆观众是自我选择的群体，对于与动物保护相关的问题，他们通常比一般公众更了解、更关心，参与更多，然而一般来说，他们在动物保护行为方面的知识、态度和参与度远不及专家水平。[43]当被问及动物保护对自己意味着什么时，观众容易将"动物保护"看作一个术语或概念，并发表多种看法。他们对动物保护的概念性理解与动物性机构给出的定义是一致的：维护生物多样性。对于动物保护问题和人类对自身周边环境（既包括本地也包括全球）的影响与作用，观众们的态度都是坚定而正面的。观众对动物保护问题态度的背后是他们对动物保护问题与其个人生活关联的认知与理解。几乎所有观众都能很容易地理解动物保护问题与其日常生活的关联，大多数人都能用具体细节和实例清晰地表达出自己的想法。所有这些发现都表明，国家水族馆观众的知识、兴趣和态度高于国内普遍水平。[44]对几家动物园和水族馆所做的另一项研究进一步证实了上述发现，该研究表明，动物园观众和水族馆观众的既有知识水平不仅高于一般公众，而且也超出了这些机构员工的预期。[45]如果我们就此认为大多数艺术馆观众对艺术、大多数历史博物馆观众对历史以及大多数科技馆观众对科学比一般公众了解更多的话，也并不牵强。斯科特·巴比诺维奇（Scott Babinowich）最近对大峡谷国家公园开展的研究表明，大约四分之三的观众自称先前就对大峡谷有了解，而既有知识有助于我们事先了解观众参与哪些活动或展览，预测观众能记住多少参观内容，能看到什么，甚至看到有历史意义的展览时会产生何种情感。[46]换言之，博物馆观众在进馆时就已经对博物馆的主题有了相当了解，虽说大多数不是专家，但也并非全然是门外汉。实际上，正是这种既有知识促使了，或至少一定程度上促使了观众最初前来参观。

正如在第二章所描述的，并非每个观众来博物馆都是为了追求自己的学习需求和兴趣。参观动物园、科技馆和儿童博物馆之类场馆的许多观众——多数是成年观众，是为帮助他人学习而来的。在这种情况下，父母通常运用自己的既有知识去引导孩子提出问题，也引导他们找到答案。一些情况下，有些观众，包括儿童和成人，会把参观博物馆作为向他人展示自己博学的手段。[47]当然，相反的情况也是存在的。自觉缺少博物馆方面的知识可能会阻碍参观。比如，对不参观博物馆的非洲裔美国人父母所做的营销研究表明，这些父母多次表示，带孩子去博物馆不是自己的事，而是学校的事。然而，这些父母之所以这样认为，部分原因是，他们认为自己缺乏必要的背景知识，没法指导孩子参观。[48]这项研究和其他研究都发现，许多人，尤其是只参观过几次博物馆的人，觉得博物馆"难以理解"，并担心自己"在孩子面前显得很笨"。[49]一些人用阶层划分和精英主义来定义这种观点，即认为只有具备专业知识、高雅审美品位（即具有"文化资本"）的人，才能完全理解并欣赏博物馆，尤其是艺术博物馆的展览。[50]

参观计划

因此，观众来到博物馆时，带着身份相关参观动机，掌握的口碑信息，已有的先前参观经验、知识和兴趣，所有这些个人情境变量加在一起，形成了参观计划。这种计划决定了参观的基本路线，并影响了参观体验本身。对于大多数观众而言，这些计划与博物馆实际提供的机会相适应，其结果是形成了一个不断增强的正反馈闭环：我参观博物馆是希望体验某物；我使用博物馆以确保能够体验到某物；离开时我成功体验到了某物；当回忆起参观体验时，我觉得这是体验某物的上佳方式；最后，我与家人、朋友和同事分享自己的体验，鼓励他们去参观这家博物馆，因为这是体验某物的不二之选。

经过充分准备的期待使观众的参观计划与在博物馆内的实际体验完美契合。这反过来又会引发观众对博物馆正面的、不断强化的态度。这些观众想要复制自己对博物馆的体验，这样其对于下次参观或以后诸次参观的期待就有了更多的内容支撑。观众的个人情境可能对其博物馆体验影响最大，这种个人情境最重要的表现可能就是观众的计划。博物馆从业者有必要认识到观众计划的重要性，还要认识到博物馆是可以对这些计划施加影响的。对观众计划施加影响可以说是博物馆能够创造成功体验的基础，其作用与展览设计、活动策划等其他工作无异。我们将在下一章及后面几章论述观众在博物馆内的体验时分析上述观点。

小结

■ 大多数观众来到博物馆时，对于自己将看到什么、将做些什么，有着既有的期待。这些期待中的一部分来自直接体验，比如先前的参观，但大部分期待来自媒体、网站和最主要的，口头介绍。在大多数时候，对于大多数观众而言，口头介绍是主要的信息来源。

■ 口头介绍通常来自对博物馆熟悉、有过参观体验的人。人们不经常参观博物馆的一个可能原因是，在其社区和日常生活中缺乏值得信赖的口头介绍。遗憾的是，这种情况可能因为家庭中缺少参观博物馆的传统而加剧和持续下去。家庭中缺乏参观经历可能是因为从孩提时代就没有这种机会或没人引导，或是因为其他家庭经历和习惯。

■ 人们是带着自己的兴趣、既有经历和知识来到博物馆的。这些兴趣、经历和知识对观众最初决定来参观和如何参观博物馆都有影响。

■ 观众的身份相关动机、期待、既有兴趣和知识等共同构成了参观计划。这种参观计划决定着观众的博物馆体验，其作用超过了其他任何事物，甚至超过了博物馆内真实存在的展览和/或活动。

给从业者的建议

■ 在观众抵达博物馆或访问博物馆网站之前，我们应该对观众（同样也包括线上访客）有所了解。前期评估和市场调研都可以用来更多地了解观众的参观期待、兴趣爱好和知识。应当在设计任何新展览、活动或网站前就掌握这些信息。

■ 鉴于观众的参观计划对其博物馆体验很重要，博物馆从业者不应认为观众的计划是"既定事实"且无法更改，而应在参观前发放宣传品，进行市场推广，悬挂横幅，制作网页和向学校、酒店和成人中心等机构发放参观材料，这些都能直接影响观众的参观计划；总体上，要时刻牢记在心的是，任何使观众的参观计划与博物馆的目标宗旨趋近的努力，都将大大促进二者共同达成。一种使这两种计划融合的新方法是，努力去共同创造体验；换言之，要让观众在某种程度上掌控自身体验的内容和性质。

■ 既然只有去过博物馆且对其很熟悉的人才会做出口头介绍，那么在试图吸引新观众、拓展现有观众时，重要的是要去了解可靠的社群、（意见）领袖以及与目前未曾充分享有博物馆服务的观众的沟通方式。

参观过程中

第二部分

第五章 实体情境
——展览

问：请给我讲讲您几个星期前参观加州科学中心的事吧。您为什么去那里？您去那里的动机是什么？

答：哦，我和朋友们就是想去看看那个地方。我们从一个朋友那里听说了它。他们说那里有很多很酷的东西，并且我们所有人都对科学、技术和诸如此类的事物感兴趣。

问：说说您的参观，您看见什么了？

答：我最先看见的是大厅里那个移动的雕塑。它一会儿扩大一会儿缩小——造型非常特别，应该是有什么机械部件使它那么灵巧。之后我们去了"地震小屋"，看了关于人体的展品。非常长知识。还有用机械手段展现了视觉和声音是怎样在人体内运转的［原文如此］。

问：还有其他的吗？有没有什么令您印象特别深刻的？

答：有，说实话，是（有关）恐惧（的展览）。它非常能说明问题——告诉你身体如何反应，为什么有些人有恐惧症。它审视你的恐惧。特别是"蜘蛛"这个展品。

问：为什么关于恐惧的展览令您印象深刻呢？

答：（关于）恐惧（的展览）之所以使我印象深刻，是因为我在里面时非常害怕。一个（屋子）里有蜘蛛和蛇；你走进去，在你面前有昆虫和爬行类动物，是关在玻璃罩里的，这样你不会受伤。我害怕极了，塔兰图拉蜘蛛真是太恐怖了，因为我有严重的蜘蛛恐惧症，尽管我知道，在博物馆里它（对人）是安全的。这个展览令人印象深刻是因为有活的生物。还有一个是关于人体对于恐惧的反应的，能让人增长见识。一个动画形象告诉我们肾上腺素是如何释放的，肌肉如何反应，以及战斗或逃跑的本能是如何启动的。这是一个很好的视觉展现。

罗伯特是一位40多岁的拉丁裔男子，他与 3 位朋友一起参观了加州科学中心；他们都是成年人。[1]

尽管每年参观博物馆的数以百万计的观众千差万别，他们选择参观的博物馆也是种类繁多，但是关于观众行为的研究发现，这些观众有许多共同的参观主旋律。但需要指出的是，也许没有比这个事实更明显的了，那就是大多数观众来博物馆就是专门看展览，参与"博物馆式"活动的。即使到博物馆时，与大多数人一样，并不清楚究竟有什么在展出，观众们也会期待着阅读说明牌、观看视频、听音频、观察，以及更多地与展出的物品互动。尽管很多文章写到，观众实际花在参与博物馆内容上的时间少之又少，但绝大多数观众都将大部分在博物馆内的时间花在了参观内容上，很可能也会思考展览中的展品和信息。虽然观众的实体情境也包括许多重大或特色活动，但是我们通常认为，精心设计的展厅对观众的参观体验影响最大。因此，研究观众与展览、展品及解说材料进行互动的原因和方式，已成为近一个世纪以来博物馆研究的主要关注内容。

不过，观众对展览的反应并不被动。每个人都与此时此刻所处的环境进行互动，在博物馆里穿梭，对于展出的展品和各种解说材料有选择地参观，偶尔近距离进行观察。[2]他们停下来看一段视频，却忽略了另一段。他们就自己看到的事物提问，与别人展开讨论，尝试着将看到的东西个人化并进行理解。正如我们在上一章提到的那样，他们这样做是基于他们先前的经验、兴趣，以及对博物馆的总体了解和具体到对这一家博物馆的了解。对博物馆的这些选择性体验和理解在前文对罗伯特的访问中得到了很好的说明，他是一位 40 多岁的拉丁裔男子，也是一位偶尔参观博物馆的观众。是观众而不是博物馆，掌握着选择权；他们自己选择关注哪些内容。虽然在外人看来，观众关注的内容有时似乎是随机的，但其实很少如此；也许有时杂乱无章，但并非随机。每个观众的体验都不同；每个人有着自己独特的个人和社会文化背景，受实体情境影响的方式也千差万别。每个观众被这些环境的不同方面吸引，然后就要关注的方面做出不同的选择。虽然每个观众都是独一无二的，但研究表明，拥有相似身份相关动机的观众倾向于获得性质上相似的体验。[3]例如，一名导览者类型观众的体验可能是以他重要的同伴的需求与兴趣为首要驱动的，一名"充电"者类型观众的参观可能源于对安静和沉思时刻的渴望，一名探索者类型观众，像上文提到的罗伯特，他的参观也许是由以前就有的兴趣来主导的，在这个案例中就是"恐惧"。尽管模式是相似的，但每个观众体验的具体细节不尽相同，观众选择参观的具体事物及赋予它们的意义构成了该观众的博物馆体验。

许多博物馆专业人士没有完全领会到这点，那就是：观众是可以发挥主观能动性去形成自身的博物馆体验的。太多的展览是根据"是博物馆而不是观众掌控着参观体验"这种假设而设计的。[4]很明显，展览是而且应该被设计成能够吸引观众学习体验的，这种体验包括驻足、观看、理解展出的内容。当然，我们有可能设计一种环环相扣的信息体系，这将有助于观众在离开展览或最终离开博物馆时能够达到预先设定的一系列学习效果。然而，仅仅因为展览及其配套材料是为实现该学习效果而设计的就做此假定，并不代表这一定会发生。针对博物馆观众的研究向我们展示了想要掌控观众的体验到底有多难。

博物馆观众研究与思想论述的很大一部分都是针对展览设计技巧、展品展示和说明材料的撰写及放置等问题的。[5]无数研究人员已经试着不仅去认识观众与博物馆展览、展品、说明牌和即时体验的其他方面之间的互动，还要去了解这些体验带来的短期与长期影响。

近一个世纪的研究表明，不是所有的展览都能如展览设计师希望的那样简单、有效地发挥作用。早在 20 世纪 20 年代，爱德华·罗宾逊（Edward Robinson）和亚瑟·梅尔顿（Arthur Melton）就开展了关于观众如何分配参观时间的研究，研究基于常识和经验验证的假设，即花在注意某事上的时间是学习的先决条件。[6]罗宾逊和梅尔顿的研究帮助博物馆界将重点放在"吸引力"和"留住观众的能力"等概念上，即展览吸引并抓住观众注意力的内在品质，[7]后来，博物馆研究的先驱们如钱德勒·斯克里文（Chandler Screven）、哈里斯·谢特尔（Harris Shettel）、敏达·博朗（Minda Borun）、比弗利·塞瑞尔（Beverly Serrell）、斯蒂芬·比特古德（Steven Bitgood）等为此提供了更多的依据。虽然展览设计者和开发者已经尽了最大努力，但这些研究结果表明，打造能够持久吸引并留住观众的展览是一项挑战。塞瑞尔分析了在 100 多座博物馆进行的追踪研究的结果后得出结论，如果一个展览能够吸引一半以上的观众驻足并参与其中 50% 以上的展览内容，就称得上是一个有效的展览。[8]

对数十个展览中观众参观的观察研究结果显示，在一些情况下，观众会花费大量时间参观大多数甚至全部的展品；而在另一些情况中，观众则走马观花，只专注于相对较少的展品。[9]这种差别受展览设计的影响，但更多情况下与观众自己的个人特质如他们的需求、时间预算、对所展内容的兴趣有关，另外还与除展览本身特性之外的实体情境因素有关，例如某件展品在展览中的位置和/或某个展览在整个博物馆中的位置。观众们不仅主动选择参观哪个展览，还从某一个展览中选择观看哪些内容。这样，本质上说，与个人和社会文化情境一样，实体情境也由个人主动构建。利用博物馆自身的原料，观众主动地打造他们自己的实体情境。

这个事实给博物馆带来了潜在的问题。各博物馆正在越来越多地尝试将自身首先定位为"教育"场馆，这样做的结果是，博物馆越来越多的展览以及各种项目、网站、其他活动都由教育目标驱动。除了这些目标，博物馆也在逐渐地向投资者承诺，观众们会带着学到的特定概念离开，并慢慢地实现预先设定的态度上的改变和/或行为的变化。博物馆是教育机构，公众确实能从这里学到知识，但博物馆不像是强制性的课堂，它们是供人自由选择学习的设施。观众来馆时，并没有期望或打算在离开时能够学到特定主题方面的知识（除非这是他们前来参观的原因——例如，一些怀有专业人士/"发烧友"参观动机的观众会抱有这样的期待）。然而，使展览更"有教育意义"（通常意味着支持学校教育目标）的压力，导致设计组超时工作，来解决如何通过展览引人入胜地、有效地进行"教育"的问题。不幸的是，这个任务导致了我们从教学的角度去思考，开发出展品组合或互动展览，用以展示一个综合性的大的原理或大概念，通常按预设的线性顺序（例如，按时间顺序或等级顺序），目的是帮助观众理解其中的主体理念。尽管有设计组的努力，包括努力设立展览的单向参观路线，但有足够证据说明大多数观众并不以这样的线性方式参观。[10]哪怕展览被设计成观众必须从一处进入再从另一处走出，一些观众还是会从出口进入而从入口出去。[11]就算一组观众可能从第一个展品看起，他们也会跳过接下来的两个，而转向看一个单独的展品，然后直接走向另一个展厅，再跳过剩余的展品去看博物馆的另外一个展览。另一组观众的路线则可能完全不同。这很大程度上取决于观众最初来博物馆的原因，其次是他在参观过程中在某处看到一个特别的展览。[12]

具有讽刺意义的是，通常正是设计者和展览开发者自己无意中破坏了观众有序的参观。考虑到关于吸引力和留住观众的重要性的研究，他们试着使每件展品都尽最大可能地具备这些品质。结果造成每个展览元素都与其他展览元素争夺观众的时间和注意力。[13]观众们像弹球一样在一些展厅之间来来回回也就不足为奇了。最近，业界讨论要把展览（和整个博物馆）设计成更像是一首乐曲，在展览（和整个博物馆）中既有更具互动性和喧嚣热闹的区域，也有安静、更适于沉思的区域。

事实是，大多数博物馆是感官体验极其丰富的环境，能与之匹敌的也只有游乐园和购物中心了。观众们通常被大量的光线、声音——甚至近来还有气味和动作——弄得不知所措，以至于他们不得不有所取舍。除了在参观开始时的短暂时间里，大多数观众会被既在外观上夺人眼球，又对他们个人而言本质上有趣的展览所吸引。当观众看到这样一个展览时，他会花时间仔细观察展品，阅读说明牌，沉浸在媒体和互动中。观众的取舍不仅发生在展览之间，也发生在展览内部。[14]一个展览也许会提供一些互动选择，但观众可能只选择一到两个。一个展示柜中可能包含数十件文物，但多数观众只看其中的一些，只阅读几块说明牌或观看一段视频。[15]这完全取决于什么对观众最有视觉冲击和最能唤起其求知欲，什么能与观众已有的知识与兴趣连接起来，以及什么能支持他的身份相关参观需求。[16]

在我们深入研究了越来越多的展览之后，许多备受重视的关于公众如何利用博物馆展览的理论开始受到质疑。的确，公众喜欢互动性展览，但互动展项并不总是展览中最受欢迎的元素。在下一章我们将更全面地探讨，总体上观众们在参观过程中会变得疲劳，但如果一个展览的内容真的引人注目，并与观众的需求和兴趣紧密结合，他们即使快要结束参观了，也会停下来参与其中。[17]还有，虽然普遍认为"没人阅读说明牌"，但研究显示，数量惊人的观众会阅读精心设计的、与他们感兴趣的话题相关的说明牌。[18]

传递博物馆信息

在过去，博物馆体验的关键要素是大大小小的展品，是那些或珍贵稀奇，或精美绝伦，或有着重要意义的物品。如今，博物馆通过越来越丰富、多样的工具与观众交流，展品只是其中一种。几乎每座博物馆都以某种方式通过书面文字与观众进行交流，这包括横幅、手册，还有许许多多的说明牌——或大或小的说明牌，纸质的或数字的说明牌，放置在不同位置的说明牌，印在或投射在墙上的说明牌，装在便携设备中的说明

牌，还有巧妙地安装在展示柜内部的其他说明牌。博物馆还依
赖于各种互动体验方式——翻转说明牌，按按钮，拉动把手，
向孔内窥视，以及迅速发展的一系列数码工具，包括语音导
览、各种音频和视频、电脑游戏、便携设备。与观众沟通的
"工具箱"里还逐渐增加了虚拟现实模拟器和诸如网站和
"云"等线上工具。

展品与互动

对大多数博物馆而言，受人瞩目的都是展品——无论是
一幅画，一个标本，一个历史遗迹的再现，一个活体动物或植
物，一项科学互动，还是一个美丽的场景或风景。观众会感觉
这些"东西"很吸引人，但大多数人不仅想观看展品，还希
望能动手操作。越来越多的博物馆借鉴科学中心和儿童博物
馆的做法，尝试打造互动性展览；如今就连艺术博物馆也有互
动性展品了。《博物馆体验》出版后 20 年来发生的一个更有
趣的现象是，"动手体验的"（hands – on）这个词语过去是一
个只有内行人懂的术语，用来描述由博物馆业界发明的一个
概念，而如今变成了一个普遍用来形容直接参与体验的常见
词组。例如，最近用谷歌搜索"hands – on"这个单词，就有
两亿多条结果。

可能不出人意料的是，多年的研究表明，最具吸引力的博
物馆展品通常是最大的和/或最贵重的；相应地，最具吸引力
的展品同时也是最突出展示的。[19]不过，近期博物馆研究最有
悖常理的发现之一也许是，一旦观众参观过了受众人瞩目的
标志性展品，最具吸引力的展品就变成观众期待/希望看到的，
而不是那些他们从没想过要看的。[20]正如上一章里提到的，观

众特别关注那些他们"略知一二"并发现其乐趣的展品，而不是将注意力集中于他们不了解或不想看的展品上。虽然大笔资金投入打造新的、与众不同的展览中，但是很多博物馆市场营销人员指出（而且好莱坞和麦迪逊大道早就知道了），有少量新奇的东西是很好的，然而过犹不及。最受欢迎的展览往往是关于闻名遐迩的艺术家、某个历史时期或者重大事件的，例如关于古埃及人、恐龙或"泰坦尼克号"的展览。是的，人们是想要看到新奇的东西，但并不是他们闻所未闻或从未想过的东西。

观众们不仅蜂拥前来看他们略知一二的展品，而且通常相对肤浅地参与其中。只有一些观众会在某些时候探究某项展品或展览背后更为抽象的原理。很遗憾，公众对具体信息的欲求与博物馆视角下展览的既定目标相冲突。随着越来越多的博物馆试图展出揭示抽象原理的展览，情况愈发如此。[21]大多数观众参观一组展品时会好奇："这是什么？"、"它来自哪里？"、"它是做什么用的？"、"它值多少钱？"、"它新的时候看起来什么样？"、"我怎样才能让它运转？"或者"我想知道他们是如何制作它的？"。很少有人会思考："这个小装置是如何改变历史的？""为什么这幅画是抽象艺术的里程碑？"。我们会认为大多数观众，无论成人还是孩子，都从具体层面而不是抽象层面来理解展品。

最近由南希·欧文·雷纳（Nancy Owens Renner）主持的研究发现，参观自然历史博物馆的儿童最初是通过具体操作展品来学习的，然后才进入更抽象的概念化知识中。[22]她特别指出，"概念理解建立在感性体验上，与展品和现象互动能产生体验的原材料，由此形成记忆、提取特征、进行分类、建立因果关联，以及形成抽象概念。社交能促进这个过程，同伴和

老师指出需要注意的重要事情并解释其重要性"。这个由具体
到抽象的过程不仅是博物馆观众所经历的，也是人们普遍经
历的。大多数人处理信息尤其是新信息的方式是从具体细节
入手。[23]这个事实可能令主题专家沮丧，但它很重要，必须加
以认识和考虑。关键是，也许相较于其他教育类机构，博物馆
尤其适宜充分发挥人们通过吸收具体信息来进行初始学习的
能力。

博物馆，作为一般类别的机构，与其他学习场所有重要
区别。博物馆是收藏之地，一些藏品具有固有价值，另一些
则不是。展品和物品是博物馆的精华。美国博物馆联盟称，
虽然各馆之间有明显区别，但博物馆的共同特性是"通过收
藏、保护和阐释世上的物品为公众作出独特贡献"[24]。国际
博物馆协会则有一种更广泛的定义："博物馆是非营利的永
久机构……它们获取、保护、研究、传播和展示人类和所处
环境的物质的和非物质的遗产。"[25]两种定义都强调物品，无
论是有形的还是无形的，即使这些定义并不在所有方面都适
用于科学中心、儿童博物馆和自然保护区，而对艺术、历
史、科学、自然等领域物品的展示和交流都使博物馆类机
构明显区别于其他教育类机构和媒体，如学校、书本、图
书馆、杂志、电视、剧场、万维网以及其他几乎所有体制
化学习形式。博物馆的教育目标是否与其他学习形式的目
标一致则几乎不重要。博物馆选择利用展示三维物体来实
现目标，而其他机构则总是依靠文字和二维图像的这个事
实，将博物馆与其区分开来。

约30年前，本杰明·斯威尼（Benjamin Sweeny）在关于
博物馆展览的著作中提出：

博物馆是我们文化中最好的一项发明，通过展示真实的物品向大量民众传播观念，这是博物馆的优势所在，也是博物馆优于迄今为止其他任何类别的机构的地方……如同其他类别的机构，博物馆既有优势又有弱点；如果它舍弃了展示真实物品的强大能力，而转向其他一些种类的机构的阵地，将不可避免地削弱其在传播观点方面的成功……那种说明牌很长的展览会有失败之虞，只因为博物馆不适合用来传播书面文字。博物馆并非书籍。[26]

虽然自上述研究结果发表后，博物馆界已然发生了巨大变化，但该理论仍然引发强烈共鸣。我们会认为博物馆是迄今为止人类发明的向公众传递具体事实的最好工具。展览——无论是文物、科学演示、动物栖息地、绘画，还是活体动植物——都允许人们在适当环境中观察现实世界中的真实物品，在理想情况下甚至可以对它们触摸、品尝、感觉和聆听。没有哪个网站，哪部电影，哪种学校课程有这种能力。对博物馆观众进行的观察也证实了这个观点。他们将大多数参观时间花在看、触、闻和听而不是阅读上。观众会阅读辅助性的解说材料，但对展品和互动机会格外关注。总体上看，只有那些能直接满足观众即时查询需求的说明牌和其他解说材料才会被注意到。

尽管如此，博物馆展览越来越多地以传递抽象概念为目的。博物馆及其投资者致力于向公众传播大概念，希望成为围绕重要话题的教育基地，这一点可以理解也值得嘉奖，但并不代表这一定是最佳做法。博物馆展览和辅助说明材料如果从具体信息入手，就会非常有效；对具体事物的理解是形成抽象概念的重要先导。这并不是要降低展览内容的难度，事实上，帮助观众以这种方式实现概念理解是一种很好的教育实践，能够给观众提供所需的"脚手架"，去理解更具挑战性的概念，从而达成博物馆的终极目标。有趣的是，用活动和影片来传递复杂概念效果要好得多，这点我们稍后将在本章讨论。

然而，我们想表达的意思是，要开发出能实现多数博物馆专业人士追求的智力方面学习效果的展览，也并非不可能。例如，托马斯·亨弗雷（Thomas Humphrey）、乔什·古特维尔（Josh Gutwill）及美国探索馆其他博物馆研究人员打造的展品，能让观众"主动、持续参与"（active, prolonged engagement, APE）：通过较长的驻足时间、各种智力游戏、对展品本身（而不是说明牌）更好的利用来解答自己的问题。具有这些功能的展品被分为四大类：邀请观众①探索一个现象，②有所发现，③观察一个美丽的现象，④用更小的元素构建物体。特别成功的展览设计策略包括将展品拆分成多个部分以鼓励团体参与，还有在说明牌上设置挑战。[27]在一项后续研究中，乔什·古特维尔和苏·艾伦（Sue Allen）研究出了使观众提出"有趣的问题"的方法。[28]

20年后，把"参与"的概念复杂化并持续拷问我们的问题之一是，博物馆是学习的地方还是娱乐场所。虽然较之过去争辩减少了，但是人们仍然能在会议上或机构内听到相关的非正式对话。我们将再次尝试破除博物馆界的这个迷思。将博物馆体验打造成有趣的和愉快的并不意味着就是对博物馆体验或使命的轻视。愉悦的博物馆体验通过邀请他们参与智力活动，触摸展品，提出问题，操作机器，闻气味和听声音，使观众在智力上、情感上和身体上参与进来。这里，如果运用得当，多媒体和多感官设备通常有所裨益。智力、情感和身体的全方位参与是互动式（和有趣的）博物馆的精华所在。考虑到情感的重要性，在设计博物馆体验时，应该努力使观众敬畏感最大化的同时，保证这些感受不是无端的，而是直接服务于博物馆想要传递的信息和想要达成的目标的。学习和乐趣不是一个事物相反的两面，而是各自独立的维度；博物馆体验有可能是有教育性而枯燥的，也有可能是有教育性而有趣的——我们该选择哪个呢？

关于这种体验的一个很好的案例是美国印第安纳波利斯儿童博物馆的常设展览"恐龙世界"。虽然是在 2004 年开放的，但"恐龙世界：回到恐龙时代"（Dinosphere：Now You're in Their World）（以下简称"恐龙世界"）展览至今仍受欢迎。事实上，2012 年春天在印第安纳波利斯举办的一次科学教育会议中，该展览的吸引力和较高的智力参与度使同行与会者印象深刻。首先，它是美国关于真实恐龙幼崽和家族化石最大规模的展览之一。当参观者走进这个沉浸式环境中时，他们仿佛回到了 6500 万年前恐龙主宰地球的白垩纪时代，可以感受当时的景象、声音和气味，体验一天当中的狂风暴雨。那里还有一间设备齐全的"史前实验室"、一个动手挖掘点、互动展品和各种活动，以及美国国内最好的恐龙艺术展之一。"恐龙世界"展览还包括一整套活动：观众可以与一个叫"雷克斯"的吉祥物互动；聆听夏洛克·博恩斯（Sherlock Bones）以第一人称解说人们怎样通过观察恐龙骨架来了解它们的习性和生活方式；与在"史前实验室"工作的科学家们对话；还有整个参观期间有穿戴着游猎衣帽的工作人员提供非正式辅导。

林恩作为展览组成员参与了这个项目，其中一个重要方

面是，自展览策划和开发初期，就将家庭学习有机地纳入
"恐龙世界"的设计和解说项目中。林恩与博物馆的工作人员
一起，将相关家庭研究成果融入体验开发过程中，从而打造出
促进家庭协作与对话，同时又受儿童和成人欢迎的展览体验
与配套活动。其中一个事例就是，需要重新考虑诸如"儿童
适用活动空间"等标准设计参数。具体说来，该展览允许观
众在几只恐龙的立体模型下方爬行，并在它们正中间冒出头
来。设计组保证了爬行空间足够大，以让一个儿童和一个成人
共同参与这个活动。除了展厅里的这些活动，该展览还准备了
一系列的附加活动，让亲子家庭在"恐龙世界"体验之前或
之后参与，包括亲子博物馆之夜、一日游、西部化石挖掘、晚
场活动、为 3 到 5 岁儿童开发的"攻城大战"学前课堂以及
为 5 到 6 岁儿童开发的"攻城大战"毕业班课堂。

　　过去博物馆界认为，通过展览传递信息，只需要有其中
的实体部分即展品就够了，而如今这种观点已经发生了转
变。很有必要为正在展示的内容打造一个可信的环境。例
如，相比更传统的动物展示方式，将动物放在较自然的场景
中展示，更能让观众驻足、吸引其注意力，学习效果也更
好。[29]另外，用高品质的语言解说，如通过说明牌和各种电子
媒体来辅助展览内容的重要性不断增强，同时也更具复杂
性。[30]随着博物馆在社会中的重要性增强，打造博物馆特有的
易于理解和吸收的语言类解说内容的挑战也增加了。可以
说，在博物馆界，没有哪一个话题比"观众是否真的阅读说
明牌"更有争议了。实际上，"观众不阅读说明牌"已成为
博物馆界的一个公理。让我们试着终结这个迷思。所有有能
力阅读说明牌的观众确实读了说明牌。真正的问题是有多少
说明牌被阅读以及阅读的程度如何。

展览说明牌

大量研究结果表明，观众们平均花在阅读某个说明牌上的时间只有几秒钟。[31]因为大多数说明牌无法用短短几秒钟读完，所以通常得出的结论是普通观众不阅读说明牌。总的来说，这个结论是通过观察个别展品前的观众，并记录观众是否阅读说明牌而得出的。超过 90% 的观众甚至根本不屑于去阅读说明牌，他们顶多花几秒钟瞥一眼。[32]少数观众确实会读完整个说明牌。如果用所有观众阅读说明牌的总时长除以观众总数，那么平均每个说明牌的阅读时间约为 10 秒钟或更少。虽然这些结果显示观众不会花很多时间来阅读说明牌，但也可能存在另一种解读。

跟踪观众从进馆到出馆的整个参观过程的研究显示，几乎所有观众均阅读一部分说明牌，没有观众读完所有的说明牌。[33]研究还显示，多数的说明牌阅读发生在参观一开始的 20 到 30 分钟内。因此，早些时候研究人员在观察观众是否阅读说明牌时，其得出的数据可能受到了观众所处的参观阶段或参观位置的影响。

麦克玛努斯（McManus）还指出，阅读行为是一种极其难以识别的人类行为。[34]她的数据显示，那些看上去不阅读说明牌的观众，或是没有对文字全神贯注的观众，事实上，在对话中，一字不差地引用了说明牌中的片段或段落。重新分析数据之后，她得出结论，在她所观察的展览中，超过 80% 的观众阅读了说明牌。

说明牌阅读研究中存在的另一个问题是，用算术平均法来概括数据。在常规博物馆环境中，算术平均法，或通常所说的平均数，很少称得上是一种有效的统计方法。这种方法最适用于"正常"的分布情况，常见的钟形曲线，意味着少数观众阅读说明牌的时间很短，少数人阅读了很长时间，但大多数人阅读的时间长度适中。如果博物馆说明牌阅读情况是正态分布的，我们会预期所有观众驻足阅读每个说明牌，一些人读的时间长，一些人读的时间短，但大多数人用的时间是中等长度。然而，如果我们对观众进行观察，（会发现）这不是通常发生的情况。观众们反而大体上分为两种：一些人把一块说明牌的大部分或全部内容读完，另一些人几乎不读或完全不读。换句话说，博物馆说明牌阅读情况的典型分布是一种被称为"双峰式分布"的模式，算术平均法不适用于概括这种分布模式的数据。进一步说，假设现在有一个需要花 30 到 40 秒阅读的说明牌，事实上，没有人会花 8 到 10 秒钟去阅读这个说明牌（按照算术平均法），确切地说，大部分观众根本不会花时间去阅读，只有很小一部分人会花时间阅读整个说明牌。普遍观察到的这种观众注意力与说明牌阅读的双峰模式表明，几乎所有有能力阅读的观众都会阅读一部分说明牌，但没有观众去阅读所有的说明牌。

实际上，人们不阅读说明牌的原因，比一些人阅读说明牌的原因更易于解释。事实是，阅读博物馆所有的说明牌，在客观上就是不可能的。例如，有人估算了，哪怕是阅读一座中等规模的博物馆的每个说明牌，也要耗费一个普通成年人数天或数个星期的时间。[35]有一定博物馆参观经验的观众走进一个场馆时就已经意识到这一点了；而经验不足的观众会历经辛苦之后才能体会到。一名经验不足的观众很可能一开始会看每一件展品，阅读每一块说明牌，但很快他就会意识到，这么做是没有尽头的。[36]随着参观过程的推进，所有观众都开始特别有选择性地阅读说明牌。然而，除了阅读"所有"说明牌，是什么因素在促使一些人去阅读大量的说明牌呢？

有关学习模式的研究可以对这些差异做出解释：有语言型观众，也有体验型或视觉型观众。前者会比后者在参观结束前阅读更多的说明牌（以及听更多的音频导览），这与展览内容或参观时间无关。体验型或视觉型观众会只阅读那些能满足普通好奇心或解答具体某个问题的说明牌。虽然该研究的对象大部分是静态展示，但在参与性展览中也观察到了相似的模式。大多数观众首先与展品互动，只在不知道下一步该做什么时才会看旁边的说明牌。[37] 当然，每个人都以不同的方式参观展览：有人从阅读说明牌开始，然后才与展览互动，有人则正好相反。虽有各种个体差异，但如果说明牌设计得很好的话，人们还是会去阅读的。

最后，这个问题的答案可能用罗伯特·贝克特尔（Robert Bechtel）大约 45 年前最先提出的常识性命题来概括最为合适：观众要么就是享受展品并花时间，要么就是不感兴趣也不会花时间。[38] 阅读说明牌的情况也是一样。[39] 或者，正如比弗利·塞瑞尔（Beverly Serrell）在其《展品说明牌：一种解说方式》一书中总结的那样："大多数观众有学习的热情，但他们不愿意花过多时间或精力去弄明白。好的说明牌能起到吸引、传递和启发的作用，帮助观众获得他寻找的东西。"[40]

数字媒体

如今的博物馆通常包含多种形式的数字媒体——视频、音频、动画和电脑演示。在过去，展览的理念只能完全通过展品本身或附加的文字说明牌来传递。今天，博物馆有了更多的工具来传递信息和重要理念。多维度、多感官的体验时代已经到来了。观众可以沉浸在他们周围由高清视频图像、高保真声音、虚拟现实、气味、质地、颜色和振动等构成的再现环境中；实际上，一些场馆甚至宣称，在未来，观众足不出户就可以体验到这些。当被直接问到时，多数观众如今承认，博物馆添加技术和媒体元素，除了增加观众了解各种不同深浅信息的机会，还提供了更多选择，增强了个人灵活性和选择性。然而，媒体很少成为人们提及的参观原因。即便如此，媒体已经并且将一直是互动性的一个重要组成部分，特别是对于依赖技术、对技术驾轻就熟的千禧儿童和年轻人而言。富含媒体的展览代表了一种为今后去博物馆的公众营造舒适空间的策略。

媒体除了使博物馆能面向更多人外，还有助于阐释特定的专业概念，让观众们更容易理解，本章开头的罗伯特就是一个真实事例。正如我们刚刚说的，博物馆的焦点是其收藏并展出的、趋向具体和/或可观察的物品和现象，就如罗伯特对加深他恐惧症的活体动物的关注。然而，在缺乏某些辅助性信息工具的情况下，展品蕴含的观点几乎不能被完整、有效地传递，特别是对于许多因为缺乏足够的先前知识和理解，而无法轻松实现认知飞跃去理解展品中"大概念"的观众而言更是如此。媒体能够将概念并列，能够将概念通过视听手段联系起来，是用来展示抽象的或现实中不可视现象（例如个人生活与工作的情况，或化学物质如何在体内运动以影响我们的情绪）的非常好的工具。最近在大峡谷国家公园进行的一项研究提供了一些初步证据，认为媒体尤其能够帮助观众产生共情，从而增强观众理解有关较早历史时期拓荒者的故事的能力。[41] 因为媒体固有的可视、可听的强大功能，其能对展品和现象的展示和解说进行辅助及补充，从而实现仅凭展品和现象自身无法达成的展示效果。[42]除了展示广泛而总体的概念，媒体还能够展示变化和动态，而这些属性用传统静态展示方法很难进行传递。媒体还能够为展品建立一个视觉环境，有助于为展品营造合适的历史和/或文化背景。背景能帮助观众更好地理解展品，超越展品的具体特征。最后，对一些博物馆来说，媒体日益成为展品。[43]例如，华盛顿特区的国际新闻历史博物馆，将自身列为一座独特的博物馆，该馆"将观众带到幕后，体验新闻制作的方法和原因"。[44]

关于媒体在展览中的应用，观众研究揭示出什么呢？一个主要结论是，媒体使用是高度自选的。由我们和其他研究者在不同场馆包括科学中心、艺术博物馆和历史博物馆进行的很多研究显示，不是所有观众都与展览中的所有媒体元素互动。事实上，对媒体的使用与上文描述的对说明牌的使用非常相似。然而，仍然有一些观众花大量甚至绝大部分时间使用媒体，这点支持了"媒体是一些观众的重要选择"这个观点。除了展览的质量和观众对内容的兴趣外，似乎还有一些因素会影响观众在博物馆里对媒体的使用。一个重要因素是，媒体体验所处的实体情境。比如观看电影，如果提供座位，并且这个地方看上去能让人可以在不打扰他人参观的前提下度过一段时间的话，观众则更愿意观看影片。如果影片或互动展品在一个热闹的走廊里播放或展示，没有为观众观看设置专门的凹室或空间，也没有地方可以坐下来，观众会感到不舒服，能够看完整个演示的观众就更少了。[45]

观众的时间规划或预期的时间规划也影响着他们对媒体的使用。几乎没有观众不预想他们将花费多少时间在博物馆内：大多数人的整个参观要花一到两个小时。结果就是，大多数观众也许就不会观看长的影片或使用其他需要大量投入时间的媒体了。如果观众只花一个小时参观整个博物馆，那么在任何一个展项上花费 15 到 20 分钟的时间（不考虑质量）都太长了。但这不意味着没有观众愿意投入更长时间；如果他们对展出内容感兴趣，或是被技术吸引，观众是会花时间的。不过，博物馆可以把媒体的信息内容分成不同层级进行演示，这样就有可能使更多的观众至少能了解到展品的一些要点。只需花上一点时间，所有观众都能抓住基本要点；其他对更深层次内容感兴趣的观众可以花更多的时间。让观众了解有哪些选项可供选择也很重要；感知和事实同样重要。如果观众感觉需要花费的时间太长，如果没有被告知有更短时间的选项，观众可能会决定跳过一个影片或电脑互动，理由是没有时间。

在未来，展览内含的技术或观众自带的技术会让观众投入迄今为止不可想象的高度体验式和个性化体验中。现在这种体验昂贵而且稀少，但很容易想象，有朝一日，这种数字体验将变得便宜而常见。目前大多数博物馆选择的策略是各种数字式便携技术。

这些便携技术给了观众前所未有的机会来接受多种随选信息。[46]智能手机和平板电脑的使用飞速改变着博物馆与观众互动的方式。利用随机访问工具，观众可以在内容上甚至形式上个性化自己的体验。无论是在便携设备上仅由观众来控制，还是随观众移动通过无线射频识别设备（RFID）标签向观众发送特定内容，[47]个性化和定制服务是这些设备的基本功能。然而，尽管被广泛视为面向未来的解决方案，此刻，这些技术仍停留在初期。如果本书付梓不久之后，目前被视为尖端、有效的便携式技术已开始变得过时，也不会令我们太吃惊，技术变革如此迅速（包括印刷书的技术！）。可以预见的是，未来将会为我们带来其他甚至可能更惊人的数码工具。尽管我们会禁不住相信，这些新的数码工具的精彩和新奇之处会帮助博物馆更容易地向公众讲述自己的故事，但不要被这些表象所迷惑。毕竟这些只是工具，会被公众选择性地使用。虽然观众越来越精通媒体，感觉观看或收听媒体内容比阅读更容易，但这仍不能使媒体摆脱与上文叙述的说明牌同样的规律。观众只有对话题感兴趣并且想学更多东西时，才会观看、收听媒体，或与媒体互动；如果不感兴趣，无论媒体多么炫目，多么昂贵或精心制作，他们都不会注意。[48]

　　数字媒体带给博物馆界的主要挑战和机遇是人们与世界产生关联的方式正快速变化——人们消费商品和服务的方式、时间、原因、地点，甚至内容的变化。21世纪正在见证公众休闲预期的空前快速的改变——人们想要的是符合他们个人需求和兴趣的体验，质量和价值兼有的商品和服务，最重要的是，能丰富他们的智力、精神和体力的体验。数字媒体不断提升的能力使越来越多的公众参与水平达到过去只有少数人才能拥有的程度；公众希望在共同创造内容中扮演角色，并积极参与博物馆体验。根据博物馆和技术观察者，如妮娜·西蒙（Nina Simon）所说，越来越多的无所不在的社交媒体及其迅猛提高的处理速度及能力允许，实际上是迫使博物馆接受少向观众灌输、多与观众沟通的体验。[49]新技术的能力允诺了一个历史限制和界限被打破的博物馆体验时代。例如，很多人讨论过但鲜少有人有说服力地实现的"虚拟"博物馆体验，该体验通过使用增强现实技术，使观众的体验与去"真实的"博物馆的体验完全一样。在我们看来，数字技术最大的前景不在于如何"传递"信息，而在于让观众更能掌控自己的参观体验。无论是在实体馆还是虚拟参观，只有这些技术能让观众通过巩固和完善先前体验，与自身社会群体、文化背景和历史建立联系，满足参观动机以及体验前中后的兴趣，将自己的参观进行个性化定制，这种技术才能在同等程度上促进参观体验。在这个领域需要开展更多的研究和评估，特别是实证研究，去对比参观时用或不用这类技术的情况，或与更传统的媒体做比较。直到该领域有了坚实的研究基础，这些数字媒体工具的功能才能真正得到最优化。

在未来，信息传播的数量几乎没有限制。任何观众提出的问题都可以用一种合适的资源即时回答，观众可以通过他们可能选择的任意语言或媒体来参观任何展览。当然，这些日子尚未到来，但它们已在途中，而且许多博物馆已经开始为迎接这些变化而做准备。

观众的参考框架

博物馆是新奇的环境，充满陌生和奇妙的事物。观众来博物馆就是要了解这些事物，而且有必要依赖他们的概念框架——他们先前的知识和经验——去理解他们见到的事物。他们观看展品，阅读/观看说明性材料，或是为了证实自己的概念框架，或者在自己的概念框架尚显不足时，确立合适的概念框架。这对于有经验的观众和新手观众都是如此。他们之间的主要差异在于，有经验的观众的参考框架受教育、爱好、阅读和先前博物馆参观经历的影响，更有可能与博物馆员工的框架相似，而偶尔来参观的观众的框架可能与之很不一样。

对观众探究展览信息的观察显示，观众通常相当迫切地尝试将他们看到的与自己的经历联系起来。[50]很多展览更多是面向专业人士而非新手设计的，这就使普通观众很难理解展品内含的信息。你能在带着年幼孩子的参观家庭那里看到这个情况，家长试着将可能很深奥的信息与6岁孩子的具体经历联系起来。针对成人参观团的观察也得到了相似的结果。[51]

当一组观众刚看到某个展品或物品时会发生什么实际上是可以预料的。通常情况下，其中一个观众会问"这是什么？"或"它是怎样运转的？"，通常是一位家长、朋友或兄弟姐妹来回答，随后（也只有此时）通过查看说明牌来核实答案。戴蒙德（Diamond）发现，这种"核实答案"行为频繁发生。[52]一些情况下，观众并没有意识到他们不知道答案，所以也不检查答案的准确性。其他一些情况是，附带的说明性材料不包含观众感兴趣的信息，所以他可以选择诚实地说他不知道，或编造一个答案。许多观众选择了后者。专业人士会听到错误信息在馆里传播，对此他们非常担心，然而，他们自己提供的信息没能回答观众关心的问题，或使用了观众不熟悉的概念或术语，则对此起到了推波助澜的作用。我们将在第七章探讨博物馆内观众体验的社会文化维度时对此进行更深入的讨论。

我们在本章提出的观点，即使对于那些设计良好、说明材料也非常准确的展览同样适用。不幸的是，不是所有的展览都设计得很好，附带的说明材料都撰写得当，辅助媒体素材都长度适宜、制作精良。许多博物馆中，展品放置得太高，以至于儿童和坐轮椅人士看不到；由于玻璃反光，或说明牌对比度太低，哪怕视力很好的观众也难看清，视觉障碍的观众根本不可能看清；发生技术故障；音频让听障人士难以理解；过于复杂而不知如何操作互动展品，或更糟糕的是，完全搞不懂其最初设置的原因。

通用设计原则是，将多感官的、多模式的体验整合到展

览、活动、媒体中，包括特殊说明牌和说明材料、大型图片
或补充性音频信息，有助于增强博物馆参观效果，提供观众
需要的额外辅助，这样，不同年龄、不同能力的观众可以充
分参与，得到一次满意的体验。事实上，很多博物馆认识
到，为这类观众开发的体验和展品也受到其他观众的欢迎。[53]
儿童博物馆协会（Association of Children's Museums）是这个
方面了不起的领袖。其引领作用体现在与 VSA 艺术组织
（一个致力于使所有残障人士都能通过参与和享受艺术进行
学习的国际非营利组织）共同主办了一个年度奖项——"学
习通用设计奖"。

　　2009 年的三个获奖单位是：曼哈顿儿童博物馆（纽约），
获奖项目是"游戏任务"和《残障儿童家庭参观指南》；花园
州探索博物馆（樱桃山，新泽西）的"张开双臂"项目；芝
加哥儿童博物馆（伊利诺伊州）的"大家一起来玩耍"项目。
"游戏任务"展览为残障儿童提供了利用触觉、视觉和听觉刺
激来尝试多种活动的机会。《残障儿童家庭参观指南》有英语
和西班牙语两个版本，通过一项外延计划，以各个社区组织和
学校为单位面向本市贫困家庭进行发放。花园州探索博物馆
的"张开双臂"项目是孤独症患儿家庭的"踏脚石"。博物馆
不是要隔离或孤立这些群体，而是为这些家庭提供一个没有
普通观众在场的机会，从而为这些群体适应热闹的博物馆环
境做准备。很多家庭说，参与了"张开双臂"活动之后，他
们感觉更有信心在正常开馆时间带孩子来参观了。芝加哥儿
童博物馆的"大家一起来玩耍"项目邀请残障人士全方位参
与博物馆的规划，包括就展览设计内容提供反馈、进行员工职
业发展，甚至偶尔担任活动主讲人。例如，有一位艺术家，主
要使用盲文和凸形来创作无须视觉也能欣赏的艺术作品，他

参与了一系列互动工作坊，其中的观众不仅限于残障人士。该博物馆与包括芝加哥保健和康复中心、残障人士市长办公室在内的组织积极合作，招募有残疾的志愿者和其他员工。与这些组织的合作也有助于让人们认识到该馆对项目可及性和包容性的重视。

正如我们在前面章节中讨论的，展览不见得能吸引所有人，对于不断增长中的年轻人口，可能根本不具吸引力。之前谈到的作为美国博物馆联盟 CFM 研究的一部分而组建的焦点小组，成员包括来自不同种族和有不同族群背景、不同教育背景和博物馆参观经历的 16 到 25 岁的年轻人，这些人在访谈中从未自发地提到把博物馆作为他们选择度过休闲时光的去处。[54]实际上，他们普遍将博物馆形容为静态场所（"展示东西的地方"）、教学的场所（其中的学习不一定很有趣或吸引人），以及你不得不保持安静并站在外面向里面看的场所。既然博物馆努力吸引更低龄的观众，那么在这一代年轻人喜欢的环境中可能有我们可以借鉴的地方。例如，为什么那么多年轻人喜欢去商场呢？有人会说，商场是一个用特别新奇的方式来刺激视觉、听觉和其他感官的地方，一个让人身在公共场所也能选择独处或与他人交往的场所，一个有各种活动来满足不同品位的地方。

结果就是，一些博物馆在试验创新性的、有吸引力的和参与性的实践，努力成为妮娜·西蒙（Nina Simon）所说的"参与式博物馆"[55]。遗憾的是，博物馆的这些尝试看上去并没有进入 CFM 焦点小组中这些大学生或青少年参与者的视野。然而，这些年轻人代表了美国现在和未来的多样性人口，是博物馆吸引的首要目标——特别是目前博物馆正在试图拓宽自身扮演的角色，希望成为社区中心、主要民间组

织，以及有望覆盖更广泛的多样化个人和社区的非正式学习
环境。[56]

除了服务于年轻观众，博物馆专业人士也在努力使展览
更易于被新观众理解。例如，通过提供多语种和/或图形标
识、说明牌、目录等来打造更舒适的博物馆体验；特别是，
多语种化对于母语非英语的观众很重要。史密森美国国家历
史博物馆的一项报告显示，二代拉美裔受访者"强烈地期望
博物馆包括多元化员工、双语解说、拉丁美洲视角，以及一
些拉美主题内容"[57]。虽然参与研究的许多拉美裔观众是讲
英语的，但他们仍然认为双语标识象征着博物馆的包容性和
欢迎移民家庭及母语非英语的人。[58]不过，多语种的标识和说
明牌也是棘手的事情。最起码有空间上的问题，然后是应该
包括哪些语言以及多少种语言。然后，就算这些问题都解
决了，还要保证进行准确的口语体翻译，保证翻译内容考
虑到文化的差异，这些都是挑战；顾及文化差异的翻译耗
资不菲，因为这不仅仅是字面翻译。一些情况下，可能有
不止一种合适的翻译。例如，西班牙语中对同一个概念可
能会用截然不同的地区方言来表达；既然如此，应该使用
哪个地区的方言呢？

虽然展览、展品、媒体、说明牌及其他说明性工具在博物
馆观众体验中扮演中心角色，但另有很多因素决定了观众如
何就自身的体验建构意义以及建构什么意义。我们将在下一
章探讨博物馆实体情境中的这些非显而易见的特性。

 小结

■ 虽然人们出于很多原因参观博物馆，但看展览和"实

108

物展品"代表了目前大多数观众的主要目的。

■ 观众并不被动接受博物馆的安排。他们不大可能看所有展览，甚至不大可能把某个特定展览的所有展品内容都看完。观众是阅读说明牌的，但不可能阅读所有说明牌，或大多数展览的大多数说明牌。观众利用他们进馆时的经验、兴趣、期望和知识去主动选择看什么、做什么及原因。

■ 随着博物馆所使用的媒体技术手段越来越多，观众面对的选择越来越多，如何集中注意力以及将注意力放在哪里，对他们来说越来越具有挑战性。新技术承诺通过让观众定制个人体验来简化这个困难；但同时新技术也可能因为在一个本已嘈杂的环境中制造更多噪声而加剧这一问题。

■ 总的来说，观众使用展览和说明性材料来满足他们的期望，解答他们自己的问题。通常，这些需求和期望是很基本的，经常集中于参观的实体方面。

■ 实体情境重要的是确保设计和内容使年龄、能力（身体能力、阅读能力及其他能力）、兴趣及文化修养水平和学习方式等均不同的观众易于理解。通用设计原则保证了产品和环境最大可能地为所有人可用，不需要调整或特殊化设计。通用设计包含基础设计（展览/项目的外观和触感）、技术设计（互动元素的设计和制作，包括无障碍地板、电脑，以及项目中用到的用户界面）、展示内容（展出的内容和方式），以及相关的学校与公共项目。通用设计超越了实体层面，向通俗化的教育概念发展。随着老龄人口比例的增长，解决这些问题越来越有必要。

给从业者的建议

■ 设计精彩的博物馆展览、说明性材料（例如文字说明牌、墙报、展厅指南），以及在展厅、活动和媒体中提供工作人员辅导都是可能的。然而，要做到这一点，需要对人们与媒介互动的各个方面有深刻的了解。

◆ 人们如何利用物理空间并做出反应？

◆ 人们如何平衡对视觉、口头和书面信息的需求？

◆ 人们如何运用展览、说明性材料和媒体来满足他们的个人需求？

◆ 人们是否有身体或精神方面的缺陷（视力损伤、听力损伤、认知处理问题等）？

■ 所有媒体都有它们的优势和缺点。例如，博物馆展览是传递具体事实的绝妙工具，然而，即使添加视频和解说有助于将抽象与具体更多地联系起来，在传达抽象概念方面其仍稍显不足。最重要的是，使用媒体应遵循优势最大化、缺点最小化的原则。

■ 因为博物馆致力于吸引和留住各类观众，所以就亟须引进新策略、新工具和新方法。博物馆以不变应万变的时代已经一去不复返了。

■ 通用设计原则将多感官、多模式的体验融入展品、活动及媒体中，这有助于促进博物馆参观，从而使不同年龄和能力的观众完全投入体验并乐在其中。

第六章　实体情境
——不只是展览

问：您（在科学中心）看到的或做的什么事使您难忘？

答：没什么特别的。就在那天，我更像是女儿的跟班儿（笑），看着她从一个展品跑到另一个展品。那是她的目标，得到所有的邮戳（注：科学中心设计了一项"护照"活动，鼓励孩子们参观博物馆所有展品）。我试着让她稍微慢点，趁这个时候了解一下展品里展示的所有不同内容。但有点困难，她只是很高兴在某个地方。我女儿也被泰丝（《泰丝》是一个关于身体需要保持平衡的科普剧表演，其特点是有一个 15 米高的电动女性木偶，有闪光和各种仪表，还有在一个大屏幕上的多媒体演示）迷住了。

问：所以您也看了这个表演？

答：是的，不过我基本上都在努力追上我女儿。

问：关于表演，您还记得什么吗？

答：我记得我女儿的反应。观看这么庞大的展品并且了解关于心跳的内容，令她很着迷。我认为她（展览影片中的一个女孩角色）是在踢足球。

问：您从表演中学到了什么吗？

答：我不确定。我只顾着照看女儿了。

弗兰克是一名 40 多岁的非裔美国男子，与妻子和 9 岁的女儿瓦妮莎住在洛杉矶[1]。

经过数年研究，我们现在非常了解人们在参观博物馆时的行为。观众貌似在博物馆里四处穿梭，但正如我们在上一章讨论的，及上文与弗兰克的对话显示的那样，观众的博物馆体验并非随机行为。在这个案例中，弗兰克在参观时至少是非常有目标的（毫无疑问，瓦妮莎也是，但我们没有采访她）。虽然我们尚未对观众的体验有全面的了解，但我们离建立一个用以了解观众体验的综合模式越来越近。虽然，如同在上一章中讨论的，大多数观众参观体验的重点都是围绕着展览、活动和博物馆的其他设计元素的，观众的博物馆体验不只是与展览互动的结果。

本章将讨论观众体验中实体情境的其他方面的影响，以及实体、个人和社会文化情境三者之间的相互影响。虽然到目前为止我们都把这些情境或多或少地当成博物馆体验中相互独立的、互不相关的部分，但在本章，我们开始讲述这些实体情境的相互作用才是博物馆体验的真实写照。虽然在任何时候这三种情境的相对影响都可能是不平均的，但实际上它们总是互相关联的。个人、社会文化和实体之间的关联有助于产生体验的复杂性，使我们每个人成为个体，就像本章强调的，但也可能产生相反的情况。实体、个人和社会文化情境能严重限制所有行为。正如有一些人遵循的社会文化规范，同样，也有人们遵循的实体情境；这些规范，或者说"可供性"，限制了可能发生的与可接受的行为的范围。我们将这些感知到的可供性与由多种先前体验和期望构成的个人情境结合起来，加以社会文化规范强化，效果可能是使行为转变成遵循相对稀少、可预测的轨道。看起来这就是经常发生在博物馆内部的。

观众与博物馆环境

　　大量研究发现，观众面对博物馆环境的方式，似乎与博物馆的内容或设计不相关。一个世纪前首次提出的最早的结论之一是，大多数观众在参观过程中改变了他们的行为。尤其是，随着参观的进行，观众看上去变得疲惫了。本杰明·吉尔曼（Benjamin Gilman）首先描述的"博物馆疲劳"指的是随着时间流逝，观众观看展品的数量会减少，看每个展品所用的时间也会缩短。[2]吉尔曼指出，身体上的疲惫导致了博物馆疲劳。相反，爱德华·罗宾逊（Edward Robinson）认为，心理因素在疲劳中起到了同等甚至更大的作用。[3]罗宾逊（Robinson）的学生亚瑟·梅尔顿（Arthur Melton）发现，观众参观前几个展厅的时间要多于参观后面展厅的时间，这与展厅内容无关。[4]这些发现已被其他研究人员证实，[5]不过最近，史蒂夫·比特古德（Steve Bitgood）推翻了其中一些假设。[6]

　　梅尔顿是提出"观众进入展厅后有向右走倾向"的第一人；根据他的说法，有 75% 的观众遵循这个模式。[7]后来，一群研究者想要证实这个在博物馆里向右转的倾向（注：不出所料，美国人向右转，而英国人向左转），它仍然与展品内容或如何设计无关。[8]相反，比特古德指出，这种倾向只是一种倾向，而且如果观众从一个展厅的右侧开始参观的话，这种现象就特别常见。[9]然而，近年来在博物馆内打造多元文化的倡导者声称，个人空间的概念因文化不同而不同。因为博物馆是设计过的场所，不同文化群体可能会以各种不同方式与博物馆实体空间发生关联。有趣的是，几乎没有数据支持这个定论，但与不同博物馆和表演艺术专家一起工作的研究者们知道许多非正式研究证据证明不同文化间个人和家庭在使用空间上有多么不同。[10]然而，如果设计得好，博物馆空间有可能对多样化观众的体验起到促进作用。

不过，毫无疑问，博物馆内部的空间布局确实对观众有影响。亚瑟·梅尔顿发现，出口有一种将观众拉向它们的力量：观众通常会从他们遇到的第一扇门出去。[11]展览的位置同样能影响观众行为。不考虑设计的内容或品质，观众参观一楼展览的次数要远多于参观楼上展览的次数；[12]观众参观入口附近展览的次数远多于参观博物馆深处展览的次数。[13]

就连博物馆的规模也影响观众行为。[14]总的来说，观众分配给小博物馆的参观时间几乎与分配给大博物馆的一样多。结果是，去小博物馆的观众基本上比去大博物馆的观众花更多的时间看展览。在小博物馆，展览以外可看的项目和内容明显更少，人被限制在有限的空间里，观众能看到几乎所有东西，能更容易地找到想要观看的有趣的事物。与上述结论一致的是，无论博物馆是什么类型，无论展览设计和内容如何，大多数观众遵循一个基本的参观模式。我们在两座自然历史博物馆主持了一系列揭示这个模式的关键研究，研究显示，被观察的130个家庭在行为上具有惊人的一致性。[15]

在这两项研究中，研究人员从家庭组进入博物馆开始跟踪，直到他们离开。追踪该家庭的研究者在每组家庭中选择一名成人来集中观察。每5秒钟，研究者记录一次该成人的注意力主要集中在什么地方——例如，他关注的是展品还是他的家庭成员，抑或其他观众。在那些参观了位于华盛顿特区的体量巨大的国家自然历史博物馆和地处盖恩斯维尔的规模较小的佛罗里达自然历史博物馆的家庭中，成人的参观模式似乎保持了一致性和相对可预测性。虽然两座博物馆均为自然历史博物馆，但其建筑、规模、展品设计和服务的观众都大相径庭。基于从以上两馆得到的数据，再结合梅尔顿在艺术博物馆、尼尔森和戴蒙德在科学中心、泰勒在水族馆的观察结果[16]，我们得出以下结论。观众与博物馆的互动，无论是在他们的逗留期间还是他们最初的兴趣与知识，都显示出巨大的个人多样性；尽管如此，依照观众先前总体的博物馆参观经验和具体到这一次对所参观博物馆的了解，归纳出了三种典型的博物馆参观模式。第一种是初次参观且经验不足的观众会遵循的典型模式，第二种是有参观经验的观众的模式，第三种是组团而来的观众的模式。

缺乏经验的观众

对于那些前来参观时，就具体某个博物馆，或总体上博物馆参观经验不足或毫无先前经验的观众，其典型参观模式倾向于分为四个阶段：（1）熟悉环境（持续 3 到 10 分钟）；（2）专注参观（持续 15 至 40 分钟）；（3）整体浏览（持续 20 至 45 分钟）；（4）"打道回府"（3 至 10 分钟）。

大多数经验不足的观众起初会不知所措；他们将最开始的几分钟用来决定要看的东西和参观的方向。他们走走停停，环顾四周，可能还取一张地图，努力地将眼前混乱的人群、展品和场馆理出头绪。正如海华德（Hayward）和布莱顿－米勒（Brydon－Miller）指出的那样，熟悉环境这一环节不仅对人们的最初行为有重要影响，还关系到最终的满意度。[17]

虽然几乎所有博物馆都提供随手可得的地图，但相当多的研究（至少包括两项在博物馆中进行的研究）显示多数观众阅读地图有困难。[18]成人和儿童在来到博物馆最初的几分钟内，会在视觉上（经常还有听觉上）感到无所适从。凭借地图去做博物馆参观的攻略，通常可以减少观众的困惑，但也不是总是如此。

到达博物馆之后，观众通常立刻与家人或同伴商量，或是从保安和咨询台员工那儿获取信息。一种极其罕见的情况是，某个观众向另一个观众咨询信息。

经验不足的观众会经常观察其他观众，可能将他们视为恰当的参观行为的示范。[19]因为在多种文化礼仪中，不提倡盯着别人看，所以大多数成人会含蓄地、迅速地向其他参观家庭或成人瞟上几眼。随后，他们开始大致寻找博物馆中哪些地方可能会吸引他们或展览入口在哪。

观众选择的方向取决于博物馆的布局和观众的兴趣。在一些博物馆里，展览会设计成让观众必须从一个指定位置开始参观。在其他馆里，观众可能在一些可能去参观的展览和起始点中进行选择。[20]一些观众心中有特定的参观目标，直奔目标而去。根据梅尔顿和其他人的理论，如果所有情况都不符合，观众则根据他们的文化倾向选择向左还是向右，然后不管那里有什么就开始参观起来。

值得注意的是，虽然一个经验不足的观众可能在最开始的几分钟内没有集中注意力，但一旦他决定从哪开始，他就会把所有注意力放在他观看的展品上。所有观众都有这种聚精会神观看的时候，有的甚至能持续 45 分钟或更长时间，但通常少于 30 分钟。在这期间，观看展品的专注力能维持几分钟，随后是一般程度的注意。观众认真地阅读说明牌，观看展出的物品，与家人和朋友讨论收集到的信息。这期间，他们分配给整体布局的时间相对很少，观众60%～80%的注意力集中在展品、说明牌或是讨论上。

在专注参观的阶段，大多数观众看上去努力有条理地穿行于展览中。总的来说，起初观众并不选择特定展品或展览。他们似乎不允许个人兴趣或展品的吸引力充当主导，只是从他们认为的一个展览的起点开始参观，并且使用他们自己的方法一直到参观完毕。至少在短暂的时间里，观众看上去在看每一件展品。他们努力地做他们认为应该在博物馆里做的事情——观看展品、阅读说明牌。集中注意力于展品和说明牌的这个时段是非常有限的。

下一个阶段，我们称之为"整体浏览"，能耗费经验不足的观众在馆内的绝大部分时间，虽然通常至少与前两个阶段的时长相当。一般在参观进行了20至30分钟时，群体中的某些成员就开始觉得疲劳。在一家人中，通常是儿童先开始乏力，而成人无论是否带小孩，貌似都会认识到，这种专注参观会阻碍他们参观整个博物馆，尤其是在大型博物馆里。对于许多偶尔参观和初次参观的观众而言，参观整个博物馆是他们博物馆行程的重要部分（关于这点将在后面详述）。也许他们认识到专注的参观会妨碍他们完成这个行程，大多数观众团体在参观开始20到30分钟后就明显地改变了行为。

在"整体浏览"阶段，对展览的注意力仍与之前一样，但明显下降的是勤奋程度，如在参观初期一个展品接一个展品地看。观众不再积极地阅读每个说明牌或深度参与每个展品或展览。相反，他们变得越来越具有选择性，快速浏览展览内容直到他们找到一个特别迎合他们兴趣的展品。当一个互动体验、展品或说明性内容吸引了他们的注意力或激发了个人的兴趣、好奇心时，他们就驻足并仔细观看。

从历史上看，对于很多博物馆专家而言，这种"整体浏览"阶段被视为效率低或没有成效的——要是观众能在整个参观过程中都像他们在参观的第二阶段那样就好了。然而，杰·朗斯（Jay Rounds）指出，"效率"不由你在博物馆所走的路线决定，而是取决于你满足自己需求的程度。[21]例如，对于希望尽可能多看展品的寻求"体验"的观众而言，整体浏览根本不是坏事。类似地，对于主要努力满足其好奇心欲求的探索者来说，发现有趣的事物可能要求他（假设他真的不知道他要找的是什么）进行一定程度的整体浏览，直到找到目标为止。虽然，缺乏经验几乎不是优点，但经验不足的观众的行为不该被认为是错误的、愚蠢的或适应不良的。甚至正相反，这些模式之所以存在是因为它们具有适应性——适应于大量观众。

经过了一到两个小时的参观以后，脚酸腿乏，脑力开始透支，大概肚子也开始咕咕叫。其中有一些是生理上的疲劳，一些则是心理疲劳——二者均被正确地或不正确地划归到"博物馆疲劳"这个术语中了。无论这种归并是否恰当（正如上文提到的比特古德近来质疑的[22]），相比之下，在某一时刻，观众的注意力会显著下降，其行为也有明显变化，这个事实对我们的目的而言更为重要。无论是否由硬地面、长过道、弱声效造成，还是因为缺少可以坐着休息的地方，或仅仅是精神疲惫和认知饱和的结果，都能让哪怕最坚韧的观众想要停止参观。

随着第三阶段参观接近尾声，能听到越来越多的观众讨论诸如饥饿、去洗手间和/或去礼品店的问题。之前的注意力几乎都只集中在展览上，在第三阶段观众打开眼界，开始关注博物馆其他的方面，包括场馆建筑、其他还有谁在参观、场馆是否清洁。所以，到第三阶段末尾，参观的所有方面都同等重要。同伴间的对话与博物馆展出内容的关联性越来越小，并且观众开始更多地意识到时间。大多数观众来馆时是有时间计划的，[23]现在他们看手表，判断时间够不够去礼品店、吃点东西，或再看一个展厅。

最后，观众决定离开，可能是因为累了，或想进行另一个安排（比如进餐、购物），或已获得圆满完成参观计划的满足感，或已经到了计划离开的时间，或这四种理由皆有。在离开阶段，观众明显地将关注的焦点从物转向人。他们甚至会忽略视觉效果很具诱惑力的展览，除非是寻找出口标识，他们已经对博物馆内的环境无暇关注。同伴之间的对话也明显地增加了，内容大多数是关于去哪吃午饭或晚饭，到家之后做什么。对于自身群体之外的人的注意也增多了。

有经验的观众

就像那些几乎没有博物馆参观经验的观众，有经验的观众也遵循一种可预测的博物馆行为模式。只不过不是四阶段模式，不管他们的进馆身份相关动机如何，有经验的观众更多地显示出一种两阶段模式：（1）专注观看；（2）准备离开。虽然有时就连有经验的观众也喜欢在博物馆里整体浏览，尤其是当他们恰巧属于寻求"体验"者或"探索者"时。

有趣的是，有经验的观众尚未被有选择性地或集中地研究过。他们似乎是较大群体中较小的子集，当调查者研究"观众"时，这个特殊群体的倾向性被数量庞大的经验不足的观众的倾向性所压倒。然而，有证据表明，有经验的观众比缺乏经验的观众平均每次花费更少的时间参观。[24]就算时间长度相当，与缺乏经验的观众相比，有经验的观众在时间分配上有明显的质的区别。[25]有经验的观众同样受到时间限制的影响，例如停车计时和其他安排，并且也同样容易受疲劳影响——体力上和心理上的双重影响。当他们感觉饿了时，他们的反应与缺乏经验的观众的反应一样，即使他们更了解博物馆内部和附近的餐厅。富有经验的观众与缺乏经验的观众表现出的模式之主要区别在于，经常参观的观众到特定的一座博物馆时：（1）到馆时就知道怎样找到他们寻找的信息；（2）不会感觉被迫用一次参观就看完整个博物馆——结果是，他们几乎不"整体浏览"；（3）可能更为重要的是，他们运用对特定博物馆和普通博物馆的认知将时间集中用在博物馆中最重要和个人所喜好的内容上。对于大多数有经验的观众，后一种倾向能使他们直奔博物馆里最吸引他们的内容而去；这尤其符合有专业人士/"发烧友"和"充电"者动机的观众的情况，但也符合很多探索者和导览者的情况。一个缺乏经验的观众会将一天中大部分时间用来寻找真正激起其兴趣的展品或互动内容，而富有经验的观众知道如何快速、高效地找到这些。结果就是，经常参观的观众在博物馆里的动线与初次来馆的观众的动线有很大的区别。前者的更富有成效。有经验的观众以自己对这家博物馆的认知和对博物馆的一般性了解，高效利用博物馆来满足自己的需求——或是一个特定话题或展览元素，或是能满足好奇心的特殊观点或展品，或是一个能满足所陪同的重要的人的需求的展览，或是博物馆里能令人感到惬意的特别之处。

参观团体

团体观众表现出的一系列博物馆行为模式自成一派。与其他观众一样，他们也受到所在环境的影响。多数参观团体由志愿者或其他员工带领参观博物馆，这些志愿者或员工可能对团体真实的心理需求和欲求体贴入微，也可能不是这样。对于有向导的参观来说，其组织方式是参观效果的主要决定因素。参观团体，无论是实地考察（field trips）的学生团还是外出郊游的老年团，有专人带领的参观大致分为两个阶段：先是由专人引导的时间较长的集中参观，随后是简短的自由浏览/探索参观。最初的熟悉情况阶段通常不是引导参观的组成部分，尽管事实是，多数跟团观众相对缺乏经验，如果能先熟悉一下环境的话效果会更好。

一些观众会发现，某个博物馆不仅是个新环境，还很新奇，熟悉环境对这样的观众而言尤其重要。在一系列研究（之前提及了其中的一项）中，约翰与他的团队证实了将儿童安置在陌生环境中的影响。[26]对于多数儿童而言，博物馆是非常新奇的地方；实际上，这是教师带儿童来博物馆进行实地考察的原因之一。

在约翰的研究中，儿童去实地考察的地方，要么是他们先前有一些类似经验的，要么是总体缺乏类似经验的。[27]一项研究中，几组儿童实地考察旅行的地方树木丛生；（该研究）对生活在树多环境的儿童与生活在树少的市内环境的儿童进行了行为和学习方面的对比。按年龄、种族、性别、智商和年级对儿童们进行了分组。除了总体上的相似点以外，他们的行为方式和从体验中学到的内容有明显差异。该研究的结果引发了另外的研究，并且每个研究（无论在美国还是其他国家）的结论都相同：儿童会受到相对新奇的学习环境的影响。[28]换言之，如果环境非常新奇——如同树林环境对于都市儿童或展出恐龙和大象的大型多层博物馆对于任何背景下的低龄儿童一样——儿童们表现出热切渴望和躁动不安。不变的是，儿童不会专注于教师或讲解员提供的"教育性"课程，而是将精力用来适应新环境。尽管得出这个研究结果已有 30 多年之久，但向准备带儿童参加实地考察旅行的教师们强调这一点的博物馆少之又少，这令人吃惊。一旦儿童熟悉了环境（多数情况下只需半小时，并且如果在考察前就了解情况的话会更快），他们就能在了解环境的同时，还能在辅导教师的介绍下学习展览内容。

然而在许多方面，团体观众像其他所有观众一样——对看展览感兴趣，入馆时急切地想要体验博物馆的内容，开始时相对精神焕发，结束参观时得到智力上的满足（但愿如此）和身体上的一点疲劳。不过，就像通常发生的那样，他们对环境"可供性"的反应受到自身兴趣、需求、身份相关期望的影响。换言之，无论团体是由成人还是儿童组成的，同一个团体里所有人的参观计划都一样，这是极不可能的。

情境的汇集

虽然如今我们越来越多的需求能通过网络得到满足，人们仍然会定期安排自己去一些实体情境，这些实体情境能让他们在有需要的时候，做想做的事情。对服装鞋帽感兴趣的人会去购物中心或商场，热衷于健身的人会去健身房、公园或其他场所，喜欢欣赏艺术者则去博物馆或艺术画廊。去博物馆的人，在这种环境中实现多种目标——消遣、社交、教育、纪念缅怀，或兼而有之。将自己置身于一个特定环境是积极的过程。观众入馆后，发生的多数事情是由观众有意识的决策驱动的，但一些情况的发生则是无意识的，也是对环境本身的反应。例如，一个人可能有目标地开车去商场，但一到达商场，他的行为方式就由标准的商场行为支配了——四处闲逛，随便看看，打量别人，进餐，当然还有购物。正如我们之前在第四章中所列举的电影院事例一样，在许多日常情况下，行为既能通过客观与社会准则来预测，也受其限制。20 世纪 40 年代末，堪萨斯大学的两名心理学家，罗杰·巴克（Roger Barker）和赫伯特·莱特（Herbert Wright），提出实体 - 社会情境应该被视为一种"积极的、有组织的、自我调节的系统"，并且不应仅仅被看作人们做出自由选择行为的被动背景。他们指出，如果将实体/社会环境纳入考虑，对人类行为的许多深刻见解会有所增加。他们称这些实体 - 社会环境为"行为环境"。[29]

在他们研究初期，巴克和莱特尝试通过详细记录人们每天的生活以获得关于行为的见解。他们长期跟踪观察儿童的日常经历，充分记录了每一次对话和每一个行为。在对数十名儿童进行观察后，他们发现"从儿童所在环境中预测儿童行为，比从儿童个人性格预测更准确"[30]。记录显示，每个儿童的日常行为因即时环境不同而不同，并且在相似的环境中不同儿童的行为几乎是相同的。例如，一名儿童上完算术课去休息，行为从安静、沉思转向有声、充满活力。比起自己休息时的行为，儿童在课堂上的行为与其他学生的课堂行为更接近。虽然巴克和莱特研究的这些儿童的确显示出差异性（例如，课堂上有些孩子比其他人更不安分），但他们总体上限制自己的行为以适应环境。其他研究者对有儿童和成人的多个场所的研究结果证明了这个结论的真实性。[31]

　　根据巴克和莱特的研究，行为环境由文化决定。在任何文化中，特定实体/社会环境中的行为由公认准则所制约，而不是因为内在的生物学力量。我们的研究认为博物馆是"行为环境"[32]。艺术、历史和自然历史博物馆是公众期望于此发现人类创造的或自然产生的奇珍异宝的场所。植物园、动物园和水族馆是珍贵植物和稀有动物的养殖和保育场所。在所有此类博物馆中，珍贵的、通常无价的物品会在安全的展柜中展出，并且被日夜守卫以保证它们的安全。来博物馆参观的观众应该举止得体，这意味着对一些博物馆而言，他们应该眼观手勿动，并且尊重展品，而另一些博物馆则希望观众触碰每件展品，进行体验，总体上度过愉快的时光。人们怎样才能知道该做什么，尤其对于不熟悉环境的人？我们不是天生就知道这些规范的，这需要学习。有趣的是，这些行为模式几乎没有明确地进行"教授"；相反，它们是通过被称为"模仿"的过程而习得的。[33]观察并仿照博物馆里其他人的行为，是一种极其普遍而重要的博物馆学习方式。[34]

　　与"行为环境和博物馆可供性"观点完全一致的是本书先前描述的身份相关动机。广大民众，哪怕是相对缺乏经验的观众，在到达博物馆的时候，对于博物馆里大致有什么以及当天他们想要使用博物馆的哪些特质是有所期待的。他们是在寻找一个让他们有机会做一名好家长的地方，还是寻找一个能让他们展现一个充满好奇的、投入智力的身份的地方？他们在找一个环境来扮演"优秀游客"的角色，还是在一个繁忙嘈杂的世界中寻求一点宁静和独处的避风港？博物馆提供以上所有这些，公众会积极地将博物馆作为满足这些身份相关需求的环境而加以利用。

　　身份相关参观行程不同的观众，不仅期望着有不同的参观体验，而且参观方式也各不相同。正如本章开头采访中出现的那名男子，一名有"导览者"身份相关动机的观众更像是跟随者而不是主导者，更有可能将自己的兴趣升华为与其他重要人的兴趣一致。结果就是，可以预想到，"导览者"家长的参观路线将是儿童驱动型的，所以"导览者"家长顺从于他的孩子的突发奇想和好奇心理。相比之下，同一个人择日再来，不带孩子参观，参观路线很可能明显不同——他可能参观其他不同的展览，或就算参观同一个展览，路线也理所当然有差别。研究显示，这类进馆身份相关期望已成为自我满足式的——"我来这里是因为我希望能做某件事，我用博物馆来满足我做某件事的需求，我满意地离开，因为博物馆准许我做了某件事"。了解观众的进馆身份相关动机，为我们提供了一种更重要的方式，使我们能理解观众为什么做他们在参观时所做的事情。同样或更重要的是，该模式为我们提供了一种方式，即大致预测观众参观时将做什么事，这些行为虽然与展览及内容相关，但最终是由超越于具体展示内容的因素引发的。

　　后一种观点在与弗兰克的采访中得到了确切的证实。弗兰克的参观关注点是他的女儿瓦妮莎，而不是展出的展品。总体来说，瓦妮莎认为一件展品有趣，弗兰克就觉得它有趣。弗兰克绝对不是唯一一名其博物馆体验首先由人际关系驱动的观众。实际上，人际互动关系是几乎所有博物馆体验的核心。在一些情况下，博物馆内社会文化情境是最重要的，而在另一些情况中，它只起到一定的辅助性作用，但在几乎所有情况中，它都是一个重要的事实，这是本书下一章的主题。

小结

■ 展览仅是博物馆对观众的博物馆体验产生影响的诸多因素之一。

■ 实体因素，如地点、设计和吸引力，在决定观众关注哪些展览、参与哪些活动和观看哪些媒体方面发挥了作用。每个细节，从出口位置到地板硬度，都能够并且确实影响观众的体验。

■ 由于先前的参观经验，以及日程安排和时间预算等因素，观众参观博物馆的方式不尽相同。虽然人们的一些行为非常独特，但馆内行为的其他方面还是可以预测的。这种可预测性的部分原因是，博物馆是"行为环境"，能引起行为的普遍模式。许多来到博物馆的人知道了该注意什么，知道自己和他人应该如何表现，以保证此类"正确"和"恰当"的行为在此类场合中被效仿。这种需要知道如何恰当地行动的意识可能也是不常来博物馆的人担心或误解的方面，思考着穿什么（或认为这是需要担心的问题）或认为自己必须聪明才能正确地观看展品或参与活动，也许会使观众束手束脚。

给从业者的建议

■ 留心观众使用（或认为他们应该使用）博物馆空间的方式，这很重要。应该提供给观众清楚的标识、易读易懂的地图，以及其他定位与向导辅助材料——尤其是那些不那么熟悉博物馆的观众。

■ 设置长凳和其他使精神和体力都得到恢复的区域，不仅能增强观众的体验，还有可能使之延伸。

■ 重视不同观众的需求，应该准许博物馆为观众提供不同种类的支持和保障。结果是，周到的博物馆员工、训练有素的员工能读懂观众的非语言需求，将有助于使博物馆更受欢迎，并使更多人感到舒适。这种周到对于那些不了解该馆的行为规范的新手观众至关重要；需要尊重并细心对待这些观众，使其感到在这个场所享有自主权，而不是觉得自己很愚蠢或格格不入。

■ 开发优质的针对场馆环境而不仅是内容的参观预备材料，特别是面向学校团体和其他有组织的团体，将极大地提升博物馆体验。在你们馆的网页上添加参观预备建议，便于普通观众制订参观计划，包括路线、交通方式、泊车、茶歇和/或餐饮指南，以及诸如此类的信息，能提高观众的参观质量。

第七章　社会文化情境

——在博物馆里

观众1詹妮：哦！看那只狮子。［妈妈和爸爸停下脚步看狮子。同时，他们的大女儿丽萨已经朝前方"世界犬科动物（犬家族）"展览走去了。］

观众2丽萨（兴奋地）：妈妈，爸爸，来这边！看那些狼和狐狸。（妈妈和爸爸要么就是没有听到丽萨说话，要么就是顾不上听她说话。总之，他们没抬头。丽萨拿起一个听筒听里面的预留信息。）

观众3（妈妈）（仍然在看猫科动物）：看，那只狮子多大啊，詹妮。它看起来就像威尔森太太的猫，只是更大一些。

观众1：那边的那只就像是鲍比的猫。（指着一只非洲野猫。詹妮注意到丽萨在用听筒，于是也拿起一个。）

观众4（爸爸）：谁是鲍比？（詹妮放下听筒，转身朝向她的父亲。）

观众1：鲍比在学校与我同班。因为宠物展，我请他把他的猫带来。它看上去就像那一只。（又转回身看展品，指着展品中的非洲野猫。）

（又转向她的父亲）当时梅丽莎带来了一只天竺鼠。我们什么时候能买一只呢？

（妈妈和爸爸对视）

观众4：可能是圣诞节之后吧，如果你和丽萨都表现得好。（说到这，他似乎才意识到丽萨没和他们在一起。环顾四周，他看见丽萨在三个展品之外一个装满大型动物的笼子前。他径直朝她走去。妈妈和詹妮又花了几秒钟看猫，然后挽着手跟在爸爸身后朝丽萨走去。）

（爸爸走到丽萨身边）你在看什么，丽萨？

观众2：这是什么？（指着一只黑斑羚。）

观众4：我认为是一只羚羊。（他阅读一个说明牌。）哦，是黑斑羚。它来自东非，居住在草原上，这里说……（他抬头看时停了下来，发现丽萨在看笼子里的另一只动物。）

观众1：爸爸，我们什么时候去吃饭？

观众4：15~20分钟之后吧。（爸爸边看表边回答。）

观众2：我要去洗手间。

观众3：能忍到午饭时再去吗？我不知道洗手间在哪。（妈妈说话时四处查看。）但我肯定那边有。你能忍那么长时间吗？

观众1：唔，嗯。（她点头回答，但无精打采。）

（与此同时，爸爸阅读了博物馆地图。）

观众4：我想，我们应该下楼。

（一家四口手挽手离开了哺乳动物展厅。）

在参观史密森学会国家自然历史博物馆时，约翰逊一家作为观察对象，其谈话被记录了下来；参观博物馆是他们为期一周的华盛顿特区之旅的一部分。约翰逊一家人是白人；约翰逊先生和太太年龄为35~39岁，丽萨8岁，詹妮6岁。

在上两章，我们探讨了展览、展品、媒体、互动内容，还有博物馆实体情境的隐形特质是如何影响博物馆体验的。虽然这些特殊学习环境的实体维度很重要，并具有影响力，但博物馆体验首先是一种社交体验。正如上文记录的某个家庭在参观自然历史博物馆的中期对话内容所显示的那样，如果在博物馆里花上一点时间聆听或观察观众的言行，就不会否认这种体验的社会属性是广泛存在的。这段对话着重体现了家庭博物馆体验的互动本质，不只是体验过程的社交文化本身，还有家庭成员个人情境之间的关系和实体情境中各种因素产生的影响。对话同样显示了家庭成员之间如何开博物馆的玩笑，谈论去哪里吃午饭，并将展品与他们自己的具体经验做对比，例如："它看起来就像威尔森太太的猫，只是更大一些。"仔细观察你会发现，多数这种社交互动是观众与他人产生联系和共同找到意义的一种方式。博物馆在幕后为观众提供了一个有趣的背景，以支持家庭观众的社交互动和共同经历。

多数人以群体形式参观博物馆，那些独自参观的人总是与其他观众或博物馆员工进行交流。如果我们从最广义的角度去理解社会文化建构主义理论，就会发现哪怕当一个观众只身前来且没有直接的社交互动时，间接互动也是存在的，因为博物馆本身就是一个社会文化建构的产物。大多数人选择作为社会群体的一分子去参观博物馆，研究表明，参观过程中，他们将注意力的很大一部分放在与他们一起参观的人身上。[1]

博物馆参观中的社交互动包括在观看展览和阅读说明牌过程中产生问题和讨论，还有与博物馆完全不相关的对话、瞥视和接触。反过来，那些互动对塑造博物馆参观发挥了关键作用。关于多年后观众回忆博物馆体验的数据持续显示，参观时的社交方面的内容几乎不会被忘记，有时观众想起来的主要是参观中的社交内容。[2]

多数关于博物馆社会文化情境的研究集中关注家庭团体；这样，本章的大部分讨论所指对象为这些家庭。然而，这种主要关注家庭团体的研究倾向正在发生变化，这一点很重要，因为博物馆为所有类型的群体提供社交文化环境。由学校组织来博物馆参观的儿童们带着社交计划，这能明显影响他们的博物馆体验。[3]正如路易·西弗曼（Lois Silverman）和约翰发现的，成人团体也有他们自己的社交计划。[4]接待团体观众的志愿者和其他员工，以及其他可能与之互动的观众也是这种社交文化情境中的一部分。[5]甚至还有一个广为传播的非正式证据，表明一些观众去博物馆就是为了见到别人。[6]我们将特别分享这项新研究的一些内容。本章还承认近20年间博物馆发生的另一个变化。博物馆尝试更有互动性和更吸引人，并且向通常不参观博物馆的群体延伸的一个愈发重要的方式就是活动，尤其是针对家庭和青少年的活动。这已成为相关研究和评估关注的重点领域，而这些研究和评估不断开花结果，特别是在过去的10年间。我们将对研究中的亮点进行详述。

无论哪种团体，重要的是，博物馆体验在很大程度上是由社会文化情境塑造的，这种社会文化情境包括在第三章中讨论的，带入参观的博物馆作为机构的概念，以及观众团体在参观期间或参加活动过程中的真实、实地的馆内互动。这些社会文化维度不是彼此独立的；无论是在展览或活动中还是在线上环境中，它们塑造其他维度并被其他维度塑造，在塑造博物馆体验中发挥重要作用，

家庭观众

虽然家庭观众一直是博物馆的主体观众，但直到20世纪

70 年代中晚期，研究者才开始关注他们。20 世纪 80 年代末，曾诞生广泛的研究，这些研究将家庭定位为由不同年龄、拥有不同背景的人构成的博物馆主要受众和特殊学习群体；它们还认识到家庭互动的复杂本质，强调了家庭成员之间互动和共同学习的方式。该文献探讨了博物馆中家庭学习的重要性，并不断被引用。[7]这项研究实际上大部分是描写性叙述，描述了家庭对话、成人和儿童分别扮演的角色、特定对话对行为的影响、亲子互动中的性别差异，以及家庭团体与全成人团体在对话方面的相似性与差异性。[8]

这些早期研究显示了家庭将博物馆视为度过一段有意义的时光的场所，更为重要的是在博物馆可以共同学习，虽然这经常是潜在目标而不是显性目标。正如我们一名同事所说的俏皮话，很少有家庭在星期六早晨醒来说："嘿，咱们今天去水族馆研究真骨鱼吧！"但是，对来到博物馆的家长的采访显示，他们认为博物馆是"带孩子来学习的好地方"，数项研究支持了"家庭将博物馆作为以社交为'媒介'的学习环境"这个观点。[9]儿童也表达了同样的想法。在某项研究中，儿童表示，他们通常更喜欢与家人而不是与他们的同学一起参观博物馆，因为这样他们就能去看更多他们个人感兴趣的东西，并与家人谈论他们的所见和所为。[10]

这项研究还显示，家庭来博物馆是带着很多目标和计划的，包括社会交际、便利、家庭传统、巩固他们的家庭关系、进行娱乐，当然还有学习，所有这些都影响着家庭在参观中的行为。[11]家庭会将他们的大部分时间用来进行对话，分享他们的所知，并努力一起去了解更多。他们专注地探究，在家庭成员之间提问题，或是关于展览的泛泛内容提问，或是针对展览中的特定内容发问。问题倾向于针对特定事物的具体信息，在参观动物园和水族馆等情况中，具体问题是动物的物种或动物的照料。[12]正如凯伦·汉塞尔（Karen Hensel）和路易·西弗曼（Lois Silverman）[13]的早期研究和凯文·克劳利（Kevin Crowley）、盖亚·莱因哈德（Gaea Leinhardt）及其同事[14]的近期研究所显示的，对话是一个家庭尝试找出展览中可分享的意义的关键所在。

如果我们回顾本章开头的对话，这些研究发现就得到了进一步证实。这个家庭的母亲、父亲，及他们6岁和8岁的女儿，刚刚进入哺乳动物厅（当时刚参观了约20分钟）。先前的知识和经验扮演的角色在这个对话中非常明显。家庭成员们讨论他们从先前经验中知道的事情，根据这些经验和记忆讨论展览。研究人员已经发现，这些对话为家长提供了强化过往经历和家庭历史，以及在家庭成员中产生共识的机会。[15]在这个案例中，这个家庭开始将展示的猫科动物与他们知道的其他猫（威尔森太太的猫）进行关联，使展览包含的信息个人化。

由博物馆里的一个实物展品引起的讨论大多是开始于与该实物展品高度相关的观点。不过，正如我们在案例对话中看到的，随着对话的进行，所讨论的观点可能朝着与该实物展品关联甚少的方向展开。与直接讨论物品或展品不同，与展览传达的观点相关的话题在整个参观过程中作为插曲在对话中经常出现，大体上构成家庭参观对话的15%～20%。[16]虽然这个家庭在阅读说明牌并以讨论狮子和非洲野猫开始他们的对话，但讨论的主要内容几乎与这些动物无关，而是与这个家庭的重要议题，貌似讨论已久的饲养宠物的问题有关。有关非洲野猫的讨论也有助于让詹妮的父亲更了解她的学校生活。非洲野猫是这个家庭处理其社交问题的跳板。这是一种经常被观察到的家庭参观的社会行为模式。[17]观众团体的确会谈论说明材料中描述的话题，但整个过程通常不涉及说明牌文字、录音信息和互动展项的内容，因为家庭团体关注的首先是与同伴享受并维持社交关系。

从这段对话中可以明显看出，这个特定家庭中的成年人表现出来的是一种"寻求'体验'－导览"动机；他们来此就是为了"到此一游"，但同时他们希望这是孩子们的一次教育体验。另一方面，孩子们似乎更多的是"探索者"，他们的参观主要受好奇心的驱动。父母在努力地以他们认为适合女儿们的兴趣和能力的方式帮她们搭建知识的"支架"，但说明牌提供的信息比较有限。[18]例如，当其中一个女儿问他时，父亲起初用"羚羊"这个词来界定提到的动物，但在阅读了说明牌后，又用"哦，是黑斑羚"更正了自己的答案（注：黑斑羚就是羚羊，所以父亲的回答是正确的；他只是不知道自己是正确的）。他们的对话还体现了家庭在博物馆花很多时间来完成一些家庭的日常事务。家长们要看孩子们是不是饿了或者要去洗手间，还要约束他们不恰当的行为。无论博物馆的展览在知识层面多么引人入胜，当一名成人陪一个年幼的孩子来博物馆，特别是当他们属于"导览者"模式时，孩子的需求和欲望总是摆在首位。一个不高兴的或饥饿的儿童会促使家长早早离开博物馆，孩子去洗手间的需求要优先于对任何展览的兴趣。哪怕是关于晚饭或在第二天的社交活动上穿什么衣服的对话，也经常优先于关于展览的对话。

因为在博物馆里观察到的多数社交互动都包含了对话（这也在意料之中），分析家庭对话已成为多数针对家庭学习的研究的焦点。虽然这些研究始于20世纪80年代，但早期研究仅仅大体上描述了家庭在展览和活动中如何互动，如何讨论。近期的研究工作正在加深对家庭对话及其在身份构建中的作用，以及之前不理解的其他社会和文化方面的理解。[19]最近关于家庭对话的研究强调家庭进行意义建构和身份建构的过程，以及博物馆体验在更广泛的家庭社会和文化情境中扮演的角色。[20]这些研究还强调了对话拓展的作用，即参观中和参观后的讨论显示了意义、体验与解释是如何渐进发展又如何密切相关的。[21]将视野延伸至博物馆外，来观察参观博物馆的结果，发现对话不但在参观前已开始并在参观期间持续，例如约翰逊家的宠物问题，而且许多家庭回到家之后仍然继续讨论他们在博物馆内的话题。[22]

近期研究同样强调了家庭中的成人作为家庭学习的调节者所能起到的重要作用。研究有力地证明了成人的调节通常对于家里儿童的参与和学习有积极促进的作用。[23]在参观博物馆时，成人经常扮演教师、导览者或团队领导者这类角色，[24]并采取很多方法来辅助孩子们参观，包括帮助孩子们找出某展品的重要特征，为他们解释说明，与先前的经验和知识建立联系，还有提问题。[25]有很多因素似乎会影响成人所采取的方法，包括关于学习方面的观念[26]和对儿童"专门知识"的看法[27]。

虽然成人在家庭学习中确实扮演重要角色，但近来的一系列研究强调家庭互动的复杂性，包括分享知识和专业的重要性、角色协商，以及个人参观计划与共同参观计划之间的关系。[28]这项研究的一个主要发现是，家庭团体内部的角色不是一成不变的。例如，研究者尚·罗威（Shawn Rowe）和多丽斯·艾什（Doris Ash）着重说明了，分工和计划是如何协商的，显示了家庭中的每个成员针对特定的展品活动和整个参观目标和计划都不一样。[29]这种个人及集体计划的观点与我们之前关于身份相关动机的讨论有非常直接的关联，正如之前提到的，相关证据可以从本章开头的家庭采访内容中找到。博物馆专业人士通常认为，家庭参观团体中的所有成人都是"导览者"。然而，约翰及其团队的数据充分说明了情况并非总是如此。带着孩子参观的成人可能是探索者、寻求"体验"者、专业人士/"发烧友"，或"充电"者。[30]实际上，去动物园、水族馆和科学中心的家庭中的成人观众，只有近半数人是"真的"导览者。

并非所有被观察到的家庭行为都是语言方面的。某个家庭的成员会观察其他家庭的成员以获取信息，了解如何与展览互动，并学到探究展览的有效方法。社会心理学家将家庭团体参观博物馆时这种常见的行为模式称为"观察式学习"或"模仿"。正如上一章提到过的，模仿是人类和其他一些灵长目动物认识世界的基本方法；我们通过模仿社会中其他成员的行为来学习。[31]上文提到的家庭对话中，丽萨拿起听筒听预录信息，而詹妮未经事先交流也做出同样举动，这正是模仿的体现。家庭成员观察其他人、其他团体，以及工作人员，以了解如何操作互动展览，如何在场馆中举止得当。

家庭团体还会有自身独特的行为模式，博物馆提供了丰富的环境来容纳个性化的家庭行为。例如，林恩观察到，在她所观察的家庭观众中，模仿是一种重要的学习方式。一些家庭在参观过程中高度合作，待在一起，集体参与所有互动展览。其他家庭分散开来，更独立地参与展览互动，偶尔碰头谈论和分享他们的体验，甚至将家庭成员带到展览处去看他们刚才的操作或是让家人自己也进行操作。利用这些数据，林恩指出，博物馆支持一系列的家庭学习方式，无论是"合作式学习"还是"独立学习"。[32]

从对家庭的研究中得出一个重要信息，那就是集体文化的力量可以有多强大。换言之，与身份相关动机的观点相似，但在这个案例中是身份相关团体动机，博物馆专业人士需要理解并关注参观团体的计划，而不是只关注所在博物馆的计划。与博物馆计划相比，关注团体/家庭的计划需要博物馆认识到自身不仅是学习资源提供者，也是参观团体/家庭带着他们自己的资源、身份和动机进入的场所。团体的目标和体验期望决定了他们理解和利用此次体验的方式。例如，家庭确实会试着适应博物馆的教育计划，对此本章中介绍了大量的事例。然而，家庭使用这些场馆首先是为了他们自己的学习目标。如果博物馆员工理解并尊重家庭来此参观的原因，这些家庭的目标就更有可能实现。这也就是令人遗憾的、错误的"娱乐与学习"二分法的问题所在。本书之前描述的家庭教育团体中的每个家庭，在博物馆参观以满足学习目的的同时，也都提到了为了与家人和朋友一起娱乐而参观博物馆的重要性。对于这些家庭中的许多以及其他观众而言，发现新观点和新思想本身就是有趣的。

成人观众

全是成人的团体是博物馆观众的另一个重要组成部分。尽管如我们已指出的那样，博物馆的大多数社交互动研究关注的是参观家庭，但少数探讨全成人团体的社交互动研究表明，与家庭团体一样，社交互动是全成人团体中成人体验展览并与同伴分享经历的重要方式。两项研究将全成人团体与家庭团体进行对比，发现了二者在互动模式方面有趣的差异。第一项研究结果显示，全成人团体不与他们看见的所有展品互动；相反，他们会浏览整个展览，可能会简略地看，如果没有引起团体成员兴趣的展品，他们就会很快继续向前。与之相反的是，当一个家庭团体被一件特定展品吸引时，他们会驻足于前，按常规模式与展品互动。[33]在第二项研究中，团体成员尤其是女性所扮演的角色，也会依据她们处于全成人团体抑或家庭团体中而有所不同。在家庭团体中，女性更专注于与儿童互动，其学习行为主要依据儿童的水平，而全成人团体里的女性关注她们自己的学习，常常就她们看到的展览与同伴进行对话。[34]从身份角度观察全成人团体的行为，约翰及其团队发现，像家庭团体一样，全成人团体也有主导的参观目标，这深刻影响了其在博物馆内的行为。[35]例如，导览型团体的成员会将博物馆作为一个会面和聊天的社交场所，在各个展厅内闲逛，通常以在咖啡厅进餐或喝咖啡结束。同样，寻求充电体验的团体成员可能独自或和其他人一起将博物馆用作一个可以静坐和思考的地方。很明显，有时团体中不同观众的身份相关需求不同，团体尊重并允许每个人以自己偏好的方式利用博物馆。

不过，不是所有的博物馆成人体验者都能在展厅里被发现。洛基山博物馆的一个团队研究了成人参与各类博物馆中多样性活动的动机。[36]研究中，成人学习者被归为四种类型：（1）学习爱好者，认为博物馆是满足他们学习需求的地方；（2）博物馆迷，乐于将时间花在博物馆里；（3）技能培养者，参加特定活动以学习专业技能；（4）社交者，将博物馆体验作为一种遇见他人的方式（注：这些分类与约翰的身份相关动机分类之间的相似性很可能不是巧合；它是两项独立研究得出相似发现的一个典例）。与之前讨论的约翰的发现一致，这些动机直接影响到这些成人学到的东西和学习的方式。虽然只是初步研究，但它在填补我们对博物馆活动成年学习者了解的空白上迈出了一小步。

另一项研究特别关注分析全成人团体中的社交互动。为了更好地了解成人观众在博物馆里如何学习和建构意义，公共历史研究者路易·西弗曼（Lois Silverman）采用了一个大众传播框架，提出博物馆与大众媒体有很多相同的目的，包括为人们提供获得信息的机会、娱乐消遣，以及实现共同的文化意义。[37]该研究支持的观点是，博物馆拥有的许多象征性物品对某个文化有重要意义，因而对上述传播也意义重大，博物馆可以借此来促进意义建构的过程。西弗曼与她之前的研究者一样，发现同伴，尤其是家庭成员或亲密朋友的存在，对学习很有帮助。在博物馆学习似乎主要是一个互动性、创造性的过程，这个过程发生在与同伴的人际互动中。这种社会互动实际上既增加了整体学习的可能性，也提高了包含某种特定信息的多种潜在意义而非单一意义的学习的可能性。[38]西弗曼得出结论，认为社交互动不仅可以实现新信息的分享，对于维持社交关系、形成新的社交文化联系和巩固旧有的联系也有作用。这种社交文化联结通过交流和共同回顾已知信息（如记忆和经历）来实现，而所有这些都是在观众和场馆本身的社会文化环境中发生。[39]

对于全成人团体，尤其是年长的成人团体，研究调查普遍不足，这是我们在认识博物馆观众体验和通过体验进行学习方面的一个严重不足。随着一些发达国家和发展中国家（例如中国）人口老龄化，这种认知的缺乏越来越令人担忧。全成人团体作为博物馆观众，数量逐渐增加，重要性逐渐增强，而且老年观众意味着博物馆大量潜在的新观众。

参加学校实地考察的观众

继家庭团体之后，研究最多的就是来博物馆参观的学生团体。全世界几乎每座博物馆观众的重要组成都是参加学校实地考察活动的学生团体，几乎所有博物馆都为他们提供特别活动和参观路线。学校实地考察活动为儿童提供的社交情境，与儿童在家庭团体中体验到的明显不同。

鉴于学校实地考察活动非常普遍，你也许会认为，我们对于参加实地考察活动的儿童的体验与那些和家人来博物馆的儿童的体验之间的不同会有清晰的认识。遗憾的是，这个最基本的问题尚且没有清晰简洁的答案。我们怀疑这是因为长期以来，教育界研究者对于社交互动在儿童学习过程中起到的重要作用缺乏重视。多年以来，实地考察体验的社会特性，往好了说是被忽视了，往坏了说，被认为是一个混淆变量。已知的是社会交际是学校实地考察活动的重要结果。[40]在一项关于儿童对学校实地考察活动印象的综合研究中，研究者芭芭拉·伯尔尼（Barbara Birney）指出，实地考察的组织情况（儿童们是由博物馆员工引导，还是相对独立地探索博物馆）导致了儿童在学习和行为方面出现显著差异。[41]高度有组织的参观似乎会指向更好的认知学习，而组织程度低的参观似乎导致更积极的态度。

研究表明，与自由参观的家庭团体中的儿童相比较，由导游带领的学校参观团体中的儿童会有不同的博物馆体验。[42]当然，大型年龄相仿团体中儿童的社交互动与小型混龄团体中儿童的社交互动相比会有所不同。尚不清楚这些社交互动究竟有何区别，以及结果影响如何。然而，我们研究关于学校实地考察活动的记忆时，进行了相关采访，并让人们说出年少时参加的一次学校实地考察活动，研究结果明确显示，学校实地考察活动的社交情境几乎一直是此类活动中重要并难忘的部分。[43]甚至在15~20年后，人们还记得他们参加的实地考察活动的社交情境的细节，包括在大巴上与谁坐在一起，旅行是否有父母陪同，以及讲解员是什么样子。

近期研究开始揭示出，如果对于实地考察活动中的社交互动加以重视和充分利用，将产生越来越多的教育益处。例如，数项研究显示，认同并迎合儿童的社交计划能显著增强学习效果；当儿童有机会将他们学到的知识解释给其他儿童或成人时，他们能更好地记住这些知识，也更容易将新学到的知识运用到新的情境中。[44]已经明确的另外一点是，儿童能够在这种环境中谈论他们所学，意味着社交互动在此过程中起到重要作用。[45]具体来说，儿童称他们：

1. 愿意看到并学习新的事物，认为博物馆是做这些事的地方；

2. 相比于听成人讲解员的讲解，他们更愿意与他人，尤其是同龄人，分享他们所学；

3. 有能力界定最有利于他们分享所学知识的特定场所和环境；

4. 认识到参观博物馆时哪些环境是最适宜的——例如，他们表达了对于博物馆某些消极方面的不喜欢，如人头攒动阻碍了他们观看展览。[46]

由纽约市银行街学院的教职工和学生们开展的一项纵向研究发现，在多次参观中，如果教师将参观与学校课程联系起来，以多种课堂活动和小组项目来渲染单元知识时，以及儿童有机会进行选择并将体验个性化时，他们记住的参观内容最多。[47]多数情况下，能够让儿童与他人进行社交互动、谈论他们所见、返校后开展相关学习体验的博物馆活动，是最令人记忆犹新的。

同样，在孩子们自己选择的活动中，与同龄人互动的机会对儿童在学校团体中的学习也很重要。这些发现得到相关研究成果的证实。相关研究结果表明，当儿童与同学或家长一起参观时，学习效果比他们独自参观时更好[48]。一项研究在儿童自由参观时对他们进行观察，并于参观一星期后采访他们。[49]虽然儿童在自由参观期间的行为起初看起来是无序而随机的，但这些发现显示，儿童会返回到那些他们早些时候"选取"的互动展品处，并将更多的时间集中于他们最感兴趣的展品上，而在这个过程中儿童通常与同伴在一起。研究者推测，很可能儿童在停下来与特定的展品互动之前，想要知道他们所选的是什么。研究结果表明，儿童之间的互动增强了儿童与展品之间的互动。已经观察到了大量的同伴互教的现象；在一些事例中，互动似乎促进了儿童阅读说明牌，并使他们的态度更加积极。儿童的回访显示，他们记住并且能讨论那些与同伴一起认真观看的、需要最积极参与的展品。

用于理解家庭学习模式的对话分析技巧也被用来调查儿童之间、儿童与教师之间以及儿童与成年监护人之间的社交互动是如何影响动物园参观结果的。一组研究表明，儿童之间的对话往往比儿童与成人的对话更有针对性。在某动物园进行的一项研究中，教师带队的团体比只有儿童的团体提出了更多的"不喜欢"意见。[50]

两项额外研究支持这个观点，即如果儿童有机会针对展览以有意义的方式进行社交互动，学校的实地考察活动学习效果会得到增强。科学教育研究者詹妮特·格里芬（Janette Griffin）主持了一项专题论文研究，其中她设计的实地考察活动体验更像是家庭参观，儿童有机会进行选择和社交互动。[51] 与参加了常规实地考察活动的对照组学生团体相比较，儿童不仅更喜欢这些类型的学校实地考察活动，也从中学到更多。科学教育研究者戴维·安德森（David Anderson）在其博士学位论文中，主要开展了一项针对一组学生参观互动型科学中心的深入案例研究。[52] 这个有针对性的定性方法显示了学习与参观中的社会维度之间的明确关系，还有社交互动在构建先前经验和知识方面发挥的作用。因为这项研究调查了为增强科学中心体验效果而设计的参观后活动的影响，它也证明了社会情境对后续学习的影响。正如这些研究逐渐说明的，社会情境对促进儿童在实地考察体验中的学习起到了重要作用。直到现在才研究出一些方法，用来调查儿童如何与他人互动、如何共同学习。[53]

学校团体不是仅有的参观博物馆的儿童团体。如今，越来越多的营地、童子军、男童女童俱乐部和课后团体经常参观博物馆。这些团体的社交动态与那些学校组织团体的社交动态可能并不相同，但时至今日尚没有研究试着去弄清楚这些差异。

关注其他观众

博物馆观众不仅关注与他们一起来的人，也关注场馆里的其他观众。[54] 我们的数据显示，在参观过程中，观众总是会将少量的时间用来关注他们自己社交群体之外的人。[55] 研究表明，观众自身所在家庭或团体之外的社交影响也会影响观众的行为。[56]除了纯粹出于好奇，观众观察其他观众以获取有关正确参观博物馆的信息或知识。本章前半部分和之前的章节提及，盖恩斯维尔佛罗里达自然历史博物馆的研究者约翰·古兰（John Koran）及其同事主导的一系列典型模仿研究，揭示了这种行为对于观众而言非常常见，也非常重要，尤其是对那些不确定在此类场所中该做出何种举动的人。[57]

但我们为什么要对此感到惊讶呢？博物馆是社交环境，人们在社交环境中喜欢做的一件事就是"观察别人"。舍曼·罗森菲德是通过研究证实这种行为对博物馆参观者的重要性的第一批调查者之一。[58]在他对旧金山动物园和劳伦斯科学中心的研究中，观众声称，观察其他观众是他们在参观过程中经常做的事，对他们的参观满意度很重要。观众的此种行为除了对其他观众感到好奇外，没有其他明确的动机。观察其他观众似乎是人们在这些环境中做出的自然举动，而且观众乐在其中。

虽然感觉团体之间的社交互动有可能会对体验和后续学习产生积极影响，但这并不代表每个人都会特意去和其他观众互动；实际上，对一些观众而言，他们通常的行为恰好相反。林恩发现，一些人会不遗余力地避免交流。[59]我们的发现还表明，对于一些观众，例如带有"充电"动机的人，社交互动会影响到他们寻求的那种平静或远离尘嚣的感觉。[60]

而且，对于大多数观众而言，人潮拥挤经常是主要的问题，若是其他观众阻挡了他们观看展品，家庭团体和其他团体就会绕开这些展品往前走，直到发现一块空地才停下脚步。博物馆研究者萨姆·泰勒（Sam Taylor）发现，在具有单向通道模式的博物馆，一个刚走到某展品前的家庭团体会将正在参观该展品的家庭团挤走，使他们去往下一件展品，这限制了他们参观展览的时间。毫无疑问,观众确实会注意其他人在做什么,这种社交互动影响了观众的行为,而且,由此推断,也影响了整个博物馆体验。目前,这种社会文化行为的全部细节和相关重要性仍然不为人所知,但约翰发现,包括拥挤情况在内的随机事件的确直接影响到观众在参观科学中心时学到的内容和数量。[61]

只身前来的观众

显然,社交互动在促成并影响团体中和团体间的博物馆体验方面扮演了重要角色,但对于独自前来的、身处由博物馆员工及其他观众组成的社会文化环境中的观众,它起到了怎样的作用呢?基本没有关于独行观众与其他观众互动的研究,虽然有证据表明,一些观众去展示类场所就是为了遇到别人,[62]并且,很多展示类场所围绕独行成人的"遇到有趣的人"的需求而开发了受欢迎的、可盈利的活动。当然,在如今这个互相连接的世界里,外显的独行并不意味着真正意义上的独行。越来越多的证据(主要是非正式证据)证明,独行观众在参观博物馆时会发推特或通过脸书与人联系。换言之,即使某人独自来参观,他也在通过虚拟技术与其社交网络中的其他成员保持密切联系。另外,这些人很可能通过上传照片、评论、表情符号和邀请等方式,使他人参与进来。

然而,一些观众更喜欢独自参观博物馆并寻求博物馆的宁静和治愈作用,注意到这点也很重要。根据教育研究者霍华德·加德纳(Howard Gardner)的说法,有一些人喜欢自学(加德纳称之为"内省智能")。[63]很多持有"充电"型身份相关动机的观众愿意独自参观博物馆。虽然一些社交文化学者会认为社交文化因素仍然在影响着这样的参观，但显然不是所有体验都需要直接的社交互动，也不是所有人都积极寻求这种社交情境。

与博物馆员工交流

教育者、讲解员、志愿者，还有保安，是很多博物馆中观众参观体验的组成部分。虽然一百多年来的教育研究证实了"教师"在促进学习方面的重要作用，但有关志愿者和博物馆其他员工对观众参观体验的促进作用的现存研究少之又少，令人奇怪（注意：我们知道许多博物馆所指的"员工"只是那些有偿的人力，但我们用这个词指代所有与博物馆有关系的、由博物馆提供培训的和"为博物馆工作"的人，包括讲解员和其他志愿者）。

少数关于散客观众的研究确实表明，员工对参观体验有积极影响，尤其是如果他们是训练有素的讲解员，则能够有助于辅导观众，使参观对观众有意义。例如，一项在各类博物馆中进行的研究显示，如果能有一名员工来非正式地回答一下家庭团体的问题，后者花在每个展品上的时间会比原来多出一倍。[64]研究者得出了一贯的观察结果，那就是，如果家庭在参观中与其他观众或员工互动，那么花在参观展览上的时间就会更多。博物馆研究者罗伯特·沃尔夫（Robert Wolf）和芭芭拉·泰米茨（Barbara Tymitz）观察发现，去动物园的游客为了获取关于动物的知识会与动物园员工开始非正式的对话。他们通常向没有听到这些对话的家庭成员进行重复，之后经常是儿童继续向家长提问题。[65]

博物馆教育工作者用很多方法与观众互动，包括有组织的互动，例如博物馆引导参观、科学表演或课堂活动；还有非结构化互动，如员工辅助活动桌或员工对观众提供展品辅导。博物馆环境中越来越常见的此类社交介入的形式之一，就是使用戏剧、表演、展示和/或用第一人称讲解。这些策略对于增强观众的互动性和参与度很有效果，并且能够添加情境，将体验个性化。有证据表明这些体验增强了观众对内容的学习，而且提高了观众表达复杂问题和观点的能力。[66]这些努力还开始模糊展览与活动之间的界限。然而，到目前为止，研究的主体集中在有组织的互动上。研究者在高度有组织的研究环境中调查了讲解员在学校团体活动和引导参观中的作用[67]、面向日常观众的定时表演[68]，以及员工和观众的互动[69]。结果显示，观众通常对与博物馆员工进行互动抱有积极的态度[70]。另外，一些证据表明，有员工在场能提高观众的满意度，延长观众观看展览的时间[71]、使观众获得更多知识[72]，以及增加观众探究式行为[73]。

长久以来，研究领域很少关注非结构化互动，而事实是这种互动是博物馆中最常见的由员工处获取体验的类型。两个值得注意的例外是在一家动物园开展的针对教育人员的混合法研究和在一家活的历史博物馆开展的针对讲解员的定性研究。在探索"讲解员 – 观众"互动中的信息交流的影响因素时，普利提·莫尼（Preethi Mony）和乔·海姆李希（Joe Heimlich）发现，参观动物园时互动时间的长度和交流的关键教育信息的数量受地点（"展品区域"）、观众团体组成及互动发起方式的影响。[74]成人团体的"员工 – 观众"互动时间更长，包含更多教育信息。员工（主动）走近观众时，互动时间比观众走近员工时更长，即使交流的信息数量相差无几。艾伦·罗森塔尔（Ellen Rosenthal）和简·布朗克曼 – 赫特里克

（Jane Blankman – Hetrick）还调查了非结构化的"员工－观众"互动，但这是在活的历史博物馆的情境下。[75]对五个家庭参观时的录音进行分析，发现设计得当的、考虑了观众的兴趣和先前知识的员工辅导，能促使家庭在互动当时和随后时间里有更多的关于学习的对话。适当的讲解方法能积极吸引整个家庭参与到对话中，也促使家庭有更多的学习对话。与其他员工介入类型不同，这两项研究的发现说明，非结构化互动的本质和结果可能特别受到员工和家庭之间的社交动态的影响。

在最近一项为满足此种需求而设计的研究中，斯科特·帕蒂森（Scott Pattison）和林恩在俄勒冈州波特兰市的一座科学中心调查了"员工辅导"学习的性质。他们的分析强调了员工和成人家庭成员之间角色协商的重要性，尤其是在互动期间；一个重要结果是认识到员工在自己的目标与观众的参观目标之间进行平衡的重要性。与先前对家庭团体博物馆体验的研究相一致，他们的研究显示，家庭中的成年成员在塑造互动的本质和决定员工介入家庭的程度上起着关键作用。定性分析展现的四个主题是：

1. 这些环境中的员工－观众互动是复杂的社会交往，需要成年人和员工协商谁在辅导中负首要责任；

2. 最初的互动强烈影响着后期互动的本质；

3. 成人观众是员工与家庭团能否进行有效互动的把关者；

4. 场馆的实体情境既促进员工和观众之间的互动，又对这种互动起到制约的作用。[76]

这些发现对博物馆教育者有重要意义，并指出了非正式／自由选择学习环境中员工－观众互动的未来研究方向。

另有证据表明，并非所有的员工与观众之间的互动都是积极的。在一项对参观动物园的家庭的研究中，舍曼·罗森菲德发现，有家庭在动物园火车上不听引导人员的解说，也不问问题。[77]泰勒（Taylor）发现志愿讲解员经常不具有足够的学科知识或经过严格的培训以有效应对观众的问题，并认为他们的作用更像是保安而不是协作学习中的导览者。[78]有组织互动的其他研究报告了员工干扰到那些希望独自体验展览的观众的情况。这类行为包括，使用说教式教师主导的辅导方法、提出封闭式而不是开放式问题、使用高深的词汇、几乎没有社交互动、固守不灵活的课程结构、着眼于深奥事实而不是大众可能普遍感兴趣的宽泛话题。[79]

综合来看，多数证据似乎显示员工与观众的互动会产生积极的效果。有趣的是，当被问到是什么使博物馆参观具有吸引力时，观众首先倾向于说"动手"或"触摸"体验，然而，他们通常提到的第二个方面是希望在展厅里有一位友好的、知识渊博的人，来解答特定问题及进行解说。这样看来，个性化辅导似乎很关键。良好的培训可能是保证员工能够将博物馆的独具特色的资源与观众独特的兴趣和需求联系起来的关键；特别是这种培训应该不仅包括内容，还应包括优质的观众服务和好的教育实践。

项目

自我们写作《博物馆体验》20年以来，博物馆界的一个重要变革是项目，特别是公共项目发挥了重要作用。博物馆在这个方面的实践已有大量增长。当时，博物馆可能有为儿童和青少年开展幼儿园至12年级的项目和夏令营活动，可能还为成年人举行一系列讲座。少数几个博物馆尝试开展了家庭项目。如今，对于教育岗员工而言，拥有专门负责项目的明确职责已经十分普遍——实际上，许多职称常常与特定种类项目职责相对应，如家庭项目协调员或青少年项目领队。同样越来越司空见惯的是，副馆长们的头衔中包含展览和项目，或干脆只有项目。博物馆方面的这种认知，即博物馆可以（事实上已经做到）不仅仅局限于展览，已经使这个领域发生了转变。

学校项目

学校项目在博物馆里并不鲜见，早在 19 世纪晚期至 20 世纪初期，它们就成为博物馆实践的组成部分。而如今的不同之处在于，博物馆试图将这些项目作为一种机制，用以增加观众的多样性，同时更系统地影响整个领域的教育工作。成功的博物馆一般拥有专门的员工和其他资源与学校教师直接对接，开发参观前和参观后的课程指南，还为教师提供职业发展。一些博物馆还一直在尝试开发精品学校项目，这些项目需要额外培训或教师参与，能够为学校团体观众提供更深入、更具吸引力的体验。其中的矛盾，特别是当前流行的高标测验的矛盾，发生在吸引人的互动体验与符合集中课程标准之间。

博物馆专业人员对学校项目所持的一种常见看法是，如果参与了博物馆项目，儿童会与其监护人/家人再次来博物馆。博物馆员工指出，他们认出了在工作日由学校带来参观的儿童，周末又来了。遗憾的是，观众研究文献没有证实在儿时参观博物馆和之后家庭参观或成年后的参观行为之间存在联系；定性研究结果表明，学校实地考察活动作为一种吸引观众的策略并不奏效，对于来自多元化种族/族群背景的家庭来说更是如此。[80]实际上，对于一些家长，参观博物馆会产生相反的效果：他们认为既然学校为孩子提供了这样的教育机会，他们就不必亲自带孩子去参观了。

公共项目

过去的 20 年来，有针对性的特殊项目、影片和活动已成为博物馆实践的一个发展领域。研究结果表明这个努力是值得的，吸引了不同年龄、种族/族群和阶层的多元化观众群体——那些如果只为了看展览就不大可能会来博物馆的"非常客群体"。例如，弗吉尼亚美术馆的一项研究显示，参与特定群体主题项目的非裔美国人，其所占比例是普通参观博物馆的非裔美国人的 2 至 5 倍。[81]总体而言，艺术博物馆指出，参与家庭项目的少数群体观众比单独参观展厅的少数群体观众要多。[82]

正如之前指出的，这些活动经常会模糊展览与项目之间的界限，经常会有与主题展览配套的庆典活动，会提供音乐、美食和表演。特别是音乐在吸引种族/族群群体方面发挥了重要作用。在 19 世纪末期的一个实例中，俄亥俄州威尔伯福斯国家非裔美国人博物馆暨文化中心举办了一个名为"水中有学问：代顿街道爵士乐的美妙"的嘻哈音乐临时展览，吸引了全美非裔美国人的广泛注意。[83]这是首个在博物馆展厅使用音响系统的展览。2000 年，"嘻哈国度：根源、节奏和愤怒"吸引大量多元化的观众来到布鲁克林艺术博物馆。[84]全世界的博物馆都在尝试在城市范围内举办节庆活动，通常是针对特定主题或种族/族群节日，并与他们所在社区的其他博物馆和文化组织进行合作。虽然这些项目成功吸引了多元化的、历来代表性不足的观众到馆参观，然而可以证明这些项目可以使这些人长期持续参观博物馆的证据却很是令人失望。一般来说，这些活动也只是一次性活动而已。实际上，因为经常在室外举办，那些参与者可能都没有进入博物馆内。[85]

面向家庭、儿童和青少年的长期深度参与项目

部分原因是为了在上述问题上实现可持续性，博物馆还投资开发并实施了面向家庭、儿童和青少年的集中项目，特别是针对城乡资源匮乏的社区。这些举措很大程度上受两项开创性项目的启发：1969 年探索馆（Exploratorium）开馆时发起的"探索馆讲解员"项目和纽约科学馆于 1986 年开发的"科学职业阶梯"项目。这些成就促进了其他一些青年学徒项目的出现，包括美国一项被称为"青春激扬"（YouthALIVE）（通过学习、参与、志愿活动和就业实现青年成就）的重大项目。"青春激扬"项目最初在全美国发起，运行了近 10 年，吸引了将近 60 个城市的博物馆和年轻人。关于这个特定项目的有限研究显示，在参与了一到两年后，年轻人对科学的兴趣增加了，态度也改变了；他们培养了交际能力、职业准备能力和其他生活技能；他们的自信得到了增强；许多人学到了科学知识，哪怕它并不是项目的主要目标。它还产生了一个重要的、未曾预料的结果，就是使更多不同种族和年龄的人成为各科学中心和博物馆的专业人员。[86]青年集中项目的总体研究显示，这些成果不仅对青年人自身有重要的积极影响，这种影响还在青年人的家庭环境、与社区其他人的关系中延伸下去。[87]

有趣的是，关于这些集中项目的研究一致表明，很多项目首要关注的是儿童，它们也几乎总是会对儿童的家庭有积极

影响。例如，家庭项目的总结性评估研究表明，在一些案例中，这些项目在一定程度上巩固了家庭关系，改变的不只是家长与儿童在博物馆一起做了什么，还有他们在其他时间如何互动和沟通，这些项目为儿童和家长提供了宝贵的机会来共同进行积极体验，这在他们生活中的其他方面不常有。[88]这些项目还经常帮助家长认识到支持孩子的学习和好奇心的重要性，并且增强家长有能力完成这个任务的信心。[89]

完全可以说，这类项目的主要创新之处在于以有意义的、有创造性的方式吸引人们参与博物馆的活动，并使用了超出传统展览展示方法的诠释策略。事实是，虽然公众仍然将"博物馆"这个词与展品和展览挂钩，但博物馆的这些方面仅代表了观众体验的一种。我们在佛罗里达大学的佛罗里达自然历史博物馆观察到的互动，以最有魅力的方式让我们明白了这个事实。在她5岁儿子的强烈要求下，一名母亲与她的孩子从礼品店开始了博物馆的参观，而不是如通常一样从展览开始。这名母亲很有耐心，但最后她说："乔伊，来吧。咱们进博物馆里面去吧。"乔伊转向她，用只有5岁孩子才能做出的充满疑惑的表情和语调说："但是，妈妈，我们就是在博物馆里啊！"他说得对。

他称之为"博物馆"的实体情境包括礼品店、咖啡厅、停车场，也许还有他参观前做过的所有事情，而不只是展厅。虽然这种对于"博物馆"含义的广义理解似乎被观众普遍知晓了，然而许多博物馆专家可能并没有明白。与博物馆专家群体相比，观众的观点没有简单化，比如将博物馆划分为学科或各个展厅。观众对博物馆的看法，适当地出于消费者的角度，把博物馆看作休闲活动场所，其中也包括了他所体验到的全部馆内便利设施。我们将这种对博物馆的全面观点称为"博物馆格式塔"。根据《韦氏第七部新大学词典》，"格式塔"指的是"一种物理、生物或心理现象的结构或构造，如此完整以至于形成一个功能单元，其特性不能通过将其各部分简单相加而体现出来"。我们将在下一章讨论博物馆体验的这个方面。

 小结

■ 为全面理解博物馆的社交文化情境，我们不仅必须后退一步，将博物馆视为社会机构，而且需要从微观层面理解这个情境。观众在博物馆里参观和互动的时候实际上在做什么呢？这些互动自然会受到观众把博物馆看作社会机构这一认识的影响，不过由于多数人以团体方式参观博物馆，那些独自来参观的人也会与其他观众和博物馆员工交流，因此分析观众与其他观众或者博物馆员工交流时发生的事情有助于进一步明确并加深对社交文化情境的理解。

■ 对于大多数观众而言，博物馆体验首先是一种社交体验。社交互动包括与展览、项目和其他说明性材料互动时产生的问题和讨论，还有与博物馆完全不相关的对话、扫视和触碰。在家庭、全成人团体、学校团体和其他有组织团体中，还有观众与志愿者和其他员工之间都观察到了这些互动。就连那些独自参观的人也成为我们称之为博物馆的社交文化环境的一部分。

■ 团体中的观众，无论是学校团体、家庭或全成人团体，都是作为既有的学习群体的成员来到博物馆的，由于这些参观的社交性质，博物馆中的内容、展览、项目和媒体通常是背景，提供了一个有趣的环境以鼓励观众社交互动。

■ 虽然是出于好意，员工的助览并不都能支持观众的参观计划。对于那些因其中的成年人把关而支持或阻碍博物馆员工的成功助览的家庭来说，似乎尤其如此。员工理解自己的作用以及如何为观众体验提供最好的支持是很重要的。这也许意味着完全不干涉观众的体验。

■ 博物馆尝试提高互动性和增加吸引力，以及服务于那些通常不来参观的人群的越来越重要的方式，就是利用项目，尤其是针对家庭和年轻人的项目。

给从业者的建议

■ 设计的展览和活动需要能够促进并帮助参观团体进行社交互动，而非妨碍这种互动。这对前来参观的学校团体尤其重要。

■ 尊重家庭参观计划，记住家庭团体（可能还有其他观众团体）带有他们自己的资源、身份和动机。你的所作所为越能够优化团体的参观计划，也就越有可能成功优化你所在场馆的教育计划。

■ 既然家庭和其他社会群体自成学习团队，重要的是，员工专业学习体验应专注于理解家庭和团体学习，以制定出的辅导策略，能够支持团体中自认具有辅导作用的成员，而不是干涉或妨碍其发挥作用。

第八章　情境的相互作用

——作为格式塔的博物馆

"食物太糟糕了！价格又贵，服务员态度也不好。我不期望食物有多好，但在我整个印象里，博物馆里所有的东西都不达标。"

一名二十八九岁的白人女性在参观一座大型历史博物馆后作出如上评论。[1]

让一名博物馆员工描述一座博物馆，极有可能他会描述展品、教育活动、机构的研究成果，或其历史。问及观众，她很可能不会提到这些特定事物。相反，观众会说"这是一个带孩子来看他们的历史传统的好地方"，或"博物馆是个接纳城外观众的好地方。它既有趣，又便宜，能在这度过充实的一天"，还有"我喜欢去博物馆，它有很棒的商店和小咖啡厅"，以及"博物馆是安静的场所，我能在那里逃离朝九晚五的生活"。

大多数博物馆策展人、设计师、馆长和教育者会认同这些关于博物馆的合理评价。同样地，去博物馆的人不会质疑博物馆用其藏品做研究，或者该馆的历史很重要。但在对待博物馆的根本方法和认识上，观众与博物馆专业人士有明显差异。

　　观众对博物馆的认知是功能性的，因为他是使用者而非策划者或内部人员。观众的视野不限于智力学科或个别展览或展品；相反，观众的认知是高度情境化的，包含个人、实体以及社会文化情境的关键方面，受个人总体期望和需求所驱动。为真正理解观众的博物馆体验，必须将其视为整体，视为格式塔。

作为体验的博物馆

　　博物馆体验包括冒险感、敬畏感、与所爱之人或朋友的关联感；包括视觉，可能还有触觉；当然还有学习新事物的感觉。[2]所有这些感觉合并成为一个单一的作为整体而存在的体验，不过这个整体要比大多数博物馆专业人士普遍认知或至少充分认可的要大得多。

　　此体验开始于决定去博物馆。网上的数字化体验越来越多地介入了这个决定。观众早在现身于博物馆之前（或可能代替在博物馆中露面），通过仔细阅览博物馆的网页或社交网站，考虑有什么事是可以做的——别人是如何评价这个场馆的，以及开闭馆时间是几点、费用多少、走哪条路线。这些调查可能在参观前几个月进行，也可能就在开始参观前几分钟进行。在参观当天，需要做好各项准备，制订计划，挑选合适的衣服和鞋。去博物馆参观总是涉及交通问题，驾车到博物馆就会有找停车位的麻烦，如果乘坐公共交通工具，也会遇到去车站或地铁站以及从车站到博物馆导航的问题。参观甚至可能不是当日体验中的第一部分；博物馆体验在内心里可能与那天所做的其他事结合考虑，比如其他观光活动或是出门吃早餐或午餐。当观众到达博物馆时，博物馆体验还包括找到入口，通常还有爬楼梯。售票员、检票员和保安的行为态度，馆内是否拥挤等，都是体验的一部分。体验还包括在馆内看到的展览，以及在礼品店买到的物品。与家人或朋友们的谈话也很重要。观众发送的信息和上传的照片也很重要。在博物馆里吃午饭、喝咖啡或吃快餐可能也是体验的内容，可能还包括随后当晚晚餐时的相关讨论。博物馆体验也包括参观结束后由相关词语、事件、照片、推特或纪念品唤起的记忆，以及这些记忆是如何影响参观后的体验的。

体验的所有这些方面都在观众脑海中进行整合，以打造一次非常个性化的博物馆体验。虽然这些内容存储在大脑不同角落，但它们始终是一个相互连接的整体。回忆起这次体验的一个方面，通常足够回忆起所有的方面，或至少其中某些方面的组合。

博物馆专业人士想知道观众学到了什么，觉得哪些有趣，或有什么发现，但他们长期以来对学习、乐趣和体验包含内容的定义很狭隘。在太多情况下，审查的对象始于展览和活动，又止于展览和活动。博物馆体验的这些方面虽然确实重要，但仅代表整个博物馆体验中可以说是狭窄的一个方面。参观中一些不那么明显的方面在打造博物馆整体体验中起到的重要作用经常被忽视。

制订博物馆参观计划

大多数观众不是碰巧来到博物馆前，并一时兴起决定参观的。鉴于参观需要时间投入，多数人会制订参观计划。这个计划可能在参观前的几个星期甚至几个月就做好了，但通常更多的是心血来潮，在参观的当天早晨或前一晚做出。如同做其他事一样，个人的计划有很大的跨度，有些会执着于每个细节，有些则完全是随性而为。然而，大多数人的情况则为介于中间的状态。因此，潜在的观众并不是把参观的每时每刻都事先编排好，不过，他们一定会列出基本的要素——几点离开家，几点到达博物馆，使用何种交通工具，如果驾车在哪里泊车，大体上要参观什么，是否在馆内或其他什么地方用餐，计划何时离开博物馆。从前，观众依靠报纸广告或给博物馆打电话来获取这些信息。如今，观众知道博物馆相关信息和资源通过网络全天候开放，[3]因此，计划工作主要由网上工具辅助进行。[4]

虽然博物馆建立网站的目的是宣传博物馆资源，以及提供丰富的参观拓展信息，有时甚至能让在线观众浏览数量庞大的数字藏品，然而网站使用最多的情况仍然是为了制订参观计划。网站访问者搜寻的首要信息是后勤方面的：博物馆的开放时间、票价、路线指示。[5]当然，找到这些最基本的信息可能简单也可能不简单。数量惊人的博物馆将这些信息深藏在网页内，迫使潜在观众通读整个网页，直到找到他们想要的信息。

另外，许多博物馆是围绕他们认为重要的，而不是观众可能认为重要的内容来建造网站的。关于某个主题的最新最好的展览可能是博物馆认为重要的，但那是观众觉得最吸引人的吗？答案是，有时才是。关于观众身份相关需求的研究已经表明，并非所有观众都首先被展示内容吸引；其他的关注点可能很重要。然而，观众在博物馆网站上经常看到的第一张图片是什么呢？大多数艺术类、历史类和自然历史类博物馆的网页几乎无一例外地展示了展品的图片。动物园和水族馆展示动物的图片。科学中心和儿童博物馆是仅有的经常在其网页上展示人的图片的场馆。现在的观点认为，观众被不同的原因吸引来博物馆，只有一小部分来艺术、历史或自然历史博物馆的观众是单单为了看展品的，如果按照这个观点，上述做法就几乎无道理可言。同样地，只有少数观众来动物园和水族馆只为了看动物，虽然大多数观众来科学中心和儿童博物馆是出于人的原因，但还是有一些观众实际是来看特定展览和物品的。观众来博物馆的理由是多种多样的：为与朋友和家人在一起，为支持孩子的学习，为寻求安静和疗愈，为找出特定信息或解决特殊问题，或者某些情况下，为了看藏品中最具标志性的形象。所有这些信息在网站中是如何体现的？什么能吸引这些观众来馆？如果制作博物馆网页的主要目的是吸引多元化的观众，则大多数博物馆网页目前尚未达成这个目标。

　　然而也有例外。位于英格兰东北部的泰恩 & 威尔档案馆和博物馆就是一个博物馆群如何彻底转变通过网页与观众交流、吸引观众方面传统观念的精彩范例。他们所构想的方法是帮助潜在观众自行选择所在社区中最可能符合他们休闲和身份相关需求的博物馆。这些博物馆从观众的需求和兴趣开始，而不是以博物馆为中心的对展览和展品的看法。社区中大概十几座博物馆协同合作，分工服务于不同观众身份相关需求，并且将这些包装成选项供公众选择。因为这 11 座不同的场馆都在英格兰东北部区域政府的管辖之下，所以这个策略实行起来较简单，但是，对于同一个社区内的所有博物馆和文化机构，如果它们有意愿共同合作，也完全可以如法炮制。

　　泰恩 & 威尔档案馆和博物馆包括考古、历史、自然科学和艺术场馆。该博物馆群将博物馆观众体验理论作为出发点，把网络作为一种沟通工具，尝试促进多种不同生活方式以及满足身份相关动机驱动下的休闲兴趣和需求。它们的网站www. ilikemuseums. com 包含有 80 多项关于不同观众体验的"预告"，每一个以短语"我喜欢……"开始。一些例子如：我喜欢……一项挑战，我喜欢……建筑，我喜欢……了解名人，我喜欢……角色扮演，我喜欢……怪物，我喜欢……罗马人，我喜欢……吓人的东西，我喜欢……科学，我喜欢……太空，我喜欢……下一个大事件，我喜欢……火车，我喜欢……野生动物，我喜欢……世界历史，以及我喜欢……与家人一起做些事。点击任意一个身份相关兴趣，网站会帮助你定制能满足你特殊需求的泰恩 & 威尔博物馆群个性化体验。例如，点击"我喜欢……一项挑战"，网页会鼓励你"选择参观这一组博物馆来锻炼你的头脑"，然后给你一份可以打印的列表，上面有 8 个可以让你挑战智力的不同场馆，列表后附有每个机构的乘车路线和具体信息。通过这种方法，泰恩 & 威尔博物馆群使观众主动打造满足自身特定身份相关需求的观众体验。我们认为这是设计有助于观众为参观做准备的博物馆网站的方法。当然，观众还需要来到博物馆，这本身就不是一件简单的小事。

到达博物馆

由于博物馆通常坐落在市中心，大多数观众居住地都不在步行范围内。多数观众驾车或乘坐公共交通工具前往博物馆；那些住得很近，走路、乘公交或地铁就能到达博物馆的人通常不是博物馆的常客。[6]很少有博物馆像对待展览那样倾注兴趣和关注来对待泊车地点和状况。这很遗憾，因为易于到达和方便泊车也许所能决定的观众来馆人数与博物馆藏品的性质和品质相差不多（如果不是更多的话）。[7]去费城动物园的半数以上的观众将周末停车是否容易视为重要的事情。[8]正是这些观众也关心他们的车是否安全。[9]

泊车

观众花 20 到 30 分钟寻找停车位不是什么罕见的事。如果是打表计价的停车点，手里的零钱或停车计价器的限制可能就决定了参观的时长。如果计价器在"跑"，在飞速转动，那么时间将成为观众逗留期间的关注点，他会建立并遵照一个精准的心理时间预算。相较于博物馆界人士所意识到的，在实际中更常发生的是，在观众的双脚还未踏入大门时，他就已经决定了他的逗留时间。[10]无须赘言，这些限制与观众的兴趣、注意力持续时间或耐力都绝无关系；它们也是与博物馆的展品或活动的质量无关的。出行时间，包括花在泊车上的时间，是观众时间预算的一部分。因此，能否找到车位，以及车位离博物馆正门的远近直接影响观众预期的时间预算还剩下多少，两者对观众进入博物馆时的心理状态亦有影响。

有趣的是，我们与之谈话的大多数博物馆专业人士都意识到博物馆疲劳在观众体验中产生的作用。然而，几乎没有人认真考虑过去往博物馆过程中的疲劳。如果一名观众需要驾车一小时，泊车后需要走很长的一段路，参观的时长和乐趣就已经大大减少了。爬楼梯需要的能量是在平地上走路所需的两倍。[11]楼梯也是老年人和残障人士在博物馆遇到的阻碍。虽然大多数博物馆现在为身体残疾的人群设置了特殊通道，但这些通道可能只在一个地方出现，观众并不知道在哪儿能找到它们。老年人和残障人士通常就耐力不足，如果迫使他们仅仅为了进到馆里而不辞辛劳或付出额外努力，则进一步影响了他们的参观质量。

以上所有意味着走到博物馆前门的这段旅程是一段估算不足的体验，但大可不必如此。从停车场到博物馆前门的这段路，为什么不能也被看作一次高质量博物馆体验的不可或缺的部分呢？只有少数博物馆投入大量精力来保证这个空间和这段中转时间被用来使他们最大程度地受益。为什么不提前提供关于博物馆及其体验的基本信息，包括迷你展览或者图片呢？最起码，为什么不利用这个中转时间和空间，用图示或大比例地图为观众指引他下一步的参观呢？所有这些使通常最为枯燥的场所令人愉快、最大限度地提高质量的途径，都是值得花时间的，而且观众会为此而感到感激。

第一印象

过去几十年间，随着社会意识的兴起，博物馆开始意识到通过其外观传达给公众的微妙或不微妙的信息。老旧博物馆通常按照奥运会的高标准建设，周围一圈希腊雕塑，台阶似乎没有尽头，这些全部是为了重申博物馆作为受崇拜和尊敬之地的概念。近几十年来建造的博物馆并未减少其纪念性特征，但当今趋势已经是在建筑上回避了用新古典风格而使用超现代风格，经常有巨大的中庭使人想起豪华酒店或高档办公楼。这些建筑背后的理念仍然是为了向世界做出宣示。博物馆曾经是并且如今再次被视为重要的地区标志，但今天的博物馆更像是要向世界证明该地区的富裕和重要，而不是对经典知识的颂歌。无论新旧，这些纪念性的大型建筑物传达的信息是尊贵和特权。对于那些在此类环境中有归属感的人而言，这些建筑的纪念性质令人欣慰，并倍感骄傲，但并非所有人都有同样的感觉。一些人认为这些场所是不友好的。正如一名蓝领人士所说，他童年时随学校班级去参观当地的艺术博物馆，"我以前喜欢这类博物馆活动。你尝到了富有的味道"。当被问及为什么不再去艺术博物馆时，他说："这个地方不是我，我们该去的……它是面向有钱人的，或是以后会有钱的人，那些上大学的孩子们。"[12]

有或没有纪念性的外表或大量的楼梯台阶不是博物馆强调"归属"者信息的唯一方式。登上台阶进入馆内，在大多数博物馆，观众首先遇到的可能是售票员，然后是博物馆保安。在博物馆感到舒适的那些人会轻松对待这些官方人员的出现，但对于那些觉得不自在或不安全的人而言，售票员和保安能够并且的确使人焦虑。一名观众如此描述道：

> 保安在博物馆里时，他们在角落里来回踱步，盯着你看。我父亲说他想走到其中一名保安面前告诉他走开，因为我们不是来偷东西的，他越是将我们看作可能制造麻烦的人，我父亲越想去冲他的鼻子揍一拳。但我们离开了他值班的展厅，最终去了博物馆的另一个区域，脱离他的视线。然后父亲把我们叫到身旁说我们实在不必对保安生气，因为他只是服从命令，努力按照博物馆的拥有者希望的那样维持博物馆秩序。我姐姐问那些人是谁，父亲说他不知道。[13]

每个博物馆观众都受博物馆保安的影响，无论观众多么有经验或者保安看起来多么友好。保安有高矮胖瘦之分，身着各式制服，性格也各不相同。一句话也不说，保安就向观众传达了该场馆的性质。例如，年轻、警觉、军队式的保安会使观众注意到，在这个场馆，安保很重要。只需看一眼闭路监控，这个怀疑就能得到证实。来到此种博物馆的观众也许从来不会感到真正的放松。他们可能会环顾四周，坐下之前看看有谁在看他们；可能对自己的孩子高度警惕，以保证他们不去触碰他们不该碰的东西。经验不足的观众会对自己的行为尤其小心，甚至可能在这种情况下感到不受欢迎。

不仅保安的穿着代表了他所传达的印象，他在参观的最初几分钟内对观众说出的话及做出的动作反应也很重要。在许多场馆里，保安接过或检查观众的入场券、手包和包裹，并要求观众在寄存室里查看物品。就算不发生这些互动，很多人也会走近保安问一些常见问题。像其他旅游景点一样，博物馆也将传统的保安/安全员的制服换成了对观众更友好的马甲、毛衫和日常服装。例如，北卡罗来纳州夏洛特敏特艺术博物馆在其新建于夏洛特市区的工艺和设计博物馆开放后，进一步发展了这种方式。据馆长所说，博物馆雇用了一批新的大厅服务人员，以弥合安保和观众服务之间的鸿沟。这些新进服务人员身着长围裙，接受关于博物馆藏品的讲解培训，并由博物馆负责教育的员工监督。博物馆鼓励服务人员靠近并与观众进行关于展品的对话，服务人员有权从盒子里拿出物品近距离观察、讨论艺术家的技艺，组织团体参观，或者鼓励家庭参与寻宝游戏。[14]在很多方面，参观主旋律受到观众遇到的员工行为的影响。在许多情况下，遇到保安和其他一线员工对观众行为起到微调的作用。观众的期望被这些博物馆的化身所增强或修正。如同所有的第一印象，这些因素塑造的态度将长期持续而且难以改变。

在博物馆内部

一旦通过了旋转门和门卫，观众就会发现自己身处严格意义上的博物馆中。很多博物馆是大型、壮观的建筑，有高挑的穹顶，宽大的室内通道，和观众第一眼可能都看不见的数量众多的展室。建筑、物品、气氛、视野和声音都与观众通常在其他环境中发现的有明显区别。这无所谓好坏，但很重要：它意味着观众可能在博物馆中感到恐惧。大多数观众去过的唯一可与之相比较的大型、壮观的场所就是购物中心，还有教堂或大型演出厅。现代购物中心，与博物馆相比，设计上力求适度，而不是特别新奇，因为就像之前提到的，适度新奇的地方被证实是令人兴奋的，而不是令人恐惧的。[15] 20 世纪末期和 21 世纪初期时的博物馆建筑热潮的结果是建成数百座博物馆及博物馆配楼，大多数竞相成为街区或全世界最引人注目的新建筑奇观。如此复杂、新奇的环境激发了好奇心，但同样也增加了焦虑。公平地说，这不是所有博物馆项目的真实情况。例如，布鲁克林博物馆的新入口展馆经过特别设计以改变古板的老旧外观，其被更换成更像是人群聚集地的入口。相仿地，英国国家海事博物馆的新馆建造了一个全新的入口区域，该区域设计成更易于寻找，远离马路，并且与布鲁克林博物馆一样，更热情友好。可以用建筑来影响人们的期望和情绪：它能激发敬畏，提升舒适度，抑或增加焦虑——它促成哪些情绪，取决于观众的先前经验，当然还有博物馆最重视的是什么。[16] 博物馆建筑对于观众的影响难以下结论，但显然，更多的是取决于博物馆具体规模和设计特点。[17] 然而，哪怕是规模最小的，最符合人类尺度的博物馆，从定义上来说也是新奇的，也能对那些不熟悉此类场所的人造成焦虑感。

博物馆的大规模建筑特点不是影响观众的唯一客观环境因素。在迪士尼和购物中心做出的榜样驱动下，多数博物馆观众期望他们的休闲环境得到高水平的清洁和维护。在一项关于博物馆观众舒适度的研究中，维护良好的设备和着装干净、体面的保安是公众最关注的内容。[18]定位也是一个问题。一些博物馆使观众能轻松找到他们所在的位置和要去的地方，在一些博物馆则很困难。所有的观众都想要这样的定位，如果他们进馆的时候不知道，会无一例外地用起初几分钟尝试着找到。[19]对于很多观众而言，首要的问题是："门票多少钱"、"洗手间在哪儿"、"我们从哪儿开始参观"以及"博物馆几点闭馆"。[20]

几乎所有博物馆都提供地图，但很多观众发现其作用不大。一张地图的作用可能因设计上的欠缺或因观众不能将博物馆的平面图转化成三维空间而受到限制。[21]再次跟随迪士尼的脚步，很多场馆重新设计了自己的地图，用透视法模仿第三维度。大多数人用地标导航比用笛卡尔直角坐标系导航更好，[22]因此，画有浮雕地标的地图与观众实际看到的更类似，能辅助定位。最后，无论有没有指引，观众都能进入博物馆探险。然而，如果他从开始就觉得不安全，无论是因担心迷路还是担心错过重要的东西而感觉不安，不安感都会削弱参观体验。[23]

大多数博物馆都有咨询台，通常由志愿者提供服务。如同保安一样，咨询台员工在观众进入博物馆时就提供了额外社交内容，像保安一样，他们通过服装、行为、种族/族裔、年龄、口音和整体态度表明了观众是否受欢迎。与售票员和保安一样，咨询台员工可能是观众仅能遇到的另一类博物馆员工。博物馆专业人员应该注意的是，咨询台员工是否体现了博物馆自身希望传达给它所有观众的态度、表现和知识。

洗手间

博物馆员工被问到最多的问题之一是："洗手间在哪儿？"[24]员工可能觉得很烦，但这个问题对观众不可谓不重要。如果博物馆只有一个洗手间，或者洗手间设在门口，是在让观众早点离开。使用洗手间是博物馆参观中最可预测的事件之一。

洗手间如何增强或减弱观众体验呢？它们容易找到吗？它们干净、可用吗？男洗手间和女洗手间都有儿童和婴儿设施吗？如果答案都是否定的，这向家庭观众传达了什么信息呢？在费城动物园的一项研究中，观众最关心的两个问题就是"容易找到的洗手间"和"干净的洗手间"。[25]气味能使记忆深刻而持久。[26]如果洗手间（或博物馆其他地方）的气味特别强烈或异常，它们可能成为观众带回家的记忆的一部分。观众下次闻到类似的气味，无论好与坏，都能回想起这次参观。

由于几乎所有观众都使用洗手间，博物馆可以借此机会展示博物馆的理念或主题。例如，西雅图太平洋科学中心的洗手间就包含了取材自流行展览"恶心的科学"（Grossology）的有趣事实的图画。[27]从一个孩子的视角出发，洗手间墙上的文字代表各种"恶心的"洗手间重要数据，从我们产生的尿量到我们排便的原因。在更高的成人水平上，美国国家历史博物馆介绍了厕所的历史，开始于入口处的展览非常有趣，引导约翰有一次误入了女洗手间！以不同的方法面对同一个挑战，洗手间改造是马萨诸塞州北汉普顿史密斯大学艺术博物馆扩建工程的一部分，博物馆不仅扩大了洗手间的规模，增加了功能，还邀请两位著名的当代艺术家每人设计一间博物馆里的大型公共洗手间。博物馆洗手间不仅更功能化了，还成为展示原创艺术作品的另一个场所；已经看到很多观众拍摄了洗手间的照片。[28]

礼品店和咖啡厅

几乎每座博物馆都有礼品店，很多博物馆还有餐饮服务。在全行业范围内，只要有这项服务的博物馆，两个观众中近乎就有一个在礼品店购物，每四个观众中有将近三个买一些茶点。[29]大多数博物馆专家对礼品店和咖啡厅的看法，往好里说是收入来源，往坏里说则是必要的弊端。大型博物馆通常有一名不属于博物馆专业方面的副总裁，监管博物馆的这些商业运作，包括泊车和设施租赁。经常地，咖啡厅和书店的直接管理转包给不属于场馆的公司，博物馆"商业"和"内容"两方面的经理之间几乎没有来回对话和商讨。换言之，为展品和活动担心的员工不参与礼品店或餐饮服务的决定，反之亦然。

关于博物馆体验，一般观众认为礼品店商品和餐饮的质量与艺术品或展览的设计同样重要，甚至更重要。[30]再者，很多观众没有明确区分花在看展品上的时间和花在礼品店里购物的时间。对多数观众而言，在各展厅逛一圈，进礼品店看看，去咖啡厅吃点东西，都是同一件事——博物馆体验的一部分。

如果博物馆真的忠于使命，礼品店和其他"附加"服务必须同样重要。鉴于观众不认为博物馆的这些方面是相互分开的，博物馆将它们作为与博物馆不相关的部分，这是非常奇怪的商业实践。[31]几乎没有博物馆专业人员掌握了这个事实，这是显而易见的。否则，更多博物馆研究项目就会包含这个方面，并且在实践中，更多的礼品店经理会被要求花时间与管理者和教育者进行对话，反之亦然。另一方面，美国财政部似乎理解博物馆展览与礼品店之间的关系——美国国税局要求，如果博物馆想要作为教育机构继续享受免税政策，它就只出售与其藏品有一定教育关系的商品。[32]

当然，大多数观众在博物馆的展品与所挑选的礼品之间建立了某种关联，购买那些适于用以提醒他们博物馆体验的物品。遗憾的是，不加选择地大批量生产设计出来的廉价物品，导致纪念品的价值非常低，最重要的是，生产纪念品的目的是出售而非交流，但"纪念品"一词是由法语词派生的，是出于纪念或回忆目的的，指那些用以引起回忆的东西或纪念的象征。因此，可能被某些人视为便宜仿制品的埃及遗迹的复制品或印有名画的明信片，也许就是使观众回忆起其博物馆参观的最佳物品。我们研究了观众对参观回忆的内容，发现很多人记得他们二十年前甚至更早时候购买的博物馆纪念品，而且很多人成年以后仍然保存着儿童时期购买的纪念品。[33]博物馆员工应该意识到，购买纪念品能够成为博物馆体验的一个重要部分，纪念品有助于观众在离开博物馆很久以后仍能回忆起展览或活动。

将商业与场馆教育功能分离开的危险在于，纯粹的出于经济考虑而非出于对经济和教育的同等重视通常主导着礼品店的商业决策，在此过程中，礼品店作为重要教育手段的潜在能力会大打折扣。任何一名优秀的商业经理都知道，商店必须包含各个价位的商品——由低至高。但如果低价格意味着出售劣质商品，高价格意味着出售与博物馆理念毫不相关的高贵珠宝，博物馆就会承担形象受损的风险。博物馆一致表达了希望将准确信息传达给观众并且营造美好回忆的意愿；这种关注除了需要涵盖观众在展厅里的体验，还要涵盖观众在礼品店里的体验，恰当地说，礼品店可能是博物馆拥有的最佳的教育工具之一。坚持高标准采购，即使是低价格的商品，也能增强场馆的教育目标。例如，环境的可持续性是大多数动物园、水族馆、自然历史博物馆和越来越多的其他类型博物馆所应遵循的根本原则；这个承诺不能只存在于展览的"讲述"中，也必须在礼品店和餐饮服务中体现。

更进一步说，适用于参观的身份相关动机定律，几乎毫无疑问地也适用于礼品店。导览者到达礼品店时仍然是导览者，他们仍然在寻找使他人愉快、舒适的方式；专业人士和"发烧友"在礼品店门口不会舍弃他们的爱好，他们继续寻找能满足他们特定兴趣和专业知识的物品。探索者、寻求"体验"者和"充电"者的情况亦是如此。这将是一个新奇的想法：建立一个商店，使每个带有身份相关特定参观动机的人都能在礼品店轻易地满足自己的需求。当然，一些商店已经凭直觉对此有所认识，将商品分成儿童选择和行家选择两方面，但所有商店都能够使这些选择更清楚、更易于找到。

不过，越来越多的博物馆正在朝着将礼品店打造成展览和项目外延的方向而努力。一些博物馆尝试在博物馆里分散开设小商店，每个商店都与周边的展览有直接关系。这些迷你商店不仅有可能发挥教育功能，还可能以提供休憩或放松心情的场所的方式来延长观众的参观，本质上起到精神充电站的作用。然而，这个整合商店和展品的想法可能会远离主旨，比如，博物馆在某特定展览的入口和出口处都开设商店，迫使观众为了走进或离开某展览不得不从令人眼花的商品、自我导览录音，以及商品推销员中间穿过。观众可能产生的印象是博物馆是为出售展览目录册、日历和便笺才布置这个展览的，而不是出于教育或美学的目的。底线是博物馆商店可以既有教育功能，又能盈利，但找到平衡并不容易。[34]

食物

虽然并非所有博物馆都有咖啡厅或餐厅，但过去的几十年内，在博物馆参观中增加一些餐饮服务的努力在稳步增强。截至 2006 年，22% 的美国博物馆和 56% 的艺术博物馆提供了餐饮服务。[35]正如梅根·麦克因泰尔（Megan McIntyre）在她的哈佛大学硕士学位论文《博物馆餐饮服务》中适当地指出的那样，"博物馆不在餐饮行业中，即使得到帮助，博物馆餐饮区仍面临很大的挑战。将博物馆更多的精神和使命融入馆内餐饮区的建造或重建中，博物馆打造的不仅是更好的餐饮体验，也是能帮助博物馆积极定义自身的一种体验"[36]。餐饮服务不仅是商业运作，也向公众传达信息。食物质量如何？价格贵吗？设施干净吗？吸引人吗？我吃的东西与博物馆其他体验有什么关联？在最后一个问题上，你同样可以想象博物馆可能并且应该提供与其展览直接相关的食物。如果博物馆举办了一个关于法国印象派画家的特展，它可以供应那个时期的法国食物；如果有 18 世纪生活景象的特展，为何不供应 18 世纪的餐饮呢？这个想法意在将餐厅作为博物馆的创收来源、公共服务，还有教育媒介。亚瑟·玛纳斯克（Arthur Manask）和米歇尔·谢克特（Michell Schecter）很好地总结了这个观点：

> 餐饮服务场所提供了绝佳的机会，使观众回想起受欢迎的展品，（通过海报、主题菜单、墙报等）强化该机构的宗旨或者允许进入一个著名的设施，例如一个雕塑

花园等，这种方式有助于用户记起他们选择来参观的原因，并能够感到哪怕他们在进餐或点心时仍然在回味场馆内的体验。[37]

对于所有类型博物馆来说，收入的重要性与日俱增，如何更有效地建设和维持既吸引观众、满足基本观众需求又同样有助于全面完成博物馆使命的博物馆配套服务，值得我们进行比过去更多的研究。然而，正如增加博物馆效用的其他步骤一样，打造真正优良的餐饮服务、礼品店、停车场及洗手间，需要深思熟虑、缜密计划、博物馆全体员工直接参与并长期协调。基于博物馆观众的人口特征发生了变化，曾经满足以三口之家小家庭为单位来参观的上层中产阶级白人观众需求的内容，也许不能同样满足大家庭中新一代成员观众（成员之间有些有关系，有些没关系，对于什么食物和便利设施符合其要求有着千差万别的想法）的需求，知道这一点也很重要。以不变应万变的日子正在迅速消逝，可以说这种日子已经消逝了。

观众的态度和情绪

博物馆观众展示出的一种普遍存在且不可改变的态度是相信博物馆具有保护社会珍宝的价值。人们认为博物馆是为公益目的而保存并展示有形珍宝和智力珍宝的场所。进入博物馆后，观众很大程度上由于期待那里有伟大而重要的物品而产生敬畏感。在一些博物馆里，敬畏感主要围绕着展品，在另一些博物馆里，主要集中于展示的观点，而在很多场馆里两种方式兼有。博物馆是人们能见到并了解他们日常生活以外的东西——稀世珍宝，具有重大历史意义的、文化或科学意义的物品，激发敬畏之情的物品——的场所。人类学家尼尔森·格拉伯恩（Nel-son Graburn）将这种敬畏感描述为"观众需要一种比家庭和工作所能提供的更高级的、神圣的、非比寻常的个性化体验"[38]。

对各类博物馆的观众进行观察，会发现大多数观众表现出了敬畏感。他们低声说话，安静地等待轮到他们观赏展品，尊重他人轮流观赏的权利。博物馆体验是一种情绪体验，也是智力体验；实际上，学习研究者越来越理解到，情绪和学习之间具有完整关联性。观众将博物馆和藏品描述为"鼓舞人心的"、"令人振奋的"、"宏伟壮丽的"及"非同寻常的"。[39]对大多数观众而言，敬畏感是下意识的。然而，一些观众善于表达他们的敬畏感。例如，一名经常参观博物馆的观众说："当你去艺术博物馆，你看到的是创造精神，如果去历史博物馆，就是对历史和成就的认知。"[40]正如近期很多调查者所证实的那样，"敬畏"和"崇敬"等这类感情，是一些观众首要的参观动机。[41]至于大多数观众，敬畏和崇敬不是首要参观动机，只是博物馆整体所带来的——存在于参观前，参观过程中得到加强，并且持续至参观后——情感。这些情感来自博物馆整体而非任何特定展览或展品，当然某个展览或展品相比其他展览和展品更强化了这些情感。大多数博物馆竭力保证观众不仅在参观中有所享受和学习，离去时也认识到博物馆所展示的观点和展品在智力与审美方面的重要意义。

研究者通常发现，哪怕是学识广博、经验丰富的观众，也很难分析他们参观的不同方面。在一座艺术博物馆进行的研究发现，观众非常难以判断传统展览与其附加的整点现场表演之间的关系。从观众采访文稿中可以清楚地读到，他们将展览和表演作为整体进行了体验。[42]当研究者试图分别评估两个部分时，很多观众看起来对问题感到很惊讶，而且做不到。促使我们当初开发"情境模式"的，是观众将其博物馆体验视为格式塔这个一致性证据。[43]虽然一些观众记得特定信息或内容，但当参观几天、几星期乃至几年后被问起时，发现大多数观众所表述的博物馆记忆是相互关联的、情境化的记忆和感情的混合体。[44]

　　情绪长期以来被视为博物馆参观体验的重要部分，但就如同很多情感维度一样，人们一直对它知之甚少。然而毫无疑问，观众体验，以及随后关于这些体验的记忆，都不仅是对他们所见和所做的冰冷叙述，还有对情感、态度和信仰的表达。这与关于认知和神经将近 30 年的研究所证实的"情绪对所有记忆的基本重要性"相一致。[45]最近，约翰假设情绪及其与观众进馆时身份相关动机的关系，是塑造观众体验及记忆的重要因素之一。[46]他还特别提出，不仅身份相关动机决定了观众参观博物馆的方式，进馆动机和情绪之间的相互作用也影响了关于体验选择性形成的记忆。例如，带孩子来的观众可能从"好家长"的角度看待博物馆，导览者视角不仅决定了他们对满意体验的内容的期望，还影响他们的参观记忆。如果某些时刻自己的孩子玩得很开心，似乎进行了学习，对导览者来说，这些时刻在情感上很突出；这些时刻是他们此后最有可能记住的博物馆体验。其他种类的身份相关动机也相似地发挥作用——探索者觉得探索体验在情感上突出，寻求"体验"者感觉是观看博物馆中最具标志性的展品时的惊讶之感，专业人士／"发烧友"则是找到一个急切的问题或困难的解决之道的瞬间，至于"充电"者，他们的要求是宁静或敬畏的需求得到满足。最近由凯蒂·吉莱斯皮（Katie Gillespie）和约翰进行的研究为这个假设提供了一些初步的证据。[47]

　　几乎每个来博物馆的观众都能回忆起这个经历，不仅限于离馆时，几星期或几年后也是如此。现在，大量调查已经清楚地显示，关于博物馆的记忆持久得令人惊讶。[48]因为其普遍性和持久性，观众记忆已经成为越来越重要的衡量博物馆影响力的工具。如何解读这些记忆？特别是，这些记忆是否能作为在博物馆学习的基本证据？这些问题将是下一章的主题。

小结

■ 博物馆的展品、活动和媒体以外的多方面因素，包括停车、洗手间、礼品店和餐饮服务，影响着观众的体验。与大多数博物馆专业人士不同的是，观众不认为这些方面是独立的；观众将博物馆视为有机的整体。据此，博物馆所有"非内容"的方面都与展品、活动和说明性材料及媒体一样，对博物馆体验很重要。

■ 保安、售票员和志愿者等一线人员的表现和态度强烈影响了观众对博物馆的看法，特别是对于那些初次来的观众。

■ 博物馆不应该低估其情绪特质——敬畏感和崇敬感是大多数人博物馆体验中的关键成分。无论有意与否，引发的情绪都能对学习和意义建构产生深刻影响。

给从业者的建议

■ 博物馆所有方面及其活动都需要通力合作，以保证博物馆体验的质量。这意味着工作在餐饮服务、安保、零售、展览、教育、市场营销、策展和管理等岗位的员工需要共同商讨，共同制定博物馆目标，许下确保高质量观众体验的共同承诺。迪士尼在顾客服务方面是一个优秀案例。迪士尼可能没有很好地理解其企业内容，但他们显然很理解观众的基本需求；我们建议你回顾马丁·斯克拉（Martin Sklar）的"米奇的十戒"（www. themedattraction. com/mickeys10commandments. htm）。

■　博物馆包括洗手间、停车场、餐饮服务和礼品店的所有方面都应为表达博物馆的教育信息而设计，不是一点，而是全部。在礼品店出售能延伸学习并在家使用的优质资料（书籍、游戏、拼图），提供与展览或活动主题契合的食物，将停车场作为体验的起点，这些都是支持观众长期学习的方式。

■　如果博物馆承诺以观众为中心，那么，一线员工如保安、咨询台人员和检票员应该被视为博物馆的关键员工。通常，这些人得到的报酬和培训最少。博物馆如果想要给观众最高质量的参观体验，就需要给这些员工更多的关注、更好的培训和更多服务于观众的权限。

■　基于情绪的重要性，博物馆应该努力想方设法，既能使观众的敬畏感和崇敬感体验最大化，又能保证这些情绪不是可有可无的，而是直接有助于体现博物馆希望传达的信息和目标的。各种类别的博物馆，包括加州科学中心及其封闭式的四层热带雨林展览、斯科尔堡文化中心的诺亚方舟展览、美国大屠杀纪念馆的"纪念孩子们：丹尼尔的故事"等，展示了加州科学中心和斯科尔堡案例中的正面情绪及大屠杀纪念馆案例中的负面情绪，如何成为所传达信息的重要部分，并支持各种抽象和多元化的观点，如生物多样性、文化连接和反犹主义的影响？

参观结束后

第三部分

第九章
博物馆体验的记忆

问：您去过史密森博物馆吗？

答：我去过，那大概是 40 年前的事了。我是与家人一起去的，还有我的父亲、母亲和哥哥。我当时大约 8 岁或 10 岁的样子。去那家博物馆是我们家庭度假的内容之一。

问：哇，那真是太久以前的事了。您对那次参观还有什么记忆吗？

答：我还记得那家博物馆。那是一座巨大的建筑，里面有很多走廊和房间。我们当天还参观了华盛顿纪念碑和杰斐逊纪念堂，最后去的史密森博物馆。

我记得当时感觉有点无聊。我们花了几个小时看艺术品和蝴蝶，还有诸如此类的东西，一直待到下午很晚。我母亲特别想让我们去，但我不想去。我母亲对服装尤其感兴趣，诸如第一夫人的服装和某个时期的礼服等。我父亲只是耐心地观看着。我哥哥也像我一样感觉无聊。

问：其他还能记起什么吗？

答：是的，我记得最清楚的就是看到悬挂在天花板上的飞机——"圣路易斯精神号"。我在学校时就听说过这架飞机，也惊叹于那段历史。我当时真是被它的设计惊住了，它竟然没有前挡风玻璃窗。我之前从来不知道林德伯格当时飞行的时候是看不到前面的，他是在盲飞。另外，金属的裙边造型也给我留下了深刻的印象。那真是一架奇特的飞机。我清楚地记得我是怎样折服于那架飞机的。

沃尔特是一位 50 岁左右的白人男子。[1]

约翰于 1987 年在飞机上进行了这次访谈。沃尔特对他来说完全是个陌生人，只是当时恰巧坐在他身旁。当时，我们刚刚开始一项研究，旨在探索人们对博物馆参观的长期记忆是不是理解博物馆体验的有效途径。因此，在经过最初的诸如"您到哪里去？""您是做什么工作的？"这类寒暄后，约翰抓住机会问了那个看似漫不经心的问题："您去过史密森博物馆吗？"当时，关于博物馆的记忆会是什么样的、博物馆体验的哪些方面会被记住，以及哪些记忆更重要或更不重要等问题，我们并没有先入为主之见。我们只是单纯想要了解一个人是否会记住这样一次参观，如果记住了，那么这些记忆会以什么形式存在。幸运的是，沃尔特很乐意交谈，从而展开了一场富有成效的博物馆调查。

虽然沃尔特记得的主要是，在这次全家的华盛顿特区之旅中，他们因为花费数个小时观看艺术、蝴蝶和其他各种展品而感到无聊，不过当谈起看到"圣路易斯精神号"时，他变得兴奋起来。查尔斯·林德伯格独自飞越大西洋这一历史事件，想必几乎每个 20 世纪 30 年代及 40 年代初成长起来的美国孩子都了解。约翰知道沃尔特在去博物馆之前已了解了一些有关这架飞机的知识，因为访谈中他提到"我在学校时就听说过这架飞机"。这位先生能够记住 40 年前的体验的确让人吃惊；他记忆的清晰和详细程度也超乎寻常。虽然沃尔特在学校时就知道林德伯格孤身驾驶"圣路易斯精神号"飞越大西洋，但是，直到他看到实物时才恍然大悟——林德伯格当时根本无法直接看到前方，因为飞机前部安装了一个额外的油箱，他实际上是在盲飞。亲眼看到那架飞机让沃尔特有机会对事先已有了解的事物进行重新思考，让他以一种崭新的方式全面了解这一事件及其在历史上的地位。我们认为，参观了这座博物馆之后，沃尔特对历史上这一重要的时刻有了更深入的理解，也许甚至都没有通过阅读任何说明牌（虽然我们并不清楚是否如此）。那么，沃尔特的这种体验有多普遍呢？

博物馆记忆

之后我们自己以及其他研究人员做了成千上万次类似访谈，这些访谈表明，几乎每个人都能至少记住他们博物馆体验中的某些部分。当然，他们可能记不起每一个细节，但令人惊讶的是，他们还是记住了很多东西。[2]约翰飞机邻座的那位先生看起来非凡的记忆本领最后被证明完全不是那么回事。近几十年来，专家们进行了几十次博物馆记忆方面的研究，最后得出的结论具有高度一致性：绝大多数情况下，博物馆体验会带给人们持久的记忆。

我们所知的最早关于博物馆记忆的研究是由心理学家罗宾·菲伍什（Robyn Fivush）、朱迪斯·哈德森（Judith Hudson）和凯瑟琳·尼尔森（Katherine Nelson）于 1984 年进行的。[3]他们研究了幼儿园的孩子们去一家考古博物馆进行校外实地考察的记忆情况，看看他们是否能回忆起这次活动，是否能将其与同一年内进行的其他外出活动区别开来。作为儿童成长方面的研究人员，他们将重点放在了回忆的语言细节方面；然而，于我们而言，最感兴趣的是，对这些年幼的孩子来说，他们对于这次外出活动的记忆是如此惊人地持久。一年多过去了，他们还能按照参观的顺序识别并挑选出活动当天拍摄的 6 张照片。菲伍什、哈德森和尼尔森评价说："虽然孩子们对于这次新奇事件的回忆缺失了一些细节，但他们的叙述有着特定的结构，内容也惊人地准确。"[4]

在另一次针对校外实地考察记忆的研究中，我们分三个年龄段进行访谈：面向 8 岁的孩子，就一两年前的校外实地考察进行访谈；面向 13 岁的孩子，就六七年前的校外实地考察进行访谈；面向青年人，就 12~20 年前的校外实地考察进行访谈。参与访谈的 98% 的人能回忆起这些外出活动，并能够描述出体验的细节。最令人惊讶的是，三组受访人的记忆在强度或深度上没有显著性差异。[5]换句话说，一旦播下记忆的种子，博物馆参观体验的记忆就会深深扎根，并在相当长的时间内存在。

最近在回顾博物馆体验长期影响方面的研究文献时，博物馆研究人员戴维·安德森（David Anderson）、马丁·斯托克斯迪克（Martin Storksdieck）和迈克尔·斯波克（Michael Spock）都强调，博物馆体验长期记忆的证据俯拾即是。重要的是，他们还指出：像其他所有记忆一样，这些（博物馆体验）记忆也并不是对事件的简单录像；并非所有体验都能同等地被记起，观众在回忆事物时常常是相当有选择性的。[6]沃尔特能回忆起他参观中记住的很多东西，但并不能记住曾见过、做过的所有事情。另外有可能的是，即便他记住的事情也会随着时间的推移而变化：一方面，记住的事情会因另外的体验而得以增强和巩固，从而加深在脑海里的印象；无疑有些方面还会被润饰和失真，之前实际并不存在的点滴信息会添加进来；还有些东西则会完全淡出脑海。

在一项关于博物馆影响的系统研究中，上述事实被心理学家玛利亚·梅德维德（Maria Medved）和菲利普·欧特利（Phillip Oatley）记录了下来。这次研究是在安大略科学中心"科学拱廊"展厅开展的，该展厅的互动展览主要是电力、气压和声波等物理概念方面的。[7]观众在离开展厅时接受一次访谈，一个月之后再次接受电话访谈。总体而言，观众在参观结束后接受的即时访谈和时隔一个月之后接受的访谈中对展览相关概念的理解，在数量和种类上并没有显著性差异。调查的结果被提交给一个由独立评估人组成的专家小组，其中的专家对于某个阐述是当时采集的还是后期采集的则完全不知情。专家小组被要求对概念理解的变化情况进行分类表述，如"概念理解减弱"、"没有变化"或"概念理解增强"。这次分析的结果显示，超过三分之一的回答在一个月的时间里发生了概念理解减弱，三分之一的回答在一个月的时间内显示出理解的增强，而剩余不足三分之一的部分则保持不变。这也就是说，概念理解随着时间的推移发生增强和减弱的倾向性基本持平。

为了更好地理解这些变化的一般性质，我们与澳大利亚同行进行合作，研究了两家不同的科技类博物馆中观众记忆发生变化的情况，采集了他们刚刚参观完和4~8个月之后的回忆记录。就像梅德维德和欧特利所进行的研究那样，我们对博物馆记忆的稳定性很感兴趣，同时也对四种不同的记忆类别——知识和技能、社交互动、对体验中大概念的观点和认知、动机和兴趣的变化——在4~8个月后是否发生了改变感兴趣，还有，如果确实发生了改变，那么是如何改变的。我们的研究结果表明，大约四分之一的参观者总体的记忆类型保持不变，但对绝大多数参观者而言，记忆的类型在4~8个月的时间内发生了变化。具体说来，参观者离开博物馆时所描述的看到或体验过的最引人注意的事物与 4~8 个月后他们认为最引人注意的部分有显著差异。随着时间的推移，具体的知识和技能记忆会逐渐消逝，取而代之的是关于体验的更加概念化和全景式的记忆。[8]这并不奇怪，特别是不断开展的研究表明，所有的记忆都需要一定的时间去巩固，然后才能形成长久记忆——某些情况下需要数天甚至数月的时间才能使记忆"永驻"。[9]

在所有这些研究中，最引人注目的一点是，我们一生中参与的各式各样的活动中，参观博物馆似乎很特别。参观博物馆这件事似乎总会成为难忘的记忆。这一点很重要，因为我们大多数人难以记住我们生活中很多事情的细节，包括我们昨天刚刚做过的事，更不要说 40 多年前发生的事情了。心理学先驱威廉·詹姆斯（William James）在 100 多年前对此有着无比精辟的言论：

> 思想的涓涓细流汩汩涌动，但是这些思想的片段最终大多落入遗忘的无底深渊。对其中一些片段，记忆转瞬即逝；对其他一些片段，记忆则仅仅停留片刻、数小时或数天；而对另外一些片段，却会留下不可磨灭的印记，并因此而铭记终生。我们是否能解释这些差异呢？[10]

然而，长期博物馆记忆似乎并不局限于展览和展品。比如，对于曾经参与过博物馆教育活动的一些年轻人的调查显示，他们关于教育活动的记忆也同样相当持久。[11]在教育活动结束长达 20 年之后，年轻的女孩们仍然能够生动地描述出当时参与的某些活动，并能够说出这些活动与那个时期在校内和校外参与的其他科学体验活动之间的联系。需要特别指出的是，我们的同行戴尔·麦克里迪（Dale McCreedy）和林恩由于对她们参与的活动的性质甚是了解，所以能够直接确认这些记忆是对当时实际发生情况的一个准确回忆。另外，有趣的是，当这些女孩被问及是否从活动中保留了一些物品作为纪念时，有些人确实这样做了，收藏的纪念品包括徽章、奖章、照片、剪贴簿等。

除了记得当时做过什么，这些女孩还能够记起她们参与过的这些活动的实体情境。比如，很多活动邀请这些城市女孩参与一些户外体验，如徒步旅行或在外过夜。尝试去克服未知的恐惧和学着去欣赏自然环境之美，成为这些女孩中多数人共同的记忆。参与研究的受访者还会记得其他参与活动的同伴（有些仍然保持联系）、负责活动协调的领队，以及活动过程中结识的科学导师。

对于博物馆展览和活动方面的体验的记忆是如此持久，这一点固然重要，但为什么这些体验如此令人难忘？要对这个问题进行透彻的分析可能需要写一本书，不过，就这一现象的原因做一个粗略的概述还是有可能的。

为什么博物馆体验令人难忘？

历史上普遍认为，使一个记忆被吸收乃至持久化的主要原因就是周而复始；想法可以在不断的对话或思考中得到强化。而这个是旧的行为主义学习模式（刺激—反应—强化）遗留下来的，如今，认知和神经科学家逐渐认识到记忆并非如此简单，亦难以预测。[12]包括"重温"在内的一系列可能因素促成了博物馆记忆的"持久性"。

研究人员戴维·安德森（David Anderson）和清水博之

（Hiroyuki Shimizu）开展了一项针对 1970 年日本世界博览会举办 30 多年后参观者记忆的回顾性研究。[13]研究人员将收集的所有记忆片段按照生动逼真程度进行评定，发现这种生动程度与三个因素有关，分别是：（1）计划履行；（2）情感；（3）重复。在另外一次研究中，安德森和清水提出：那些具有较强情感参与的记忆，或是履行计划方面的记忆会影响这些记忆在之后的生活中被重新反思或在谈话中被重提的可能性，从而进一步增强这些记忆的生动性。[14]

约翰也认真思考了影响参观者博物馆记忆持久性的因素，并提出了影响其持久性的四个关键因素：（1）选择和控制；（2）情境和适度挑战性；（3）情感；（4）参观者身份相关动机或期待。[15]他还特别指出，身份相关动机影响着观众参观博物馆的方式，进而影响他们日后形成的有关体验的选择性记忆。为验证上述说法，约翰与凯蒂·吉莱斯皮（Katie Gillespie）最近进行了一项研究，分析了一个丰富的观众记忆数据集，希望能找出究竟是哪些因素最能决定观众对其所作所为的记忆。[16]就此次研究中的 22 位受访者而言，记忆的形成似乎只取决于少数几个主要因素。这几个因素最终成为安德森 & 清水版和约翰版记忆的结合体。这四个关键因素分别是：

（1）新颖性；

（2）身份相关动机或期待；

（3）情感因素；

（4）重复。

参与该研究的参观者发现那些新奇的事物更让人难忘。其他令人记忆持久的活动还有那些符合他们参观原因即身份相关动机或期待的活动、展品和/或社交互动。那些参观者特别感兴趣的或者情感上获得满足的活动、展品和/或社交互动也容易被记住。重温也很重要，但此处的"重温"，其意思总体上并非等同于安德森和清水所描述的"重温"，而是指参观者在参观结束后与同伴一起讨论参观体验，以及之后与那些未一同参观的朋友、亲戚、同事等分享参观时的所见所为这种倾向，在这两种情况下，参观体验都会被再次提及。在本书的前面部分我们已经谈到上述四个因素对于博物馆参观体验的重要性。有趣的是，也更让我们坚定信心的是，这四个因素对于维持长久的博物馆记忆似乎也同样功不可没、不可或缺。

虽然我们不能肯定地说，这四个变量就是所有博物馆观众记忆持久的主要原因，但我们可以肯定地假设，博物馆在满足这四个要求方面有着独特的优势。在博物馆这种环境中，观众会经常遇到新奇的展品、活动、图像和/或概念，所有这些又可以通过辅助性的解说手段如说明牌、多媒体，以及在理想状态下由知识丰富的工作人员来重点阐释。除却新奇性，就像本书通篇不厌其烦地所讲的那样，观众前来参观时都抱有因社会文化而形成的身份相关动机或期待，而在满足这一点上，博物馆一般也都表现出色。博物馆也同样能提供情感上带来满足感的体验，而大量研究表明，这样的体验有助于记忆的形成。[17]最后，参观博物馆或参与任何一项活动，足以构成一个不同寻常的体验，从而让人们在事后愿意去谈论它，而这在增强参观效果的同时，也有助于对该体验的长久记忆。

这四个因素（也许还有别的）决定了观众认为哪些事物是最引人注意、最突出的。之后，这些突出体验共同积极地组合成了长期记忆。我们使用"组合""积极地"这样的字眼是审慎的，因为神经科学方面的研究证实：记忆具有基本的建构特性。照字面意思理解，即记忆是建构的、组合起来的，并随着时间的推移不断被重构和重新组合。[18]结果就是，无数同类体验组合成一个复合记忆。记忆是个人对于事件的"建构"（有时很准确，有时则不那么准确），而不是完全"复制"。[19]所以，我们对"意义"和"记忆"的建构是一个非常灵活的过程。概念、图像甚至事件都能被组合成全新和独特的构造。虽然有时候记忆的暂时性会是一个不利因素（比如当我们在聚会中努力想要想起一个熟人的名字时），不过这也可能会带来益处。记忆的这种建构特性使人类得以进行发明、推理和创造，而这些也正是博物馆参观者在形成博物馆记忆时所做的事。

然而，虽然每个记忆在某种程度上都是独特的和个性化的，人们所建构的对博物馆体验的记忆却有一个最不可思议的地方，即这些记忆作为一个整体，有着惊人的结构上的共性。这就好比对博物馆记忆进行一次神奇的有类于建筑物布局的重新调整，当我们穿梭于这些重新分隔出来的房子，逐个记忆地看过去时，我们发现，虽然每幢房子外表看上去都不同（比如涂有不同的颜色、有不同的外部装饰），但是所有的房子非常相似。细看的话会发现，所有房子都是用非常相似的基本材料建成的。更为惊人的是，所有的房子都源于少数几种基本设计。

博物馆记忆的建构模块

我们认为所有博物馆记忆的组成部分其实都可以通过贯穿本书的情境化模式（即博物馆体验中的个人情境、社会文化情境和实体情境）加以理解。这些组成部分在对 6 位观众的访谈记录中得到了很好的阐释。因为记录的篇幅过长，我们已把完整的访谈记录放在附录中了，不过在必要情况下我们也会在此引用其中的例子。这6个访谈的独特之处在于它们代表了受访者对同一件事的各自个性化的回忆。访谈以一个由几代人组成的大家庭在同一天到同一家博物馆参观为背景展开，参观的是伦敦自然历史博物馆，其中5个人在参观一年后接受了访谈，第6个人在两年后接受了访谈。家庭成员包括两个孩子（分别为7岁和8岁），他们的妈妈、姨妈、外祖母、曾外祖母。严格说来，所有的家庭成员有着相同的经历——到一家自然历史博物馆进行了大约90分钟的参观，但是每个人对这同一件事有着不同的回忆。抛开这些不同，我们看到所有的记忆都是围绕着每个人的个人情境——每个人先前的知识、经历、兴趣以及参观动机——展开的。社会文化情境也有很好的体现，其他人特别是一同参观的社会群体穿插出现在整个回忆中。有关社会群体这一现象在所有6个人的记忆中都存在，不过有的人多点有的人少点罢了。同时存在的，也更微妙的，还有文化对这6个人的些许影响。6个人都把回忆建立在对实体情境记忆的基础上，比如他们看到的特定建筑、展览或展品。最后，时间也构成了记忆的一个重要组成部分。

个人情境

每个人在描述自己的博物馆记忆时实际上都透露了他/她的个人情境。比如，当天参观自然历史博物馆的每个家庭成员都向我们讲述了有助于增强其参观体验的特别感兴趣的事物——对某人可能是恐龙，对另一个人也许就是所有动物，而对其他人则是购买礼物和纪念品。另外，从访谈中还可以看出每位观众对参观所抱持的特定期待和身份相关动机。对于两

个孩子来说，就是能看到好玩的东西，而对于成人来说更多的
是关注参观中社交方面的内容。特别重要的一点是，这些记忆
本身也会成为个人情境的一部分：博物馆参观记忆整体来说
是如此突出，以致常被用作对于包括该体验在内的一系列事
件（比如一次到伦敦游玩、一次家庭出游、每年一次的校外
实地考察活动）的个人标记。心理学家乌里奇·奈瑟尔（Ul-
rich Neisser）专门研究过这类高度个性化和情境化的记忆，这
类记忆不仅能在这 6 个人的记忆中看到，实际上在几乎我们收
集的所有回忆访谈中都可以看到。奈瑟尔把它们称作"永恒
的基准……在这里我们可以让自己的生活与历史进程本身联
系起来，并且声称'我曾亲历其中'"[20]。

社会文化情境

人际关系在上述几位家庭成员的记忆中占据了主要位置。
特别是对于外祖母和妈妈来说，参观主要被她们当成了用来
增强家庭凝聚力的手段，妈妈和外祖母看起来都扮演了导览
者的角色。她们首要的参观动机是社交性质的，观看和了解展
览中的新事物对她们来说只是次要的。在这两位的回忆描述
中，主要都是关注团组中其他成员过得好不好、玩得开不开
心。比如，社会管理方面（如制订计划、午饭、身体舒适感
等）的内容频繁出现。曾外祖母的回忆内容主要也是社交方
面的，不过她更多是把这个场馆当成其满足未能一同参观的
其他人的需求的手段，她主要谈到的是她为当时留在家里的
其他外孙、外孙女们买的礼物。一个有趣的现象是，我们之前
其他研究中访谈的大量人物中，除了极少数例外，都至少能回
忆起一同参观的某个人。最极端的一个例子是这个自然历史

博物馆参观团中的妈妈，她居然能回忆起团组中的每个成员的一些情况：

> 我们进了博物馆。比尔要去见某个人，我们分头走了。
>
> 马特和我走过几个动物展厅——大型史前动物。他很兴奋，后来他带着安妮和吉尔从里面走过。我那时和姥姥（曾外祖母）待在一起。
>
> 马特对我们参观的顺序非常适应。鲍勃和我陪姥姥（曾外祖母）坐在一起，他觉得无聊。
>
> 鲍勃问梁龙有多长。我们用"鲍勃的脚"来测量它——我们在这里花了很多时间。马特也这样做了。
>
> 妈妈（安妮）去了洗手间。她兴奋地回来，因为卫生纸就像他们在二战后使用的那种——"玻璃纸"卫生纸。
>
> 然后比尔回来了。马特想带比尔去看史前动物（哺乳动物）展览。
>
> 然后我们去了礼品店。比尔不是去看伞架下的那个人是不是还在那里吗？他过去了，但那个人不记得他了。

基于我们收集的大量受访者的背景信息，我们发现文化因素也明显地体现在这些访谈中。其中年长的两位女士，即外祖母和曾外祖母虽然现在都居住在美国，但她们都出身和成长于伦敦的工人阶级家庭。尽管在伦敦长大，但这两位之前也只去过一次伦敦自然历史博物馆，而且是学校组织的实践活动。两人对该博物馆都不是很熟悉，都觉得该馆是一个值得参观的地方，不过，即使她们后来仍然住在伦敦，想必也不会很快再回去参观的。就像我们可以从这些访谈中推论出的，以及其他访谈已经论证了的，像社会阶层这样的文化问题不仅影响着人们对博物馆的体验，同时也影响着对博物馆的记忆。[21]

实体情境

　　所有受访者都能够将自己对自然历史博物馆的这次参观放在空间和时间的双重情境中去进行回忆："我们在地铁站与比尔、简、鲍勃和马特碰面。然后我们走进博物馆，我们都在那里"，"那是一座巨大的建筑，里面有恐龙化石，还有那些黑色的大石头，就像月亮上的岩石一样，我想爬上去"。这些都是一些很典型的陈述。每个人都把自己的记忆建立在一个实体环境中，比如伦敦、自然历史博物馆、附近的环境等。虽然对其中几位成年人来说社交方面的内容是重中之重，但是实体情境在其他人特别是两个孩子的回忆中占据了主要位置。

　　几乎没有例外，就像在这 6 个人身上体现出来的那样，在没有任何外部提示的情况下，每个人都回忆起实体环境中的某些部分。大多数人描述了自己对博物馆的感觉和整体印象——"我记得当时真的被这座建筑所震撼。这座建筑非常宏伟、美丽……那里有彩色的玻璃窗，……我记得那个台阶，大的美丽的台阶。我还记得站在台阶上面，向姥姥（曾外祖母）挥手，试图引起她的注意。在楼下的房间中央有一个恐龙。我以前从来没有见过这样的建筑……我记得光线透过窗户照到下面，这个景象非常美丽"。实体尺寸和空间布局的复杂性似乎显得很突出，尤其对两个孩子来说。成年人对功能性结构表现出一定认知，比如到楼上去，哪些展品在左边，哪些在右边。这种实体情境功能性方面的运用能力似乎有助于回忆起体验中的其他方面。[22]不仅几位家庭成员对博物馆令人惊叹的建筑做了评论，对其中一位来说，建筑还唤起了其对之前一次参观的强烈记忆。外祖母描述了这次参观让她"在有栏杆的开阔地带重新体验了一番，我对栏杆感到恐惧。在楼上时，我会恐高"。

正如我们可预期的那样，人们对看到或做过的某些事的回忆有着很大的差异。几乎所有的受访者至少能回忆起展览的某些部分。在6个家庭成员中，跟孩子相比，成年人似乎更难以回忆起展览的精确细节。这也正好符合之前的观点：参观者进馆时的动机不仅决定其体验，还决定其记忆——"探索者"们大多会记得他们看到了什么、做了什么，而"导览者"们则通常会记住和谁一起参观以及她们所服务的那些"重要的其他人"都做了什么、看了什么。相较于父母和祖父母们的记忆都是关于孩子们看了什么做了什么，孩子们作为"探索者"能够基本详细地描述出很多展品，并且，对于特别引起他们兴趣的一两件展品则表述得更加清晰。

就像我们现在可以预测的这样，孩子们的记忆似乎受到他们先前的兴趣和知识的强烈影响，比如，这个阶段两个孩子都对恐龙和史前动物非常着迷。团队中最小的孩子回忆道：

> 博物馆里有鸟，仿造的鸟，很多都是标本。我没法特意记住。有哺乳动物，也是标本，有大的，也有小的。我觉得是狼。还有鱼，蜡制鱼。我看到仿造的鲸鱼，蓝鲸，我认为是座头鲸……我看到了一个剑齿虎标本和剑齿虎的骨头，乳齿象、猛犸象和披毛犀。

孩子们的记忆非常具体，这也符合他们这个年龄段儿童的特征（当时分别是7岁和8岁）。事实上，几乎所有童年时期参观的记忆都是具体的，比如林德伯格的飞机的大小、形状和独特的外部特征，或者长毛猛犸象的毛发。然而，就像在本书前面谈到的，成人的记忆也会倾向于具体化，比如他们25岁的姨妈说道："男孩们在恐龙的周围跑来跑去。我想我们在看恐龙。我还记得沿着走廊往前走，那是礼品店附近的走廊，里面有装满鸟儿的大玻璃柜。"

除了对于建筑和展品的回忆，还出现了对吃饭、去洗手间和购买礼品纪念品的回忆。礼品商店和购买礼品在其中几位家庭成员的回忆中显得尤为突出，比如，曾外祖母说："我为安德鲁、马克，可能还有苏（孙女）买了几个小礼物。我给安德鲁买了一个书签。我不记得我给马克或卡罗尔（马克的妻子）买了什么。我给苏买了一本关于博物馆的书。"此外，有一个孩子还详细描述了他在礼品商店的战利品："我们给林恩（没去伦敦的妹妹）买了一个三角龙——它在二楼，我在那也买了我的依拉丝莫龙。马特买了那个黄色的家伙，一只禽龙。我们也买了明信片。我不记得祖母在礼品店买了什么礼物，但她买了东西。"食物在这些回忆中也很重要，不过午饭对于成人比对于孩子来说要重要多了。最后的结论就是，对于这些以及其他所有博物馆参观者来说，博物馆体验绝不仅仅局限于展览。

时间

人们通常总是在时间这个情境中来回忆和形成自己的博物馆记忆，如类似"在周末"或"在初秋"这样的表述。在此处展示的这一组回忆中，几乎所有人都能够大概记得他们在该博物馆停留了多长时间，尽管这次参观已经是一年多以前的事了。研究表明：能回忆起一个学习情境中的时间情境是成功记住体验细节的关键要素。[23]时间和地点在记忆中也是紧密联系的。记忆专家恩德尔·图文（Endel Tulving）将这种对事件的记忆归类为"情境记忆"。[24]

最后，需要重点指出的是，这6位观众的回忆都是分别单独采集的，每个人都接受了一对一的访谈。我们有理由假定：如果同一个访谈是在所有人都在场的情况下进行，那么收集到的回忆一定会更丰富（因为每个人的回忆都有助于引发其他人产生更多的回忆）。就像俄罗斯社会文化心理学家列夫·维果茨基（Lev Vygotsky）指出的那样，记忆既是内在的也是外在的，记忆既存在于个人当中也存在于团体当中。[25]

博物馆记忆的设计

就像之前描述过的，个人、社会文化和实体情境构成了博物馆记忆的组成模块，记忆的细节部分则很大程度上由新奇性及对有意义的体验的重温等因素来决定。然而，同样有影响的还有一些不那么具有特异性的因素。特别是，多数人的博物馆记忆的大致轮廓是由他们进馆时的计划/身份相关动机决定的。为了了解一个人博物馆体验的长期记忆是如何被进馆时的身份相关动机这样的因素所决定的，我们需要先从一个显而易见的事实开始，那就是：记忆总是有选择性的。参观中所经历的事情只有相对很小的一个部分被记住，而很多（即便不是大部分的）事情没有被记住。这个是显而易见的，不过，现在的问题是我们是否可以预测哪些事情是观众会选择性记住的，还有，为什么记住的是这些事情而不是其他。而要了解什么事会被（观众）记住，关键就在于明了每位观众在进馆时都自带一种高度个性化的"体验过滤器"，这种

"过滤器"就像透镜一样，而记忆就是经过这些透镜被建构和提取的。

从最简单的层面来说，观众只能记住其体验过的事物，并且他们也确实记住了。因此可以说，个人最终得到的一满盘的记忆一定来自博物馆提供的供观众选择的"体验自助餐"。然而，就像刚刚指出的，观众在某个时间看到、听到、尝到、闻到、触到和想到的事物里面，只有很小的一个部分会被转化成记忆。这也是合乎情理的，因为每位观众在参观时都会不断受到各种"刺激"的狂轰滥炸，面对的刺激如此之多，没有人能做到全部接受。所有的观众都会用"过滤器"去筛选自己专注的事物，同时还要从这些专注的事物中筛选出哪些是值得记忆的。

最近几年，研究人员开始将我们所专注和记住的事物与"有意义"这个概念并列。从定义上来说，我们专注于我们认为有意义的事物而忽略那些我们认为没有意义的事物。但是，"意义"又是什么？按照人类学家克里福·吉尔茨（Clifford Geertz）的说法，意义就是我们大脑理解这个世界的方式，是把客观存在转变为概念形式的过程。[26]"意义"为我们提供了一个"框架"，用来评估什么是重要的，并为我们理解事物和采取行动提供依据。人类非常善于进行意义建构，可以说这是使我们区别于其他生命形式的能力之一。随着文化演进速度不断加快，每个人要从前所未有的大量信息中筛选区分出哪些是有意义的、哪些是无意义的，所面临的压力也在不断增加。可以说，现代人都是意义建构方面的专家。

来博物馆参观的每位观众都带着他自己先前的经验、兴趣、价值观和知识，他会主动地（虽然并不一定是有意识地）去判定博物馆的哪些方面是值得其关注的。显而易见的是，博物馆参观者倾向于关注博物馆里那些对他们来说最有意义的方面。就像我们在前面章节中所指出的，博物馆的"现实"——比如展览和说明牌的内容和设计——是重要的，但是也只代表了博物馆提供的"自助餐"中的一个品种。就像本章中列举的几个访谈所显示的那样，在某一天，一组观众在同一时间去参观同一个地方，往往边走边聊，分享着参观体验，但是，在离开的时候，每个观众其实都看到了不同的事物，脑子里想的也是完全不同的东西。对于每一位观众来说，所谓"现实"只是他实际注意到的那些东西，而不是博物馆内客观存在的东西。博物馆参观者的体验始终是个人所建构的现实，它并不依附于任何固定的实体、空间或事件上。不仅多个参观者站在同一个展品前会获得不同的体验，即便是同一个参观者，如果在不同的两天前来参观，那也几乎一定会产生两种不同的参观体验，这是因为时过境迁，物是人非，在这两天里他实际上已经不是同一个人了。

　　意义以及相关的记忆从来就不是全新的创造，参观者的"意义"总是在基本的个人需求、先前经验和兴趣的基础之上建构起来的。过去几十年针对几千名观众的访谈表明，在几乎所有的情况中，一个人进馆时的计划——由先前的经验和兴趣形成的对于参观的个人化需求和期待——在其回忆中都有突出的体现。这些进馆时自带的"框架"有助于塑造一个人记忆的大致轮廓及细节部分。在博物馆这个情境中，这些目标似乎总是集中在一组有限的计划上，而这些计划由观众的身份相关动机所决定。就像在本书中早些时候谈到的，这些身份相关动机仅以有限的几种形式出现——在大多数博物馆里有探索者、导览者、寻求"体验"者、专业人士/"发烧友"以及"充电"者的形式，而在其他一些场馆机构中，还有可能有虔诚的朝圣者和寻求"关联"者的形式。

　　每位观众的记忆都倾向于遵循由这些动机所决定的模式。像自然历史博物馆案例中的那位妈妈那样，导览者形式的观众，其记忆总是围绕着其他人看到了什么、做了什么，或者是她怎样辅助了其他人的体验而展开。探索者形式的观众，其记忆就像案例中那些孩子的记忆那样，是非常个性化的，常围绕着那些他认为特别"酷"的事物转，而像案例中的曾外祖母这样的寻求"体验"者形式的观众，会把这次博物馆之旅当成她当天看过和玩过的比较有趣和难忘的体验之一（希望如此）。进馆时有其他类型身份相关动机的观众，在其身上也可以陆续看到这些模式，且每个人都有着鲜明的个人特点。[27]进馆时有着相似身份相关动机的观众的记忆也可能是各不相同的，这是因为每个人都是在自身独特的先前经验和过往经历的基础上建构自己的记忆的。一些人可能更强调他们体验到的新鲜的事物和观点，而另一些人则更注重自己做了什么以及自己的感受。然而，那些有着相同身份相关动机的个体，他们回忆的主题和重点从质上来讲是非常相似的。那么，这些记忆和学习之间又是什么关系呢？

作为学习的博物馆记忆

　　博物馆参观者并不会将关于所看到的展品和讲解材料、观看的剧场节目、购买的礼品或食品等的记忆用学术人士的方式进行分门别类。他们并不将自己的记忆塑造成习得的概念或经过反思而形成的新观点，而是将博物馆体验归入个人意义的心理范畴，而这些心理范畴则由他们参观前后生活中发生的事件所决定。[28]我们认为这些被记住的体验就是学习的证据。

记忆和学习从功能性上来讲就是一枚硬币的两面。[29]记忆和学习从本质上讲总是反映出"过程－结果"的双重性，记忆和学习既表现为与世界互动的行为（过程），也体现在将这些信息固化为记忆和知识（结果）上。[30]学习/记忆的建构以及学习的证据可以用多种方式来定义，不过我们采用的是自由选择学习研究者尚·罗威（Shawn Rowe）的观点："这是对博物馆'声音'的'消化'而不仅仅是'转述'。"[31]这种"消化"是一个积极的过程，观众对他们在展览、活动、交谈中的体验进行意义建构，用自己的语言将这些体验纳入记忆中，并用对自己有意义的方式对它们加以改变。通过这种方式，博物馆创造的"声音"——展览、演讲、讲解材料等——被转变成参观者的"声音"——参观者所体验的事物被重构和重塑为个人特有的东西。

这种对学习的定义符合象征互动论的社会学观点，该观点认为，人类的言行直接取决于他们如何解读其所处的社交互动环境。[32]因此，在参与一次活动或参观展览时能记住或学习到什么东西将取决于他赋予那个场景的意义。就像我们在本书中通篇指出的那样，一个人学习到的东西最终是多种体验的混合物，聚集了先前的经验、兴趣、动机、知识、文化、社交互动以及对展品、讲解材料、活动等的直接体验。[33]这种关于学习的背景式的建构主义理论所隐含的观点是：这些因素中的一个或多个直接影响着观众如何积极建构关于体验的长期记忆。这一理论也符合学习的社会文化理论，该理论把学习定义为参与体验并与他人进行互动。[34]虽然不容易全然领悟，但这一观点隐含的意思是：重要的不是去了解观众的某些记忆是否准确，而是要去了解他是如何建构这些记忆以及为什么要这样建构。按照这个观点，记忆就必然总是被理解成回忆者本人的"现实"。[35]当然，并非所有的体验都被吸纳和留存在记忆中，只有那些被吸纳和留存的体验才能说是"习得的"。我们认为在我们职业生涯当中进行的很多访谈所涉及的回忆不仅仅是人们记忆的证据，更是人们在博物馆体验中进行了学习的直接证据。

如果这些深刻的博物馆记忆是学习的话，那么就有足够的证据证明博物馆是学习场所。既然存在这么多的证据，为什么还有那么多的政策制定者——教育部门、立法机构的政策制定者，乃至于公众都质疑这一说法？为什么博物馆总是在艰难地说服投资者和政策制定者自己是重要的教育机构？为什么目前在用以教育和学习的公共经费当中，博物馆仅能分得一小杯羹？在学习之外，博物馆在哪些方面还具有影响力，我们该如何进一步证明博物馆能够惠及更广大的社会？这些话题我们将在本部分的最后一个章节中进行探讨。

 小结

■ 博物馆体验无论是展览还是活动都非常令人难忘。绝大多数参观博物馆的观众都会对体验之某些方面产生持久的记忆。

■ 博物馆记忆是一个建构起来的混合体，由个人情境变量如先前经验、兴趣和知识，对展览、建筑等实体情境的直接体验和"感受"等个人情境变量共同组成，中间穿插着的是社会文化情境（包括宏观的和微观的）。正是这种"情境化印记"保证了它们会被记住和提取。

■ 博物馆记忆受到参观者进馆时的身份相关动机的强烈

影响，而情感参与、看到/做了相对新奇的事情，以及事后强化记忆的体验都会对之起到加强的作用。

■ 博物馆记忆的持久性是博物馆体验促进学习的一项指标，因为学习和记忆从功能上来说是一枚硬币的两面。

给从业者的建议

■ 鉴于身份相关动机对于未来学习的重要性，对博物馆来说，最关键的是把这些动机作为开发教育体验的跳板，亦即立足于这些动机去开发教育体验，而不是去与这些动机形成竞争。比如，各种不同类别的博物馆如得克萨斯州的圣安东尼奥艺术博物馆、科罗拉多州的丹佛自然和科学博物馆以及印第安纳州曼西的（Minnetrista）植物园和历史博物馆都围绕着这些理念制定了自己全部的展览解说和市场营销方案，从而确保能够向观众提供切合其兴趣、需求和身份相关动机的参观开始前、参观过程中，以及参观结束后的体验。

■ 鉴于适度的新奇性和情感对于记忆形成的重要性，博物馆设计的展览和活动应当在情感上和体验上给予观众适度的刺激，不过，应避免过度的情感和新奇性，因为这样反而会阻碍记忆和获得满足感。

■ 最后，博物馆应当留意后期体验对记忆起到强化作用的重要性，并且努力通过电子邮件、网站、邮寄或其他手段创造后续体验，确保在博物馆内获得的体验能够得到拓展和深化。

第十章
衡量博物馆在学习方面的影响力

问：您参观科学中心的原因是什么？

答：为了学习，为了获得体验，也为了让孩子多接触博物馆。她看得越多，学得就越快越好……我们带她去诺顿西蒙博物馆看过艺术展。我爱好天文，我会给她看这方面的东西。我有一个望远镜，我会展示给她看，当她看到黯淡的星云时，我会尽可能把孩子能理解和接受的东西教给她。我从很小的时候就开始对天文感兴趣。我们还带她去约塞米蒂国家公园、洛杉矶儿童科学博物馆和旧金山探索馆，探索馆很不错，里面有很多活动。

问：这就是您选择带女儿去这些地方的原因吗？

答：我想是的，不过我自己也确实很喜欢这个科学中心。我从小就非常之好奇，一直都想了解一些现象的所以然，所以我带她来这里多接触。这个是我主要的动机，不过我也想去学习点新的东西。这也是有一点"自私"的想法。

问：您如何在自己的兴趣和孩子的兴趣之间找到平衡？

答：我们主要考虑她的兴趣，因为有很多我们已经体验过了。关键是我的岳父非常英明，在我妻子小的时候就经常带她去博物馆，所以她就频繁接触了这种环境。所以对我们俩来说现在去这些博物馆，很多东西都是以前看过的，不过自从我们离开学校，（科技领域）有了很多新的进展，这些也会体现在展品中，我们会感叹："哇，这太酷了，我以前都不知道，上高中的时候没有学过这个。"现在，我女儿看到了这个，当然她还看了我们以前看过的那些。

问：您去科学中心时怀有怎样的期待呢？

答：主要就是满足我的好奇心和让孩子学习。我主要的动机是让她学习，以及和家人度过美好的时光。

问：那么这些都达成了吗？

答：是的。

问：当您谈到学习时，您表示希望能够证实你已有的知识——您把它称作"刷新"。您是否期待也能学习到新的东西，甚或是挑战您已有的知识呢？

答：是的，我期待学到新东西，也期待被挑战。

问：那这些都实现了吗？

答：有一小部分，大多数是证实已有知识，大多是这样，还有些是再次被证实，有些是有挑战性的，不过，我想学习的新东西我认为应该是比所展出的要高一个层次。就我女儿来说，我想她是学习了。我给她讲得很详细，比如当我帮她一起理解有关外科手术的展品时。我会详细告诉她外科手术从头到尾是怎样进行的。（小时候我父母带我参观博物馆时）他们很让我抓狂，（每当我好奇地问这问那的时候）他们会说：等你大点儿再告诉你，你现在太小了。现在如果我女儿想知道什么事情，我会直接告诉她。如果她想了解一些关于成人的事情，我仍然会告诉她，不过会掌握分寸，但无论如何我会直接告诉她，免得她都16岁了还一直以为地球是平的。

比尔是一位年龄近50岁的白人。

我们的同事马丁·斯托克斯迪克和约翰在比尔与家人参观完洛杉矶加州科学中心（以下简称"科学中心"）约两年后采访他。[1]比尔是一位中年白人男子，在当地一家电子产品商店做销售，他明确表示：他去科学中心就是为了他和女儿能够学习科学。比尔毫不犹豫地自我报告说他认为他们那天确实进行了学习。随着谈话的进行，他还举了很多例子说明他和女儿学到了各种事实和概念。事实上，有直接证据证明比尔那样说并不是为了取悦我们。比尔是约翰和马丁之前深入研究过的约200人中的一员，约翰和马丁主要研究的是这些人在参观科学中心"生命世界"展览之前、参观过程当中，以及参观结束之后的情况。[2]作为访谈的一部分，我们"测试"了比尔对于"生命世界"展览中的几个重要生物概念的理解情况；在参观该科学中心两年后，比尔对于这些概念的理解和他刚参观完时不相上下，并且明显强于他参观"生命世界"展览之前对这几个概念的理解。[3]

几乎所有对于博物馆参观所带来的影响力的研究，都是隐含地建立在以下潜在假设上的，那就是：公众进行此类参观的主要目的就是了解该机构特有的重点展出的内容，不论是科学、历史、艺术的还是环境的。[4]因此，理解这种在参观中学习的真实本质和程度对描述博物馆的影响显得非常重要，而要把这一点做好，长期以来都是，并将永远是一个挑战。在博物馆这种环境中参观者的体验通常都是短暂的，系统性不足，参观前、后也鲜有其他相似的体验。像所有自主选择学习体验一样，博物馆里的观众对于自己实际专注的内容有相当大的选择权和控制权，就像我们在本书中通篇谈到的那样，观众进馆时有着各式各样的先前的经验、兴趣、知识，而所有这些对其学习的内容和学习的方式方法都产生很大的影响。

自《博物馆体验》出版以来的 20 年间，衡量博物馆学习成效方面取得了巨大的进展。20 年前，我们不得不说能够证明学习在这种环境中是否真正存在的证据最多也只能说是模棱两可的。而如今证据是明确的；毋庸置疑，公众在参观美术馆、历史博物馆、自然历史博物馆、儿童博物馆、科学中心、动物园、水族馆、国家公园以及其他类似场馆的过程中进行了学习。[5]这一认识的转变并非由于这些场馆的品质或是观众体验的性质有了较大的改变（虽然这两者肯定都朝好的方向变），而是由于研究者加深了对自由选择学习本质的认知以及形成了衡量这种学习的更加成熟和综合的策略。

在过去的 20 年间我们获得了一些重要认知，其中就包括我们认识到了必须把研究的重点从参观本身这一狭隘范围拓展开来的重要性，[6]认识到自主选择的学习者在进入学习体验时都带着自身已然形成的兴趣、知识、观点和动机，而所有这些都直接影响着学习。[7]换句话说，一旦能够充分了解人们在博物馆里怎样学习和为什么学习，就有可能了解他们学习了什么。关键要明白博物馆体验至少对大多数观众来说，首先是出于休闲目的，是自主选择的，因此传统的、立足学校衡量学习的策略和设想都是不适合的。就像本书早些时候谈到的，多数针对博物馆学习的研究是专注于内容方面的。专门针对内容的学习当然会有，但重要的是要承认这只是博物馆体验中诸多可能的学习收获之一。[8]

我们不打算对过去 20 年间积累的关于博物馆学习的几百项研究做一个全面回顾，而是仅仅引用我们直接参与的两项研究的数据。有必要预先声明：我们选择这些研究并非因为我们认为它们是该领域所做的最好的研究，虽然它们的确很重要。我们之所以选择这些作为例子，是因为它们总体囊括了最近几年博物馆学习方面的很多（即使不是大多数）重要的认识。我们选择它们还有一个原因是我们直接参与了这些研究，因此无疑对它们非常熟悉。第一个例子描述的是约翰及其同事在加州科学中心开展的为期约 15 年的一个系列研究，该系列研究系统地研究了这一机构给来此参观的个人以及给洛杉矶整个城市所带来的影响。这些研究中的大多数是以展览为主。第二个例子是在前面一章中简短介绍过的林恩和戴尔·麦克里迪（Dale McCreedy）正在进行的一项回顾性研究，研究的是有性别侧重的自主选择科学活动对于年轻女孩的长期影响。这一研究最重要的课题就是：自主选择式科学体验对于女孩们在接触并参与科学社团、形成爱好和未来择业方面是否具有长期性影响？

加州科学中心洛杉矶科学教育研究（LASER）项目

加州科学中心是位于洛杉矶中南部的一家大型互动科学中心，它可以说是世界上经历过综合性研究最多的博物馆类机构。1996 年，约翰在该科学中心发起洛杉矶科学教育研究项目。项目的目的就是解答以下问题：（1）该科学中心为洛杉矶公众理解科学做出了哪些贡献？（2）该科学中心在成功完成其"促进公众对科学技术的理解、态度和行为"的教育使命方面情况如何？（3）该科学中心是否支持长期科学学习？如果是，那么这种学习的性质是什么？要评估像科学中心这样一个机构的影响不是一件小事情，特别是在像洛杉矶这样一个大型、分散的城市。该机构一直是免费开放的，对洛杉矶地区有着一百多年的影响，在早期大部分时间里是以加州科学工业博物馆的形式存在的。洛杉矶还是这样一个城市，在这里单单一个机构的影响力会被人口数量（超过 1000 万人）和流动性（洛杉矶有些学校每年人员跳槽率超过 70%，全区范围内达 45%）削弱。[9]

虽然存在这些大的挑战，不过，在 1993 年，直接评估这一机构的影响的绝好机会自己出现了。当时，科学中心的工作人员提出了一个新的总体规划：关闭原来的加州科学工业博物馆，把现有的建筑（包括其中所有展品）夷为平地，在这里建立一座崭新的建筑，换上全新的展品和活动。面积为 22761 平方米（245000 平方英尺）的全新的加州科学中心于 1998 年开馆，当时寄予的厚望是，为改善展览、公共活动和营销所做的重大投资，最终能够显著增强该科学中心对公众科学理解、科学兴趣和科学行为的影响力。

我们采用两种方法对科学中心给洛杉矶公众所带来的影响进行有意义的追踪；一种方法是由内向外的，一种是由外向内的。由内向外的方法主要是确认前来参观的观众的身份，并评估他们参与的各种项目、活动和展览带来的短期和长期影响。全世界对博物馆学习的研究超过 99% 都是采用这种形式。虽然深入了解谁参观了博物馆、他们为什么来、他们做了什么、他们学到了什么确实重要，但是单单靠这一点还不足以明确一个机构的影响。我们需要在与那些从未参观过博物馆的人进行比较的基础上，描述出博物馆对前来参观的人所产生的影响。而由外向内的方法要达到的目的则是：在一个更大的群体范围内研究个人对科学的理解、意识和态度，从而了解如果有影响的话，那么科学中心究竟为整个社区带来了什么影响。[10]这种类型的研究甚是稀少，迄今为止，约翰及其同事所做的这项研究是世界范围内仅有的同类少数几个研究之一。针对加州科学中心所展开的数十项关于由内向外、由外向内方法的研究，共同就该机构的影响描绘出了一幅"肖像画"，并就谁来参观、谁没来参观，以及来与不来的理由拍出了一系列"快照"。这些研究成果使我们得以洞见洛杉矶居民所具有的与科学相关的知识、态度和行为，另外，还用证据证明了这家机构在促进这些成果方面所起到的作用。

由内向外式研究

由内向外的研究包括：市场研究，用来评估观众来馆参观的原因；各种评估研究，用来了解观众参观展览或参与活动之前对相关主题的了解程度；对这些展览和活动的相对有效性的研究；以及对由此产生的影响/学习的研究。由内向外的研究方法还包括一系列对博物馆观众的研究，这些研究仔细观察分析在博物馆环境下进行学习所运用的各种方式。约翰和他的同事一起做的科学中心由内向外的研究包括：对科学中心所有常设展览和大部分巡回展览的评估研究[11]、对白人和非洲裔美国人观众的背景和参观动机进行深入调查[12]、前面谈到的针对随机挑选的数百名科学中心观众的纵向调查[13]；以及其他一系列更有侧重点的研究，比如关于不同展品说明牌策略的相对有效性的研究，还有关于情感在观众学习中的作用的研究。[14]这些研究当中总计有二十几项在 LASER 项目存续的近15 年时间内得以完成，而更多的还处在规划阶段。

评估研究

多年来，我们和在创新学习学院的同行，以及最近与俄勒冈州立大学的同行一起开展了前端和形成性评估研究，最后的结果锁定了一些展览，这些展览基本具有明确的目标和目的，展品元素能按照预期的方式运行，能有效传达所要表达的信息。这些结果又被一系列总结性评估研究所证实，这些总结性评估研究表明绝大部分的公众觉得他们通过展览体验感受到愉悦并有所受益；并且他们在离开展览时也在以下方面成功表现出理解上的重大改变：人类是如何运用科学和创造力来满足自身在通信、交通和建筑上的需求的（"创意世界"展览）[15]，所有的生命系统是如何利用相似的生物过程如繁殖、呼吸、食物加工以及躲避捕食者获得生存的（"生命世界"展览）[16]，科学是如何被应用于大多数舞台和银幕上的特效方面的（"魔术戏法中的科学"展览）[17]，以及神经和行为科学方面的进展是如何增进人们对情感的认识的（"鸡皮疙瘩：情感的科学"展览）[18]。

多因素研究

由美国国家科学基金会（NSF）资助的两个重大项目对观众在博物馆如何学习、为什么学习以及学到了什么进行了研究。第一个项目中，研究人员从进入科学中心正准备参观"生命世界"展览的观众中随机拦截了217位进行调查。以"学习的情境化模式"为理论架构对该展览当中发生的学习情况开展研究。通过对以往研究的回顾找出了对于自主选择学习至关重要的12个关键的个人、社会文化和实体方面的变量，并设计出3种不同的方法来对这12个变量中的每一个进行评估。同时，还收集了人口学数据比如年龄、受教育程度、收入、种族/民族和性别等。该研究主要寻求两个问题的答案：（1）在非孤立研究的情况下，这些彼此独立的变量中的每一个是如何促进学习效果的？（2）学习的情境化模式是否为研究博物馆学习提供了一个有效的框架？观众在参观该展览前接受采访，在整个参观过程（通常持续 30 ~ 40 分钟）中被追踪、观察，然后在参观结束后再次被采访。

这次调查所取得的一个主要成果是注意到了观众对于生物，特别是对于"生命世界"展览中所展示的主要生物概念在理解上发生的变化。这次研究的一个独特之处就在于它采用了不是 1 种而是 6 种不同的衡量学习的方法，从传统的封闭式、多项选择型问题到当时仍相对比较新的称作"个人意义导图"的建构主义学习方法论。[19]通过使用这 6 种不同的衡量方法，所有这 217 位观众都表现出对于展览中生物概念的短期（注意："短期"在此定义为从进入展览前到离开展览的 30 ~ 40 分钟的这段时间；所有的短期评估数据都是在博物馆内收集的）学习的迹象。一个特别重大的发现就是这 6 种测量方法中没有任何一种能够捕捉到每一名观众在理解方面的变化；鉴于学习的复杂性，只有把 6 种方法都用上，我们才能够得出结论说所有的观众都表现出了学习的迹象。

研究结果还表明，由"学习的情境化模式"所提供的框架是理解各种因素的复杂组合如何影响观众学习的一个有效方式。研究结果支持这一论点，那就是诸如先前的知识、兴趣、动机、选择和控制、团组内及团组之间的社交互动、提前熟悉展馆情况、参观前导、建筑、展览的设计和质量都会影响观众的学习。研究表明，所有这 12 个因素中的每一个都会对某些观众的学习效果产生影响，但是，还是因为学习的复杂本性，没有哪一个因素能够充分说明所有观众的学习效果。

举个例子，科学中心的通常做法是，展览中的每个展品元素都用来传达一个特定的科学概念或原理，不过每个展品在完成这一"教学"任务的效果方面存在差异，有些展品在促进观众学习方面会优于其他展品。那样就可以假定，一位看了很多"效果好的"展品的观众要比一位看的大多是"效果差的"展品的观众获得更好的学习效果。为了验证这一假设，我们（借助一个独立专家小组）测定了每件展品在传播预期科学概念方面的教育质量，从而给每个展品打了一个"质量"分数。结果表明，展品质量对于那些在入馆时对展览内容的了解低于平均水平的个人来说特别重要，而对于那些进馆时对展览内容的了解高于平均水平的人来说则没有显著影响。同样地，对于那些入馆时具备最少先前知识的观众来说，诸如参观前导和提前熟悉展馆情况这些因素显得特别重要，而这些因素对于多数其他观众则不是特别重要。虽然团组内的社交互动会对进馆时先前知识最丰富的观众的学习造成强烈影响，但是对于那些具备较少先前知识的观众的短期学习看似没有影响。我们分析了一系列不同场景中的各种互动，发现当对观众按照个人背景变量比如先前知识、兴趣和进馆动机进行划分时，他们表现出的差别最为明显。

纵向研究

美国国家科学基金会的另一个资助项目研究了参观科学中心对同样这 217 名观众造成的长期影响。最初样本中的所有人在参观"生命世界"展览后的访谈中被问到是否愿意在以后某个不确定的日期再次被联系，有十分之九的人主动提供了电话号码、电子邮箱地址或二者都提供。大约两年后，我们试图再次联系该群体中尽可能多的人，目标是要访谈到原始人数的四分之一。两年后，所提供的电话号码中只有一半还有效，不过我们对这些有效号码中的一半成功进行了后续访谈，成功达到了预期的 52 个访谈的数目。这些访谈中有少数几个是通过电话，绝大多数是面对面访谈。

我们进行的后续访谈中包括一系列范围广泛的问题，其中大多数是开放式的。访谈以对话的形式进行，持续时间在 40 分钟至 2 小时之间，平均时长超过 1 小时。大多数问题的设计目的是专门用来调查个人的参观动机、对参观的展品的回忆、对参观体验的满意度及团组中其他人对于参观体验的满意度，以及对他们认为所学到的科学进行描述。我们对于理解参观过程中和参观结束后学习发生的情境特别感兴趣，也急切想要找出答案来解释为什么观众会专注于某个特定的科学理解领域，而不是其他。我们还特别想了解在科学学习之外还有什么其他类型的"意义建构"在发生。由于所有这些都是对大约两年前体验的自我报告的、"建构的"记忆，我们知道这些回忆无法被当作"事实"，不过，我们认为这些记忆提供了一个宝贵的途径，让我们得以窥见观众如何参观、为什么参观类似科学中心这样的场馆，以及这种体验带来了什么影响。并且，由于我们对每位观众两年前真实的体验情况有非常详细的了解（当时通过直接追踪和观察采集的），所以我们在开始每个采访时对每个人当时的体验情境相当明了。

我们发现，一个人能否描述他在参观中进行学习，还有，如果能的话，他学到了什么，他如何描述学到的东西，特别是基于内容的科学学习方面的东西，所有这些都在很大程度上取决于一个人认为自己扮演什么角色、他给自己的定位（比如是充满好奇的，还是辅助性的）、他自认的能力（比如对科学知识了解的多寡）以及他个人的兴趣和需求。简言之，就像本书和本章前面部分所描述的那样，学习受到各种个人、社会文化和实体情境因素的强烈影响，但是影响最大的还是进馆时的身份相关动机倾向——这些倾向在到达博物馆前就基本由参观者自我确定了。我们之前对这些观众的深入访谈揭示出每个个体的学习体验是多么的复杂和个性化。[20]

这些访谈还使我们得以窥见科学中心带来的参观收益/学习成果的多样性。对某些人来说是扩大了个人兴趣和科学身份认同——成为"科学达人"的那种感觉，而对于其他一些人更多的是满足了其所爱的人比如配偶或孩子的需求和兴趣。在所有情况下，每个人都感觉有所受益、有所学习，但是对于学习的收益却见仁见智，并非千篇一律地认为仅仅是提升了对科学的理解。事实上，在我们采访的52人中，其科学学习的深度有显著差别，有些人是相当深入，另一些人则不够深入。在一些情况下表现出对新的科学概念的学习，而在大多数情况下，则是对现有理解的扩展和深入。

就像用情境化模式可以预测的那样，一个人学到的科学对个人先前的兴趣、经历和知识高度敏感。另外，与其他关于长期学习的研究结果一致的是，[21]随着时间的推移，对于大多数人来说记住或学到的细节内容会变得不再那么突出，相反，关于体验的更加一般性的、概念性的记忆则留存下来。然而，也并非所有的观众都如此。该研究的一个重要发现就是观众进馆时身份相关动机的重要性。[22]观众进馆时的身份相关动机比其他任何变量都更加能够预测出，相对于那些会衰退的记忆，哪些东西会在记忆里保持生动逼真。正是在分析数据过程中获得的这点认识，促使约翰继续努力完善和验证这一理论框架。那些有着"探索者"参观动机的人可以相当清晰地回忆起他们看到的和学到的东西的细节，而那些有着"导览者"参观动机的人可以详细描述他们的孩子或其他重要的人做了什么，却对他们自己看到什么、做了什么记忆模糊。

由外向内式研究

长久以来，人们都认为正规学校教育是公众学习大多数学科知识如科学、历史、环境乃至美术知识的主要机制。然而，最近几年人们才逐渐认识到像博物馆这样的一大批非正式教育机构所发挥的根本性作用。[23]虽然最近对以往研究的回顾表明博物馆确实支持观众进行学习[24]，但是，大多数支撑这种观点的研究局限在一定的范围内，用的都是由内向外的研究方法。也就是说，这些研究的数据表明一个自己选定的群体确实能从这种体验中受益，不过极少数研究用到了由外向内的方法来证明大量的一般公众的受益情况。

要为博物馆对社会群体的影响提供有效和可靠的证明，这面临诸多挑战。最大的挑战来自几个互相关联的因素——学习本身的复杂性、积累性和长期性，以及学习"基础设施"的多维性和交互性。曾经一度认为，学习是一个通过导向教学而进行的线性过程。然而，学习很少是线性的或即时发生的。就像我们在本书中通篇强调的那样，个体对某些特定概念、观点或技能的理解通常是通过其一生中来自不同渠道的多种体验长期积累而实现的。[25]比如，一个人对于飞行的物理原理的理解可能来自以下体验的积累，如完成了关于伯努利定理的课堂学习、读了一本关于莱特兄弟的书、在科学中心参观了演示升力和阻力的展品、观看了有关鸟的电视节目等。所有这些体验组合在一起（通常是无缝组合）共同构成了对于飞行的个性化理解；没有哪个单一来源足以构建理解，也没有哪个单一来源或机构能够单独成因。在上面的情形中，这个人究竟是在什么时候学习了飞行知识？哪些体验对学习起到的作用最大？一个人怎样才能特别辨认出哪一部分的知识是从科学中心学到的，而非通过学校、阅读或电视习得的？鉴于"基础设施"[按照马克·圣约翰（Mark St. John）和黛博拉·佩里（Deborah Perry）之前描述的意义[26]]的各个组成部分在某种程度上互相交织，要把某一块的影响和另一块拆分开来是非常困难的。要衡量"基础设施"当中某个部分的影响，唯一的方法就是设法辨别出这个部分的独特之处，观察如果这个部分被移除（比如临时封闭一座桥）会发生什么，或者是在这部分放入"基础设施"中之前研究它的影响，然后观察之后发生的事情。

约翰试图在他的由外向内的研究中加入专门应对这些现实/挑战的策略。迄今为止已经进行了四项针对新科学中心的由外向内的研究，它们是：（1）1996 年在整个洛杉矶大区的购物中心、图书馆、公园进行的针对几百名洛杉矶居民的定性研究；（2）1997 年针对洛杉矶大区 1000 多人的大规模随机电话调查；（3）2000 年进行了第二次类似的电话调查；（4）2009 年第三次这样的大规模随机电话访谈。这三次电话调查使用的是相似的一套问题，这些问题又都是建立在最初进行的开放式访谈的问题和回答的基础之上的。所有数据都是从 18 岁及以上的成年人中采集的，采集数据时由受访者自由选择使用英语或西班牙语。从总体上看，参与这些研究的人广泛代表了洛杉矶大区的人口组成；最后，为了分析的目的，对所有数据进行了加权处理，以确保其与研究涉及的各个时期的美国人口普查数据具有完全的可比性。

参观科学中心的都是谁？

自从加州科学中心 1998 年重新开馆以来，每年平均观众量超过 100 万人次。重新开馆两年内，在洛杉矶成年人口抽样中有略多于 23% 的人自我报告说参观过该科学中心。重新开馆 10 年后，成人抽样中有 45% 的人自我报告说参观过科学中心——前面 12 个月内这个比例是 12%。如果把成人所汇报的儿时的参观也算上的话，那么在 1998 年开馆后的 10 年中有近 60% 的洛杉矶居民参观了该科学中心。观众来自社会各行各业。在所有调查的这几年中，人口统计学被证明不足以描述谁参观了科学中心谁没有参观这个问题。在这几年中，参观过和没参观过科学中心的洛杉矶居民在年龄、性别或种族/民族方面都没有显著差别。唯一始终看起来重要的一个人口学变量是家庭年收入。那些家庭收入高的个体比起家庭收入低的个体更有可能参观科学中心。

这并不是说除了收入之外就没有其他衡量标准可以解释对科学中心的访问了，其实是有的。就像在前面的章节中谈到的，在有关谁参观了科学中心谁没有参观的大量调查中，最好的预测工具就是童年或成年时是否参与了与自主选择学习相关的休闲活动。研究设计了一系列的问题用以调查受访者当前以及早期儿时参与的休闲活动以及与科技相关的活动、体验。那些参与了其他以学习为导向的休闲活动，比如参观其他类型的博物馆、阅读报纸、观看教育电视节目的成年人更有可能成为科学中心的观众。那些来科学中心参观的成年人比那些不参观科学中心的人也更可能在儿时参与过各种不同的自主选择式学习活动，包括童子军活动、在家阅读、家庭外出度假等。

有趣的是，成年人对大多数自主选择式学习活动的参与——比如阅读报纸书籍、去图书馆等——在 2000 年至 2009 年之间明显下降；其中有以下例外：比如使用互联网、观看教育类电视节目，以及通过广播、磁带、光盘收听教育节目的情况显著增加。另外一个例外就是参观博物馆、科学中心、水族馆、动物园等；报告参加过这些活动的人数比例在这 10 年间没有变化。另外有趣的是，对于学校教育在促进科学兴趣和理解方面的重要作用的认可度上，存在明显下降趋势——从 1998 年超过半数的洛杉矶居民认为学校教育在这个方面举足轻重，到 2009 年只有略低于四分之一的人这样认为。

参观科学中心带来的影响

我们访谈的成年人中表示自己参观过科学中心的人多数一致报告说他们和他们的子女都通过参观进行了学习。在所有调查中，那些表示自己的子女参观过科学中心的成人中约有十分之九报告说参观增强了他们子女对科学技术的理解，约有二分之一的人认为这一体验"大大"增强了他们子女对科学技术的理解。同样地，相当大比例的人认为科学中心增强了他们子女对科学技术的认识（占 80%）、兴趣（占 78%）和好奇心（占 79%）。科学中心不仅给他们的子女带来积极影响，有五分之四的成人还报告说他们的子女在科学中心的体验给他们提供了一个亲子之间就科学和/或技术的某方面展开讨论的机会。事实上，有四分之三的成人认为科学中心的体验会激发他们的子女在参观结束之后去学习更多有关科学或技术某个方面的知识。可能最为引人注意的是，那些少数族裔

（非洲裔、亚裔、拉美裔）的家长以及来自低收入家庭的家长
比起那些白人、高收入家长更倾向于认为科学中心使他们的
子女显著受益。

在所有调查中，成人普遍对科学中心给他们自身带来的
影响持同样肯定的态度。当谈到他们自己时，成人们自我报告
说参观科学中心给他们带来了一系列积极的成果。几乎所有
的成人（95%）同意以下陈述，"参观加州科学中心使我对科
学或技术的理解得到了加强或拓展"；92%的成年人承认他们
对科学技术的认识因为参观得到了增强；以及94%的人同意
以下陈述，"我至少了解到了我以前所不知道的关于科学或技
术的一件事情"。同样地，对于其他一系列陈述他们也都表现
出高度的认同，包括参观科学中心增强了他们对科学的好奇
心（占85%）、激发了他们在参观结束后继续思考科学或技术
的某个方面（占83%）。有一个惊人的，当然也是重要的发
现，那就是少数族裔和低收入个体比起那些多数族裔和高收
入个体更倾向于同意以上这些关于科学中心体验的教育价值
方面的陈述。

除了这些自我报告的评价问题外，每个人都有机会用自
己的语言描述他们认为通过参观科学中心所学到的东西。答
案涉及加州科学中心呈现的所有科学领域，但重要的是，这些
答案中没有一个可以被理解为该科学中心没有展示过的主题。
这一结果的重要性在于两个方面。首先，与不断开展的大量其
他研究一样，[27]研究结果都会增强对于使用自我报告数据的疑
虑。有趣的是，第二个重要的发现是，这些回答与后续的问题
"在参观加州科学中心之前你对所学习的内容有多少了解呢？"
共同支持了这样一个观点——在类似科学中心这样的博物馆
学到的大多数东西是观众以前多少有所了解的。[28]在这些参与

研究者提供完他们的例子后，再被问到他们对于该科技主题了解的程度，低于10%的人回答"很多"，有四分之一的人表示"什么也不知道"，而超过三分之二的人表示知道"一些"或"一点"。换句话说，人们记得的自己学习到的东西是对那些或多或少已有所知的事物的理解的一种拓展，而不是之前他们压根就不知道的新东西。

最后，一个大的问题是："是否有证据证明参观科学中心给整个社会带来了影响和变化？"研究结果表明那些参观了科学中心的人相比于那些没有参观的人更有可能具备科学素养。一个人参观科学中心越是频繁，他了解的科学知识也就越多。另外，虽然影响不是特别巨大，但是还是有迹象表明整个洛杉矶的科学知识水平在加州科学中心重新开馆以来的这10年间有了显著提升。

"内稳态"标记

这些关于学习的数据的一个潜在缺点就是它们大多是基于自我报告的，这就会引起关于准确性的质疑。我们也试图通过询问一些后续的问题（比如上面刚刚描述过的问题）来回应这些疑虑，不过，当然有些人仍然会觉得这些结果不足以令人信服。另外，就像先前谈到的，总是有一个归因的问题；我们怎么能确定仅仅因为人们自己说他们在科学中心学到了什么东西，他们就真的在那儿学到了。同样，我们怎么知道如果人们自己报告说在科学中心没有学到东西，他们就真的没有学到东西。因此，这次研究的一个创新之处就是为观众的科学中心体验创造一个"标记物"。这个想法就是为科学学习找到一个等同于"放射性示踪剂"的东西，这个东西就其本身而

221

言可能重要，也可能没什么特别重要的地方，不过它却可以作为更重要更有意义的东西的一个指标。我们的目标就是找出一个概念、观点或词语，如果观众知道这个概念、观点或词语的话，就可以确凿地归因于他或她是在这个科学中心参观时学到某个事物的，而不可能是在别处学到的。我们为此选定的一个概念就是"内稳态"。

内稳态这个概念在生理学上是个基本概念，尽管大多数高中生物课程都涉及它，但是多数人并不熟悉这个术语。然而，在经过重新设计的加州科学中心里面有许多全新的标志性展品，其中之一是一个表演项目，表演者是一个 15 米（50 英尺）高的名叫泰丝的电动人偶女子以及她的卡通搭档沃尔特。10 分钟的表演描述了人体内的一些变量，比如核心体温、氧含量水平，人体为了保持健康需要让这些变量保持相对稳定的状态，当面临生理上的挑战时，身体就会调动所有的器官一起工作将这些变量保持在恒定状态，这个过程就叫内稳态。简言之，这件展品的设计是用一种看得见摸得着的、引人入胜的方式教给观众这一重要的、却相对不被人们所了解的科学概念。对内稳态概念了解程度的一个基线测量是 1998 年采集的，也就是加州科学中心新馆正要开馆的时候。这次测量确定大约 7% 的洛杉矶居民能够给这个概念进行定义，这应该等同于新馆刚开馆 2 个月内观众进馆时所具有的知识水平。然而，所有到新馆来的观众中有 72% 的人会去看泰丝的表演，其中有 85% 的人在看完表演后能够就内稳态给出一个可以接受的定义，最后的结果是所有人中约 60% 在离开该馆时能够定义内稳态。[29]

在新馆开馆两年后，有近一半的公众说他们听说过内稳态（44%），尽管只有 10% 的人能够就内稳态给出一个可以接受的定义。然而，从 1998 年 7% 的基线到现在 10% 的轻微增长代表了一个统计学上的明显增长。到了 2009 年的时候，洛杉矶地区声称听说过内稳态的人所占比重没有大的变化（41%），不过，能够正确定义这个词的人却翻了一番，增长至 20%，相较于 2000 年的数据有显著增长，当然相比 1998 年就增长更多了。约翰就该研究跨越的时间段进行了关于内稳态的关键词和 LexisNexis[①] 搜索，发现没有证据证明除了参观科学中心之外还有其他原因可以解释公众对于这一生僻概念在理解上的增长。换句话说，这一标记物清楚、明确地证明了参观科学中心能够引起学习；这也为多年来我们和其他人所收集的有关观众学习的数据（这些数据主要借由由内向外式研究获取）的正确性提供了强大的支持。这些研究数据也表明对科学技术的学习远远超出了对这一单一概念的学习。事实上，当要求所有之前调查过的数百位观众对他们在加州科学中心学到的东西举出例子时，关于内稳态的学习鲜少作为一个例子被提到；然而即使很少有人提到，我们的调查也有证据证明这一概念确实被学习到了。

这些都很好，不过接下来事情就变得真的很有趣了。在所有这些能够对内稳态正确定义的人中，当被问到他们在哪里学到了这个概念时，2000 年的调查中只有 2% 的人，2009 年的调查中只有 14% 的人主动报告说他们是在加州科学中心学到的，而绝大多数人则把他们对内稳态的了解归功于学校学习，尽管事实上参观科学中心是洛杉矶人能够正确定义内稳态的一个关键因素。能够正确定义内稳态的洛杉矶居民中绝

---

① LexisNexis 是世界著名的数据库，全球许多著名法学院、法律事务所、高科技公司的法务部门都在使用该数据库。——译者注

大多数的人，确切地说是三分之二的人，曾经参观过加州科学中心。换言之，人们往往把"学习"归因于他们第一次获知某种信息的地方，而不是归因于实际上帮助他们温故而知新的地方。

这一发现对于让科学中心及其他博物馆因为自身对社会的教育价值而能受到完全（哪怕是部分）认可具有重要的意义。社会，在该研究项目中至少是美国社会，对学习的性质有一个根深蒂固的，可以说是错误定位的概念。虽然"学习"的确是一个"获得新知识的过程"，不过我们当然也能说学习同样是一个"建构和强固已有知识"的过程。大多数人显然是只倾向于承认前面一种类型的学习。至少参与该研究的公众似乎对那些让他们第一次接触某个知识的教育体验赋予了更多的价值，而对于那些提供了必不可少的支持和理解以帮助他们加深和巩固对某个知识的理解的体验则评价不那么高。虽然博物馆确实为人们提供了学习"新"知识的机会，并且参与调查的公众也确实承认这种类型的学习存在于科学中心内，不过本次研究以及其他研究的证据表明：这种类型的学习并非博物馆的主要作为。

总体上来说，这些关于加州科学中心的调查研究提供了令人信服的证据来证明该博物馆对整个所在社区的影响的范围和规模。那些针对关于某些观点和概念的学习所进行的各种评估研究也给出了一致的证据。有证据表明每一个参观特定展览的观众，如果使用各种不同的测量工具去测定的话，都会学习到展览所展示的一些概念，至少是短期学习到了。还有强大的证据表明对于很多观众（不是所有观众）而言，在博物馆里的短期学习可以持续很长时间，达到两年是肯定的。另外还有有力证据表明，几乎所有来该馆的观众特别是那些少数族群和低收入的个体，都很重视这一机构的价值。最后，由内向外的和由外向内的研究都有数据证明，公众从该博物馆学到的东西中大多是属于个体在进馆之前"已经有所了解"的，而并非在该博物馆邂逅的"新"概念。而且，内稳态标记物的研究数据表明那些关于（科学中心的）价值和影响的自我报告的有力数据并非言过其实——如果非要说的话，这些数据其实是低估了科学中心真实的影响。总而言之，毫无疑问这家科学中心（指加州科学中心）乃至所有的博物馆都确实是成功的和重要的教育机构。

关于面向女孩的自主选择式科学项目的长期影响的回顾研究

自 20 世纪 80 年代开始，美国很多投资者，包括美国国家科学基金会，开始扶持面向女孩的非正式科学教育项目，目的是鼓励更多的女孩对科学感兴趣，并希望通过激发兴趣，让这些女孩未来选择与科学相关的职业。在美国国家科学基金会非正式科学教育项目（现在称作"促进非正式科学学习项目"）的资助下，林恩与她的同事戴尔·麦克里迪（Dale Mc-Creedy）一起试图确定这些有性别侧重的自主选择科学项目是否造成了年轻女孩在选择科学职业方面的显著变化，或者说如果不是科学职业，也许是在以后的生活中选择与科学相关的爱好。针对这次研究，他们采用了一个社会文化的视角，使用了一个"实践社群"（CoP）的框架[30]，这意味着该研究主要在三个方面进行定性研究：（1）知识领域——这一自主选择科学项目的内容或重点；（2）共同进行的实践——项目中的女孩和女士们参与的科学实践和过程；（3）社群——参与的都是谁，个人和群体学习是如何实现的。该研究主要探讨参与自主选择科学实践社群是否能引起广义上的学习——广义的学习是指引起参与者在对科学社群、爱好和职业的兴趣和参与度方面的改变——如果是，又是如何做到的。该研究还探讨了这种学习如何影响一个人对自身、自身与科学的关系以及性别和文化等问题的看法。

研究的对象都来自6个成功的倡议活动，这些活动主要是让女孩，特别是来自传统意义上落后社区的女孩参与非正式科学教育实践活动；这些活动多数与博物馆有某种联系。这些项目包括：（1）女孩与自然科学项目（WINS），该项目是费城的自然科学院开发和实施的一个为期一年的自然科学进修项目，（使参与者）可以有机会在科学实验室工作和开展研究，面向的对象是那些公立学校中正准备升入九、十年级的学业优异的女学生，所有主科的平均成绩保持在 C 或 C 之上，所属家庭要么单亲要么双亲缺失，表现出经济上的困难（在所在的学校已申请免费午餐或减免午餐费的项目）；（2）全国科学合作项目（NSP），该项目在富兰克林研究院科学博物馆发起和试点，之后通过美国女童军和非正式网络组织传遍全国——该项目的目的主要在于培养和资助女童军领袖与 6～11 岁女孩一起开展科学奖章方面的工作，同时吸收年龄大的女孩在活动中担任导师；（3）和（4）女童之家的"尤里卡！"项目（Inc's Eureka）和 SMART 项目（Project SMART），这两个项目使全国落后社区的女性能够参与科学体验和导师项目，活动内容包括外出参观博物馆和参与户外体验；（5）"技术之桥"项目（Techbridge），是在加利福尼亚州旧金山－奥克兰地区开展的一个校外和暑期项目，最早是在夏博特科学中心开发的，目的是通过技术、科学和工程活动激励科学资源不足的女孩们，并资助其实地参观与科学相关的企业；（6）农村女孩学科学项目，是西雅图华盛顿州立大学开发和实施的一个项目，目的是让乡村年轻女孩（主要是拉美裔）参与立足于社区的科学项目来改善自己所在的社区。

根据之前进行的评价研究，以上这些研究对象所出自的项目每一个都是长期的、高度成功的自主选择科学学习项目，其特点是具有社会的、开放式的、自愿的、非竞争性的组织形式。该研究进行了两项单独的调查：（1）挑选出一组积极的或"核心的"的女孩（很专心、投入的参与者），并应用个人意义导图和深入采访对之加以深度研究；（2）制作一个网络版的调查问卷，并且发放给过去研究参与者中所有我们能够联系上的并且愿意参与这次研究的人。最终，接近 200 名女孩参与了研究，她们来自多个不同的地点，包括城市、郊区和乡村社区，代表着不同的文化、民族、社会经济地位和参与水平。[31]所有参与研究的女性都在 18 岁或以上，并且在至少 5 年前参加过某个项目，虽然对很多人来说可能是 10～15 年前了。意料之中的是，那些更近期参加的女孩更容易联系上，可能因为现在主要是通过网络途径来征募参与者，所以这些人更容易被找到——选取的样本中有一半人年龄为 18～23 岁，三分之一的人为 24～30 岁，10% 的人为 31～35 岁，还有少数几人在 35 岁以上。大多数自我认定为少数族裔（非洲裔、拉美裔、亚洲人/亚裔美国人、美国印第安人/夏威夷原住民/太平洋岛民），另外，他们中大多数来自城市，当然也有部分来自郊区和乡村。

这项基于网络的调查结果加强了通过个人意义映射和深度访谈获得的结果。这些项目都让人记忆深刻和持久，甚至是对于那些并没有从事科学、技术、工程或数学相关职业的女性来说亦是如此。这些项目产生的影响大多是正面的。虽然多数参与者尚处于早期职业阶段，不过一些人不仅反思到参与项目的经历影响了他们职业和受教育方面的选择，同时还特别反思了参加这些项目如何影响了她们的爱好/兴趣甚至是为人父母方面。研究结果支持这样一种观点：参与有性别侧重的自主选择科学项目有助于对年轻女孩在科学社群、爱好和职业上的兴趣和参与度产生持久影响，并影响着她们的身份认同以及与科学技术的关系。参与项目还促进了参与者对科学的兴趣以及对项目中暗含的多种学科和实践的认识；另外还建立起社会资源，比如长期的导师和朋友关系，不仅能在参与过程中，还能在以后很长时间里帮助促进其对科学的兴趣和执着度。这些项目看起来还对未来的职业、接受教育、爱好及其他追求方面产生影响。值得注意的是，相对于居住在郊区的女孩（很遗憾这次选取的农村女孩的样本太小了，无法用于统计学比较），这些项目的影响对于居住在城区的女孩（大多贫穷、来自各种族群）显得特别显著和深远。

参与项目的长期影响以及从女孩们描述这些成果的数据中选出有代表性的引述如下。

1. 对科学理解、认识和享受方面的增强

"'尤里卡！'（Eureka）项目激励着我积极地参与科学和数学，因为我发现当这些与我有关系时，也会变得很有趣。"

2. 围绕科学方面的兴趣/选择的增强

"这给了我一个机会，是其他的项目或我所在的学校都做不到的。我是就读于一个好学校的不引人注意的贫困的白人女生，我迫切渴望学习与学校教授（只有实验室科学）的不同类型的科学。我迫切想参加环境和动物科学方面的项目。WINS 为我打开了这扇门，使我能够免费参加这些项目。"

3. 增强了更宽泛的技能/表现（组织/领导技能，担任导师的机会）

"这个项目使我能够初次接触到工作领域。通过这些经历体验，我得以锻炼自己的领导能力和人际关系技巧，为将来找工作和面试做准备。在这些工作人员的支持和帮助下，我如今得以进入大学学习。"

4. 扩大了社交网络——长期的朋友、导师、项目领导，他们能够提供支持、建议、加入科学及其他兴趣社群的途径等

"项目给我提供了导师，特别是女导师。还为我提供了一个专业人士的网络，帮助我学会如何做到专业，抓住科学赋予女性的机遇。在我的家庭中或者交往的圈子里没有人上过大学或者做科学方面的工作，所以这些对我的引导显得尤为可贵。"

5. 增强了主观能动性——增强了自信心、自尊感和抱负，新的自发的行为或思考

"这个项目影响了我，使我有信心变得聪明，认识到自身的才智。也使我发现自己有能力变得聪明。"

6. 身份认同上的改变（在生活轨道、兴趣、自我意识方面的改变——包括在 STEM 方面或更一般性的意义上）

"参加这个项目对我帮助太大了，大到无论怎么说都不过分。没有这个项目，我不可能成为今天的我。我更加意识到，也参与陪伴孩子的各个方面，无论是在教育方面还是在实践活动方面，因为我知道这有多么重要。现在我是三个孩子的母亲，回想我参与这个项目的那些时光，我真希望我的父母在我小的时候也能更多地参与到我的教育中来，陪伴我的成长，因为这真的很重要。"

7. 增强了性别、种族、民族方面的意识、认同感和自豪感

"我在项目中得到了支持和激励，这是从其他地方得不到的。这个项目让女孩子有机会参与那些学校里没有的活动。这能帮助她们摒弃那种在科学和工程领域对于女性的陈旧成见。"

鉴于学习的复杂性，该研究的主要目的是评估参与这些项目如何促进女性长期的科学理解，最重要的是如何促进她们与科学之间的关系，所以有必要强调一下，单独依靠这些项目并不能产生这些影响；只能说参与项目有助于产生这些影响。研究数据中随处可见的证据表明，这些女孩参加这些项目获得的体验不是孤立存在的，而是与她们在学校、家庭和其他自主选择学习的环境和项目有所联系的。而且还有证据表明，这些科学体验与学校和工作场所一起，有助于建立起满足这些女孩需求的科学身份认同，激励她们成为具有科学素养的公民，甚至是从事科学方面的工作。通过参与这些项目，很多女性对于科学是什么形成了一定的概念和认识——科学不是一个抽象的、超脱于现实情境的活动，而是创造美好生活的有用工具。

研究总结

总体来看，之前针对加州科学中心的研究和这次侧重性别的研究都证明了博物馆在促进终生学习方面发挥的作用。不过这样的例子并非罕见的或非比寻常的。虽然大多数客观的评论者会同意加州科学中心是个很好的科学中心，但是也几乎没有人会觉得它突出到其他馆与它没有可比性。加州科学中心使用的是和大多数博物馆一样的展览、媒介和活动来

吸引观众、传达信息。而洛杉矶的居民在绝大多数方面也和美国其他城市的居民并无二致；就此而言，和其他发达国家及越来越多的发展中国家的大多数城市的居民也是相差无几的。虽然美国人平均而言比世界上大多数国家公民更富有，不过也并不比大多数发达国家的居民更加富裕。如果说确有什么区别的话，那就是洛杉矶更加多元化，在收入分配上比大多数发达国家的多数城市分布更广。虽然该科学中心是免费的（这无疑会影响到观众来不来参观），而相邻的洛杉矶县自然历史博物馆是收费的，不过前去参观的人群也是相当多元化的，观众的整体构成情况和加州科学中心相当类似。[32]这也就是说，加州科学中心对于所有观众不分年龄、收入、种族/民族或性别都带来积极影响的论断是普遍适用于其他馆的。

同样，研究中的女孩们所参与的那6个项目虽然很成功，但是也并非与世界上其他地方的博物馆和类似的社区机构所开展的活动项目有什么不同。另外，虽然这个研究中的对象是年轻女性，我们确信即便让年轻男性或是让两类性别的年轻人一起参与项目，最后也会得到相似的结果。这些研究结果再次向我们证明了这一章的主要论点：类似博物馆这样的机构可以促进自主选择学习，而且其带来的影响是强大和持久的，对于那些居住在落后社区的青少年来说更是如此。通过参与这6个项目，女孩们可以在相当长的时间内情境化和个性化自己的科学知识、兴趣和理解。虽然她们之前对科学也有所了解，但是通过参与这些项目，她们认识到科学不仅仅以纯知识的形式存在，还以过程的形式存在，借助这些过程，女孩们可以构建起自己的身份认同，进而发展出自身与科学相伴终身的关系。这些研究结果，再加上加州科学中心的研究结果，一起证明了博物馆可以，也一直在为公众学习做着突出的贡献。

也许有关博物馆社会和教育影响的上述及其他相关研究成果都可以通过博物馆专业人士本·加西亚（Ben Garcia）最近的一篇文章得到最好的总结。

现在是时候重新审视我们对博物馆"学习功能"的定义和宣传了。博物馆学习具有独特性、多面性，并能实现高层次的情感和认知发展。然而，博物馆在向利益相关者阐释自己的教育影响时，往往给出的是狭义的定义，使用的是学校正式教育的衡量标准，而没有重点强调博物馆能够引发内在驱动的、愉悦的、开放式的学习，这种学习能够提高自我认知，培养积极的社会行为。博物馆教育人员在向政治、公共、教育甚至博物馆实体来论证博物馆学习自身的价值方面做得还很不够。[33]

 ## 小结

■ 博物馆借由展览、教育活动、网站及其他媒介为前来参观的公众开展有意义的学习提供支撑。衡量博物馆学习是很困难的，但是对于充分论证博物馆在促进公众终生学习方面所发挥的作用是至关重要的。

■ 没有人只在某个单一的地方就能学到某个东西。学习是一个不断积累的过程，是在参观开始前和参观结束后所获体验的基础上建立起来的。

■ 由于人们倾向于重视初次学到某个事物时的学习体验，并且鉴于人们在博物馆里学到的大部分知识实际上是对已经有所了解的知识的巩固和加强，所以说博物馆在学习上的真实影响力往往被低估和低看了。

■ 博物馆所支持的学习其范围更广、内容更丰富，绝不仅仅局限于对事实和概念的学习；博物馆的学习成果还包括社会化学习和社会联系、自我意识和自信心的增强以及审美方面的学习。

给从业者的建议

■　有关机构需留意在博物馆内及通过博物馆进行的学习不同于学校里所期望和评价的学习。要衡量在博物馆内及通过博物馆进行的学习，需要使用与学校不同的工具和设想。

■　鉴于在博物馆内以及通过博物馆进行的学习是积累性的，是一种吸纳了其他体验的学习，因此博物馆应该积极与所在社区内怀有相同教育目标的伙伴进行合作。通过与其他教育合作伙伴协同工作，博物馆将会产生比自己孤军作战更大的教育影响力。

■　鉴于业绩责任制越来越重要的作用，所有博物馆实有必要在研究其学习影响方面投入资金。如果这些投资通过协力合作方式——由几个机构共同融资而不是只靠单一机构的力量——将会完成得更好。由此得到的研究结果可以有力证明不同的学习体验各有其影响及贡献。

博物馆参观的专业指导

第四部分

第十一章
为博物馆体验提供支撑
——参观开始前、参观过程中和参观结束后三个阶段

引言

为了与公众进行沟通和交流，博物馆员工投入大量精力设计展览、策划活动、完善网站、使用社交媒体和打造拓展项目。然而，研究表明，博物馆呈现的信息并不都能被公众理解或接受，公众参观博物馆后自身的预期与需求也没有完全得到满足。博物馆专业人士听到观众感叹博物馆在社交上和美学上呈现的环境非常丰富时很高兴，但对于博物馆和参观的公众来说这样就足够了吗？博物馆和越来越多的观众，经常在互动中寻求更多的内容——博物馆希望激发公众的兴趣和好奇心，改变公众的行为，促进自我实现，推动重要的思想交流，让公众的互动和体验都有价值和意义。与此同时，很多机构将工作重点调整为与观众共同打造参观体验。尽管大量的研究数据显示，观众对于博物馆体验的记忆惊人得持久，但很少有人参观后将自己的思想和行为中主要的变化与博物馆的体验联系起来。这反映出了博物馆面临的难题。很明显，博物馆的体验让人难忘，代表着重要的学习经历，然而博物馆的专

业人士如何确保这段学习经历包含博物馆真心鼓励和支持的思想、行动、性情等内容呢?

为了应对这一问题,博物馆需要在两个层面加倍努力和巧干。一方面,因为机构的目标有时候和观众的需求与预期不相符,所以机构需要根据目前该领域内经研究已知的观众的需求、兴趣和期望的体验等重新调整自身的目标。这意味着需要承认与尊重观众可能超出仅学习事实和概念的需求的重要性。另一方面,博物馆需要提升体验效果,才能更好地促进有意义的学习——博物馆如果只将自身定位为知识的传递者、张贴在墙上的书,而不是多感官、互动性的场馆,博物馆的努力终将失败。如何用实践行动打造强有力的博物馆体验,进而促进包括但不仅局限于概念相关的多种形式的学习?

在过去的20多年里,无数的博物馆从业者和博物馆专业人士采用学习的情景化模式理论,侧重于人、社会文化和实体情景的互动,并以此确定机构目标,重新审视博物馆教育效果,为观众打造富有成效的博物馆参观体验。将学习的情景化模式实际应用到博物馆体验中,需要重新考虑博物馆在观众生活中扮演的角色,以及重新制定博物馆教育的工作重点。关键是要创造一种环境,使观众融入一系列相互促进的情境之中,这些情境或独立,或共同支持观众的需求与兴趣,也同时促进博物馆目标的实现。在这样的理论指导下,博物馆的专业人员将自身的工作定义为创造(或理想状态下共同创造)博物馆体验,而不是制作一个具体的展览、网站或者实施一个项目。本章中我们将分享如何在上述两个方面做出明智的举措。首先,我们将介绍如何使用学习的情景化模式来重塑和完善机构的目标。其次,我们将讨论在参观前、中和后三个阶段中该模式带来的启示,尽最大可能分享全世界博物馆从业者分享给我们的那些具体案例。

制定提升观众体验的博物馆目标

如何制定博物馆的目标，使其转化为相互促进的情境设置？首先，博物馆体验在设计时非常重要且要明确的问题就是博物馆的参观体验过程开始于正式参观之前。重要的是要记住，这些机构本身在所在社区内具有社会和文化意义，有时也包括消极的意义，这种意义在整个社区不同群体和个人中呈现多元化的特点。同样需要注意的是，博物馆的体验不仅包含了观众与展览、活动、网站和解说材料之间的互动，还包括了观众与员工、自己团队内的伙伴和其他观众之间的互动。最后，在确定博物馆机构的目标时，还有非常重要的一点，要记住博物馆的参观体验在参观完成后并没有结束，而是会延续到观众之后的生活经历中。竭尽所能地去设想整个博物馆参观体验，基于观众兴趣和过去的经历，在参观过程中迎合观众的具体需求，同时支撑着观众未来的体验：幸运的话，在观众重回博物馆参观的时候，或者在他们生活中的其他方面。这意味着要深入思考以下问题：观众在博物馆的一到两个小时的参观体验，如何能够对观众的个人、社交文化和物质维度发挥积极有效的作用？观众是否能够，并且以何种方式将自身在博物馆获得的内容应用到生活中？那些展览、活动、宣传册、礼品店、卫生间、停车场、保安和参观地图是否共同为观众营造出了一系列互相促进的参观情境呢？整个博物馆机构需要统一重点，让观众的体验既是观众希望得到的，又是博物馆希望提供的。

很多博物馆表示要这么做。多数博物馆都有明确的宗旨或者清晰的机构目标。越来越多的博物馆弄清楚了受众，至少通过人口统计学研究了他们的观众是哪些，甚至有些还研究了哪些人不属于他们的受众。但是很少有博物馆仔细研究每一个活动，以及开展的活动是如何影响参与者的整体体验的。有多少博物馆可以明确表示，他们确保每一位参观过场馆的人，在离开场馆的时候感受到个人、社会文化和物质需要得到了满足？确保观众对于博物馆希望他们去思考、感受与做的事情都有了一定理解？

将机构的目标概念化是一回事，使目标与观众的兴趣和行为保持一致是另一回事。博物馆专业人士必须承认并接受在工作过程中的种种限制条件。大多数的博物馆观众的参观过程是快速浏览式的；幸运的话，少数观众会有第二次或更多次参观。然而，很多人在其一生中也就去过一次博物馆。几个小时对于人的一生来说无异于沧海一粟，博物馆要如何充分利用这短短几个小时的时间，对观众参观后的生活形成一种持续的、有价值的影响？这个问题需要经常被问起，并制定符合实际的预期。一位观众不可能因为一到两个小时的参观成为精通维多利亚时代家具特点的专家，或者深入掌握侏罗纪生物发展的专业知识。但是，观众可以通过参观了解维多利亚时代的家具外形特色的设计思路或者了解几个解释恐龙灭绝原因的猜测。也许，更重要的是激发观众的兴趣，为他们离开博物馆后对有关这些话题的深入了解打下基础。

谁也无法保证仅仅靠制定几个精心选择的目标就能够解决问题：鉴于博物馆运营的自身局限性，想要观众发生任何改变都是很困难的。认识到这些局限性很重要，这样才能顺势而为，而不是完全对抗。由于展览的内容选择和观众如何与展览互动方面没有限制，重要的是要让观众明白博物馆非常珍视

的一些精心选择的展品和思想。观众想知道博物馆最珍视的
是什么，然而通常是他们参观完离馆时仍然不得要领。观众看
到的博物馆展陈是分散的和奇特的，其实质原因是博物馆的
呈现形式就是这样的。有些时候是因为解说有问题，有些时候
解说很到位，但在观众看来这些展品、图像和观点就像是一个
大杂烩，彼此之间毫无联系，其中只有少数内容能在多年之后
拨动记忆的琴弦让人回味起来。

　　明确了博物馆能够支持以概念为导向的目标，接下来重
点要强调的是博物馆体验不应该仅仅是教授概念的载体。博
物馆的功能最好以引导社交、审美和动觉学习为主，这些重要
的学习成果应该与概念学习成果一样得到精心策划和重视；
每一项成果也都需要制定清晰的目标。这些清晰的目标，将对
提高观众参观体验的质量大有助益。同样重要的是，一些概念
学习方面的目标可以通过审美或动觉体验得以实现。例如，在
波士顿"宪法号"巡洋舰博物馆有一件展品，名为《甲板上
的人们：1812 年的水手生活》。观众可以体验跪在甲板上擦地
板，这样不同年龄的人都体验到了 19 世纪真实的水手生活。
这项活动的评估研究显示，许多观众参观后，表示对于当时的
社会和军事历史有了更好的理解，同时也对生活在"宪法号"
巡洋舰上水手们的困难之处有了深刻认知，通过此种方式获
得的认知远比浏览博物馆的展览资料让人印象深刻。[1]

　　然而，相比之下，更传统的展览则包括大量文物、文献、
照片等，例如，保罗·里维尔商店制作的长钉、"宪法号"巡
洋舰的年代绘画，以及船长就"宪法号"在美国历史上的决
定性和象征性作用发表的讲话。这些很难通过动觉形式呈现，
而欣赏那个时期的绘画对于绘画爱好者来说是非常好的切入
点。要明确的是，要实现不同的目标，需要不同的方式。

就像我们将在最后一章"21世纪的博物馆"中谈到的那样，虽然博物馆的运行和日常活动都显然是重要的关注点，但是所有这些最终都要服务于更高的目标，那就是要服务于社区。博物馆活动的设计都要回答一个首要的问题：因为博物馆的存在，我们的社区在积极性和认可度方面会有何不同？为回答这一问题，需要重点关注以下几项关键问题。

1. 你（博物馆）存在的作用是什么？你服务的受众是谁？换一种问法，谁是你面对的公众？他们有什么特定的需求是你作为一个博物馆，相比于其他机构，能够更好地满足的？

2. 博物馆具备哪些可用资源？博物馆的内部资源有哪些，例如员工、董事会和支持者，展馆藏品、建筑和品牌？博物馆是以何种方式推动与所在社区同类机构的合作、扩大自身影响力的？

3. 博物馆如何秉持宗旨开展活动？博物馆的商业策略是什么？提供给观众的服务和产品是如何有效结合，以满足观众的特殊需求并吸引观众的投资保证场馆运营经费的？

嵌套的目标

机构目标的认同需要长期的计划。我们推荐的计划模式就是设计一系列的嵌套目标。就像是俄罗斯套娃一样，一个玩偶套着一个玩偶。设计过程包含了为观众参观经历的每一个部分设计一系列具体的目标。可以从公众对于博物馆的认知开始设计。观众如何定位你的博物馆？如果公众玩一个词语联想的游戏，他们会联想到与场馆相关的词语是什么？那些没有参观博物馆或者参观次数很少的观众，想到博物馆会用到哪一个词语？根据以上信息，博物馆对公众关系的目标应该是什么？考虑范围包括会员、定期参观的人、不来参观的人和参观频次很少的人？

接下来这个层次的参观目标应该和观众的议题相关。基于机构的关注重点和主旨，博物馆应该吸引哪些观众前来参观？博物馆如何与观众互动，建立联系？在了解观众的个人和社会文化情境、兴趣、需求和先前经验（博物馆以及机构的重点内容）的基础上，博物馆希望与观众交流的信息是什么？如何与观众以积极、互动的形式交流？这些信息和活动，应该针对所有观众设置还是不同受众有不同的内容？博物馆观众有重点和非重点对待的划分吗？机构的哪些目标是用来服务弱势群体的？这些又如何融入机构整体的优先工作中？

一旦这些目标确定，博物馆员工需要思考观众参观的具体细节特征。首先从实体环境开始。博物馆的进入通道和形式都包括哪些？包括停车场、楼梯间、残疾人通道、入口、外部标识、员工引导等等？展览、活动、网站和其他解说资料方面的目标是什么？礼品店、餐厅和卫生间的机构目标又是什么？

提到博物馆内的社会文化环境，机构对于那些与观众直接接触的员工——售票员、咨询台人员、保安（如果有的话）以及讲解人员——目标要求是什么？有哪些明确的机构信息是这些个人可以用来交流的？服务电话是人工接听还是设置语音模式？受到影响的不仅仅是财政方面，所有与观众的互动传递的信息都显示着你的场馆的价值观和鉴赏力。

针对每一个展览、宣传页、展品目录、手册、公共活动、新闻发布、网站和外延项目的目标是什么？这些目标在机构的整体目标中如何发挥作用？每天的运营和实践的细节——博物馆与观众互动的每一方面——都能够且应该被分析。分析的过程如果顺利，不仅能够明确机构的运营策略，还能够影响到资金筹集和个人决策。我们在这里推崇的是以观众为中心的博物馆管理蓝图。在这个蓝图中，公共价值在博物馆的良好发展中发挥了越来越重要的作用。

这本书的写作前提是博物馆里观众体验直接受到其个人、社会文化和实体情境之间相互作用的影响。不论一个目标在概念上得到如何完美的诠释，除非它能在具体环境中得到体现，否则都是空泛的目标。我们建议，建立上述嵌套目标后，还应该思考个人、社会文化和实体情境三个因素是如何影响每一个目标的。

除了一些小型博物馆的观众类型是特例，大多数博物馆的观众为散客，不是事前安排的、有组织的学校群体和老年人群体。展览是博物馆与观众互动的工具。博物馆希望通过展览中展品的摆放与展示文字和视频介绍、说明牌和其他解说信息影响观众的思想和感受，最终促进普通观众的认知与学习。正如我们之前所提到的，有效的展览应该能够促进观众参观时的体验与参观前和参观后的经验相结合。博物馆的展览设计如何做到以观众为中心，以及与观众共同设计呢？

目标设定程序很关键。从观众的全部参观体验（包括展览）的概念化开始。在理想的情况下，一个体验的成果目标基于这样一种假设，即这一体验与所面向的特定受众的特定需求或兴趣直接相关。要在策划和开发阶段不断回顾该目标。应该有与概念相关的目标，但也要有社交的、情感的和动觉学习方面的目标。如果一个体验包含多个部分，那么就可以在设计过程中制定嵌套目标，使体验过程更加丰富和有层次。例如，如果一个展览包含五个部分，那么至少应该有五个次级嵌套目标为展览整体目标服务。体验目标设定的最后一个步骤应该是应用学习的情境化模式的三个内容来分析影响观众互动体验的情境因素，当然还要分析这一体验如何支撑机构的整体目标。

我们论述的这些观点都是关于如何应用学习的情境化模式这一组织框架来设定博物馆目标和探讨博物馆公共价值的。现在我们来讨论模式的应用对日常参观——参观前、参观中和参观后的影响。

参观开始前

参观前，机构能够开展的重要活动，与具体展览、活动、网站和其他项目的计划与设计并没有什么关系。机构需要非常明确自己的预期成果是什么，并清楚所在社区对你的博物馆的认知如何。如果你目前的观众以及潜在观众对你的机构的价值、关注什么、能提供和分享什么内容和服务以丰富他们及他们家庭的生活等都不清楚的话，那么你可以在内部做一些不求回报的"务虚"工作。清楚谁是（谁不是）博物馆的受众，并且制订一份符合受众需求和兴趣的诠释计划是十分重要的。

位于美国得克萨斯州南部城市的圣安东尼奥艺术博物馆成功地完成了这项任务。通过开展深入的观众研究，圣安东尼奥艺术博物馆借助网站、学校和社区组织以及口头进行宣传，提供了多样化的活动。这些活动是专门为博物馆认为对其宗旨至关重要的群体设计的，这些活动面向博物馆的常客，但也包括其他——拉美裔和非洲裔观众及社区内不太富裕的观众。此外，这一群体是以前与博物馆互动较少的人。博物馆的活动设计新颖，希望给观众提供新奇和有趣的体验。他们设计了"博物馆展厅素描"活动，在这个晚上，参与者基于所选藏品随意作画，并可得到相关指导。为纪念马丁·路德·金的纪年日游行活动（圣安东尼奥艺术博物馆主办了全国最大规模的游行）已举办 25 周年，博物馆主办了一个展览，包含非洲裔美国艺术家的作品，作品时间跨度长达 200 年。他们也采访了展览中的非洲裔美国艺术家，如威利·科尔（Willie Cole），讨论他们的生活和艺术。该馆还在星期二傍晚开展了免费的活动，活动面向所有人；也有面向家庭的活动，时间为星期日上午 10 点到中午。"圣安东尼奥艺术博物馆之夜"是有关鸡尾酒、艺术和音乐的活动，活动对象是年轻人，时间为星期五和星期六的晚上。

圣安东尼奥艺术博物馆也应用了林恩多年前给许多博物馆提供的建议。为了更直接地和当地的学校进行互动，圣安东尼奥艺术博物馆邀请学校的老师将博物馆的展厅当作"测验"场地。响应博物馆号召，一名当地的拉丁语教师将期末考试的考场设置在了博物馆的展厅内，考场周围都是公元前 300 年至公元 400 年的希腊和罗马艺术品。考试内容为翻译展品上的拉丁语介绍。这一举措已经实施了三年，考试时整个考场沉浸在历史氛围中。老师让学生在考试中互动。比如去年的考试，有 55 名学生以展品文字为对象展开辩论，讨论翻译罗马货币上的文字，分析丘比特和妻子普绪克的大理石雕塑上文字表述的深意，这些文字最初用于装饰哈德良神庙。目前，这位拉丁语教师是博物馆员工知道的唯一一个安排学生在博物馆完成测试的教师。任何一个老师都可以复制这一形式的活动，尤其是在博物馆每周二晚上免费开放的时候。[2]

一旦博物馆明确了其受众的侧重点和目标，那么非常重要的一点是在参观前明确谁来（谁不来）博物馆。这里的博物馆既指实体场馆，也指博物馆网站的虚拟场馆。前端评估以及多种形式的有关营销的研究，能够对观众入馆时的预期、兴趣和知识情况做出分析。例如，清楚观众的参观原因很重要——他们的需求、兴趣和参观动机是什么？先前具备了哪些知识？先前的经验有哪些——关于博物馆的内容、侧重点和宗旨的认知，总体上对于博物馆的经验，以及对贵馆这一特定博物馆的经验？针对类似博物馆的机构，观众的文化背景及人生经历是怎样的？

每一位观众来到博物馆参观都有与身份相关的动机，这影响着观众的参观计划、博物馆内的参观行为以及学习效果。考虑到观众的参观计划对于博物馆内的体验效果有重要影响，博物馆专业人士不要把观众的参观计划看成不可控的既定条件。博物馆能够通过以下方式直接影响到观众的计划安排，例如参观前的宣传材料、营销、标语、网站和事先分发给学校、成人中心的宣传资料。总体来说，应该时刻牢记，任何直接使观众的参观计划和博物馆教育计划趋向一致的努力，都将极大地促进双方计划的圆满实现。

研究发现，约翰的身份相关动机在多种类型的机构（动物园、水族馆、多种形式的博物馆）中影响观众未来的学习。因此，身份相关动机代表着一种有用的模式，可以用作开发观众教育体验的跳板；我们应该利用和发展这些动机，而不是与之对抗。有一个坐落在印第安纳州曼西市的机构名为"明纳斯蒂斯达"（Minnetrista），也经常被称为明纳斯蒂斯达文化中心。这是一个占地40亩的校园，里面有一个展览内容更新频率较高的博物馆，一个历史上著名的住宅——奥克荷斯特，许多的主题花园，户外雕塑，以及怀特河园林路的一小段。博物馆的藏品关注印第安纳州中东部当地的文化历史，展览和活动的主题包含家庭和社区生活、娱乐休闲、行业和工作以及印第安纳州中东部艺术。机构的全部解说和营销计划都围绕身份相关动机展开，以确保将观众在参观前、参观中和参观后的体验与其需求、兴趣和认知关联起来。明纳斯蒂斯达的员工经验显示，了解观众的参观动机能够让你更好地设计、执行营销计划。尤其是在进行营销时，员工发现为有多种动机的潜在观众设计营销信息，会收获非常大的宣传效果。

保证观众参观满意的众多好办法之一，就是在参观前尽一切可能引导观众做准备。[3]很多博物馆通过网站完成这项工作。这里举两个优秀案例，分别是纽约大都会艺术博物馆和位于荷兰阿姆斯特丹的安妮之家。在这两个案例中，博物馆帮助观众在参观前轻易获得其需要的信息。例如，纽约大都会艺术博物馆网站的第一个栏目标签就是"参观"，里面描述了前来参观时驾车和乘坐公共交通工具的路线，以及公交车信息和停车场收费情况。网页也有信息介绍博物馆的政策，观众读后就能知道要如何有效参观，包括如何在众多展品中寻找参观路线。此外，也有针对团体参观的信息、餐饮选择和语音导览。安妮之家网站包括针对带孩子参观的家庭（包括参观前、参观中和参观后的建议）以及特殊人群如何应对阿姆斯特丹老旧房屋楼梯不便于他们行动的信息。观众也可以在网上购票，省去排队的时间。

创建和运营网站是一项消耗时间多且花费较高的工作，对于小机构来说更是如此。解决该问题的方法之一是像第八章提到的位于英格兰东北部的泰恩 & 威尔档案馆和博物馆一样，联合创建网站。这样的做法可以让潜在的观众通过联合创建的网站了解到更多的信息，有更多路线选择，设计灵感来自约翰的身份相关动机理论。这样的举措是将观众的参观计划与博物馆的计划衔接起来的一种简单方法，让观众对于自身的参观体验的内容和性质有了一定程度的把控。

还有类似办法的例子，比如宣传栏、车身广告、标语都在普通观众中起到了很好的作用。精心设计的网站也能为学校团体和其他团体提供有效信息。此外，对于有组织的群体参观来说，参观前的资料可以通过电脑或者手机从网站上下载，效果也不错。如果可以的话，博物馆应该为这些群体准备参观前的资料；我们之前研究的有关学校团体参观的内容，显示出参观前的资料对于参观过程中的引导和认知发挥了很大的作用。尤其是孩子，需要在参观前、参观中、参观后告知他们博物馆和学校对于这次参观的预期目标。孩子应该清楚老师和博物馆教育人员需要他们在参观时学习什么和做什么。

参观前的导览资料不应该仅仅局限于展览内容。观众，无论是散客还是有组织的团体，都应该得知他们将要看到什么，可以做什么，可以买什么，适当的情况下，还要事先得知会看到什么不寻常的东西、闻到什么不寻常的气味。博物馆应该对观众的参观心中有数，观众自身也一样。参观前熟悉情况的另一个目的是实现适度的新奇性，这种情况下学习效果最佳（正如在第六章里讨论的）。给学习者在陌生环境中的新奇感和伴随全新体验而来的兴奋感之间找到平衡点是很重要的。而且，一项针对多次参观博物馆（平均一年参与 15 次团体参观活动）的儿童研究发现，从参观者日程中延伸出一些适当的惊喜是有用的，且有助于对参观内容的记忆。例如，可以告诉观众他们将在参观中看到月球岩石，而不是在参观中能摸到或者是拿到一块岩石。这样他们在参观中真正接触到岩石的时候就会有惊喜，进而激发兴趣和进行概念性学习。

这些例子主要侧重的是如何了解和满足当前观众的需求。有没有好的办法，能够吸引多种类型的观众，包括一些非常客观众？当多种类型这一话题被提起的时候，人们通常会想到与不同种族/族群、有不同教育背景或者是不同社会经济情况的人建立联系；事实上，有时候一谈到多样化的观众，就是指这样的观众，然后活动就变成了传统的社区外延活动。正如在前面章节提到的，与不同种族/族群、有不同教育背景或者是不同社会经济情况的人互动是很重要的，不过，我们也愿意在这里分享三个有关如何用不同方式吸引多样化观众的案例。

其中两个案例是关于如何在社区内和社区外建立创新型伙伴关系的。在美国南卡罗来纳州的格林维尔，有一个北部儿童博物馆。该馆在当地社区与学校、宗教机构、商业机构建立联系，其中商业机构包括当地的有机农场、餐馆、健身中心和社会服务机构。学校实施了一个得克萨斯州的活动项目"面向儿童健康的联合策略"（CATCH），主要内容是促进进行体育活动和健康饮食，预防小学生吸烟。CATCH项目教育学生，每天健康饮食和参与体育活动可以很有趣，同时显示在儿童时期养成良好的健康习惯能够促进行为改变直至成年。CATCH项目的重点内容涵盖四部分：健康饮食营养项目，K－5和6～8课堂课程，体育类教育项目以及家庭项目。北部儿童博物馆正在与社区学校紧密配合，主要负责家庭项目的实施，实际上就是在博物馆内打造了一个CATCH的展览。展览内容的一方面就是建造一个试验厨房，当地的农民和餐馆能够在这里展示如何制作味道鲜美的健康食物。

另一个案例是"火花！联盟"，这个项目包含威斯康星州和明尼苏达州的10个博物馆，如明尼阿波里斯市艺术学院、威斯康星州伍德森艺术博物馆、密尔沃基公共博物馆以及密尔沃基县历史学会，它们合作为失忆者及其看护人举办了活动。"火花！联盟"为阿尔兹海默病患者及其看护人提供了一次在舒适的环境中欣赏艺术和艺术品的机会。这些参观者由经过培训的讲解员和志愿者进行引导。"火花！联盟"的目的就是创造"火花"，将引人注目的物品和有意义的对话结合起来。受到"相约纽约现代艺术博物馆"项目的启发，现代艺术博物馆这一创新项目在每一个博物馆中呈现的形式都不相同。参与者度过了一段愉快的时光并希望再度参与。他们还鼓励（观众）重复参观和参与不同场馆的多种项目。

同时，明尼苏达历史学会联合整个机构的力量，面向下一代博物馆爱好者设计开展为21世纪学习者（尤其是数字时代的人们）提供服务的活动。他们的行动包含两方面：（1）在现场展览与活动项目中应用新媒体，特别是社会媒体；（2）拓展线上资源的观众参与渠道。例如，观众可以通过搜索出生日期或者死亡日期以及网上寻人软件，在其网站上搜索他们家庭的历史或历史上的明尼苏达人物的情况。

希望这些案例给你一些启发，即使最精心设计的博物馆体验（包括停车场，建筑，展览，解说材料如说明牌、墙上的引言、展厅导览、员工及志愿者讲解，活动和媒体），只有观众在参观前做好适当的准备，这种体验才能产生效果和影响。这并不难实现，但也需要经过深思熟虑的前端研究。只有做好了这项工作，你才能够开始思考如何在参观过程中取得有效的成果。

参观过程中

一个场馆要确保观众参观满意可能最重要的事就是让观众在到达博物馆门口的时候就感受到热情的欢迎。重要的是要考虑到观众在其繁忙的安排中抽出时间来到博物馆参观，想看看博物馆都有什么内容，与家人、朋友在博物馆共度一段美好时光，或是一个人独自浏览，或是想要全身心地参与。这些观众也可以选择其他方式度过这一天，比如购物、看电影、整理园艺，或者仅仅是在家休闲，但是他们在这一天选择来到博物馆。如果观众是开车来的，那么理想的欢迎应该从停车场开始。如果他们是乘坐公共交通工具来参观的，那么欢迎可以从博物馆入口开始。如果观众在到达博物馆大门前就有了不愉快的经历，那么在参观中和参观后，要让他们态度积极地参与活动、让博物馆赢得良好的口碑就困难重重了。

为进一步表示欢迎，应该在观众进入博物馆内时致以问候，且理想的状态是针对每个人的问候。对于大型场馆人流量大的情况这种办法不太适用，但是淡季的时候可以尝试。我认为花费些时间记住场馆参观常客（包括长期带领学生参观的带队老师）的名字是增加互动的有效方式。你所在的场馆应该有善于记忆人脸和名字的员工，这个时候就让他们发挥作用。给会员和经常来参观的人拍照会让他们感觉到自己很特别，同时可以将这些资料制作成资料集分发给门口工作的员工用于记忆。一旦观众进入大楼内部，这种欢迎形式就要扩展到博物馆的方方面面，比如寻找参观路线、标识和方向，营造舒适的环境，如清洁的卫生间，男女卫生间都配备更衣区，舒适的休息长椅，其他缓解精神和身体上疲惫的设施，物美价廉的（健康的）食物以及吸引人的商店。这一理念的坚持对于处在服务岗位的员工会产生巨大的影响，包括保安、托管人、售票员和其他人员。如果场馆的餐饮服务和停车服务是由另外一个公司管理的，那么要清楚观众并不了解这一点，所以最好是让承包商和分包商也参与到博物馆的日常中来。

正如我们在第八章讨论的，博物馆的所有方面，包括卫生间、停车场、餐饮和礼品店在设计上都应该全面考虑传递博物馆教育信息的功能。这意味着在餐饮、安保、零售、展览、营销、项目、策展、教育和行政岗位的人需要通力合作，共同制定博物馆的目标，确保观众的体验效果。

在最近一次春天的图森之旅中，我们参观了亚利桑那－索诺兰沙漠博物馆，从中我们看到了在照顾、欢迎观众方面虽普通却极具代表性的例子。在博物馆的卫生间内都放置了防晒喷雾，这显然是博物馆关爱观众，为防止观众晒伤而特意准备的。同时，这一欢迎的表达方式也突出了周围的沙漠环境，显示了博物馆想要促进观众对索诺兰沙漠的热爱、欣赏和了解的宗旨。所有的员工（包含上述的承包商和分包商，也包括一线员工，如保安、志愿者、检票员）应该认识到且从心底认同他们的首要工作职责就是理解观众的需求和兴趣，并尽可能地帮助他们实现这些目标。

在过去的 20 年中，我们观察到博物馆领域里的一个积极的变化，即博物馆的安保人员不仅仅是起到保卫安全的作用，还要在博物馆体验中发挥欢迎和教育传播的作用，而这应该是受在 20 世纪 80 年代晚期至 90 年代早期担任菲尔德自然历史博物馆副总裁的迈克尔·斯波克（Michael Spock）的启发。目前很多保安在接受多文化交流培训和解说培训，而博物馆也鼓励保安参与到为观众创造舒适愉悦的参观环境的实践中。

虽然我们在热情接待观众方面总是更多想到了场馆里的真实观众，但是我们也应该让虚拟访客体验到热情接待。重要的是，在网站上提供清晰简洁的信息，考虑什么样的信息以什么形式呈现会让浏览者感觉到受欢迎。很多博物馆网上游客在浏览网页的时候都是在查找实用信息或后勤保障信息，这部分内容在前面也讨论过，重要的是要让信息清晰明了且通俗易懂。这么做并不意味着你的网站上不能出现内容深奥的信息，因为还是有人想要对某些内容有更深层次的认识的。

在这个方面堪称典范的是旧金山探索馆。事实上，在一打开探索馆网页的时候，就看到了主页上明确陈述：探索馆不仅是一个博物馆（不单是一个物理建筑），还是一个持续的探索科学、艺术和人类感知的过程，它通过大量的在线互动、网络功能、活动、项目和事件来满足人们的好奇心。除了有参观实体场馆的相关信息，在同一页面上还有三个主要选项。第一个是邀请公众浏览几个不同的网站，例如可以去参观海底世界和遥远的太空。第二个是提供了大量访问者可以互动的活动，例如动手做活动（制作自己的岩石雕刻）、网络互动（显示你在其他星球上的年龄和体重）以及视频播放（查科峡谷的太阳影像）。第三个是可以对观众进行身份分类，类别有父母、艺术家、科学家、青少年、教育家和博物馆专业人士。每条分类下都提供了量身定制的资源，以满足不同类型人群的特殊需求。我们惊讶于这样一个事实，那就是，如同约翰的身份相关动机理论一样，参观者参观博物馆的原因也是多种多样的，组织机构对具有多样性浏览者身份进行划分，让浏览者能够更好地规划参观时间和使用场馆的特定资源。

让观众感到宾至如归很重要，但是引导观众，特别是让初次来馆的观众迅速熟悉场馆、资源和空间陈列也同等重要。经过检验的、容易辨识的、通俗易懂的地图和其他指引方向、寻找参观路线的材料在这方面有很大的帮助。正如在这本书通篇强调的，前来参观的观众千差万别——不同文化背景、不同语言、不同的能力和兴趣、不同类型和规模的社交安排。观众对博物馆作为文化机构的体验也有很大的不同。有些是经验丰富的观众，终其一生都充分使用博物馆的资源，也有一些博物馆新手，他们对博物馆知之甚少，甚至一生都没有接触过博物馆，或者仅仅在上学的时候因为学校组织去过一次。就我们所知，许多博物馆专业人员（在这方面有声名不好的展览设计者）称他们就像是观众，对博物馆的展览内容也并不了解，因此他们明白观众的感受。事实上，这样的专业人员和公众一样对博物馆的内容知之甚少，但是任何一个在场馆内工作的人就对场馆的了解方面，在适应场馆实体环境上都可以称得上专家了。

能够从观众的角度进行思考真的可以说是一种天赋。这一点在场馆实体空间的设置方面尤为重要。首次来参观的人感受是什么样的？第一次进入一个多感官的环境中，整个体验都充满了新奇的互动。对长期记忆的研究证明了这种感官上的博物馆体验，而不是认知上的，特别是对于第一次参观的人来说。在设计博物馆体验时，有必要尽可能了解观众的体验方式。感觉迷失方向，找不到可以坐下休息的地方，或者不确定最近的卫生间在哪里，这些因素都会导致参观经历不愉快。在这方面，马斯洛的需求层次理论[4]是非常有用的工具。一个能让观众身心舒适的博物馆也能够让观众在智识上有所提高。

即使是有介绍引导，博物馆员工也应该意识到越接近展厅门口的展览，观众参观率越高。想要通过将受欢迎的展览放在展厅的最里处来解决展厅里侧参观不足的问题，收效甚微。想要展示给那些不常来参观的人的展览，可以设计在展厅入口处；那些专门给常客参观的展览可以布置在楼上或者展厅靠里处，因为这些经常来参观的人熟悉场地，知道如何快速找到展览。对于一个展览内部展示内容的布置也应该遵循同样的方法——最重要的展示信息放在最靠前的位置。

博物馆内的定位，展览内的定位，以及展览相对于博物馆内其他展览的总体布局，都会在很大程度上影响观众的参观反应和参观行为。正如过去尝试过的，过度相信一件特定的展品能够带来独立于整个展览的完整体验是不现实的。人们无法预测在一个展览中某一要素如何独立于整个展览发挥作用，就如同人们无法理解一个展览如何独立于整个博物馆体验而发挥作用。

而且，尽管展览使用了最好的设计师和最佳的设计方案，观众与展览互动也不尽是按照设计者意图发生；一些观众似乎铆足了劲儿要让展览策划人员失望。因此，在可能的情况下，博物馆应该避免有顺序地呈现展览，因为很多观众不会按照顺序参观。如果一个展览必须按照顺序陈列，那么就要告知观众按顺序参观很重要。含蓄的信息是不够的。

最后，并不是所有的观众都能同等地使用博物馆的教育功能。残障观众可能没有办法接触到博物馆提供的所有信息，许多老年人（也是博物馆参观群体中逐渐增长的部分），因为视觉和听觉受损而没有办法与展品完全互动。正如我们在第五章讨论的，博物馆的工作人员要熟知并掌握普适原则，该原则强调整个展览环境的设计对所有的观众要有内在的普适性，无论这些观众是否有特殊问题存在。

有时候，对于新来的观众来说，仅仅知道要看什么和要做什么，就能够使其将在参观时得到的体验与自身的经验相结合。一些特殊的说明牌和解说设施，例如语音导览、图文材料、人机互动、动手操作等，都通过给予提示或引导观众注意力而有所帮助，这些或许值得博物馆投入时间和精力。提升博物馆体验技巧，例如知道看什么和如何与展品互动，将促使观众更好地把看到的新内容与自身的经验结合。博物馆方面丰富的参观经验能让观众对于整个展览的掌控力变得更强，进而更容易取得好的体验效果。每一个观众都应该在参观的时候感觉舒适。

凯文格罗夫艺术画廊与博物馆已经意识到了这一点，并且组织了大量展览，这些展览的主题针对普通观众，甚至是新手观众，而不仅仅是博物馆专业人士。例如，他们最近组织了一个名为"好奇"的展览。博物馆邀请生活在格拉斯哥的团体和民众从博物馆的藏品中选择一些对他们来说具有吸引力的，作为探寻城市历史故事的起点。博物馆随后展出了民众选出的藏品及由展品引申出的故事，故事范围从儿时的记忆到与一件藏品的制作人见面。博物馆在展览和相关活动的决策方面也十分灵活。例如，在2010年，场馆推出了一个名为"绘画的先驱：凯文格罗夫的男孩们1880~1900"的展览。整个展览包含了近100幅油画和50幅其他作品，这些作品有的是来自凯文格罗夫博物馆，有的是来自全国范围内公共或者私人的收藏。这是第一个专门为1968年以后的艺术家举办的展览。展览受到热烈欢迎，参观人数达到新高（大约12万人次参观），打破了1948年凡·高展览的纪录，当时的数量是10.3万人次。对展览的评价也非常积极，观众感叹能一次看到这么多的作品是多么难得。还有一些观众表示希望这个短期展览能够变成常设展览，以便能够重复参观。为了回应观众的热情，博物馆设置了一个新的常设展览，仅仅展览凯文格罗夫男孩作品，该展览将在今年开展。为了避免有性别歧视之嫌，博物馆还开设了一个关于凯文格罗夫女孩作品的展览。

要设计有效的展览，说明性材料（例如展板、墙上的引言、展厅导览、展品说明牌）、员工在展厅的辅导、活动和媒体都是可以有所助益的，但是在具体实施的时候要清楚每一个参观观众的学习方式有所不同，获得知识的方式与其之前生活中已得的知识、经验及形成的认知有关。这一点不仅体现在展览内容、配套活动中，也体现在观众与博物馆相关的知识、经验和认知中。正如我们之前讨论过的，博物馆展览和项目设计实施的人所面临的难题，就是如何正确地让设计的成果与观众的经验和认知水平相匹配。设计效果好、影响深远的展览需要对观众与展品之间各个方面的互动有深刻理解：

- 观众对实体场馆空间的使用和反馈如何？
- 观众对于视觉的、口头的和书面的信息如何选择？
- 观众如何使用展览、解说材料、演示和媒体去满足自身需求？
- 观众是否有身体或者认知困难（视觉困难、听觉问题、认知过程问题等等）？

为了保证展览、活动和新媒体应用能够促进学习，博物馆专业人员在准备设计时应该首先想到的是观众是如何利用展示的信息或参与活动的，而不是仅仅考虑这些展览能够呈现什么内容和理念。在世界范围内，一些博物馆已经尝试使用那些让博物馆参观效果提升的技术产品了。这方面有两个例子最先做出示范，虽然不够成熟，但是通过这两个尝试我们从某一角度看到了博物馆发展的前景。在以色列，计算机科学家茨维·库夫李克（Tsvi Kuflik）和伊亚尔·迪姆（Eyal Dim）在位于海法的赫克特博物馆做实验，使用计算机识别系统，根据观众的非语言行为，专门检测观众进入场馆时的身份相关的参观动机。一旦检测成功，博物馆的网络系统会自动调整计算机解说内容和体验设计以迎合观众的兴趣和需求。[5]与之相类似的做法发生在俄勒冈新港的哈特菲尔德海洋科学中心。尚·罗威（Shawn Rowe）和马克·法雷（Mark Farley）研究员在所有展览中整合联网的电脑计算和通信技术。这样做的目的是对单个观众的需求和兴趣进行识别、记忆和响应，希望不仅能支持场馆内的学习，而且可以开发出实时评估和评价的新技术。[6]设计具有多切入点和产生多种效果的开放性展览和项目，对于未来的博物馆至关重要，而未来博物馆需要更多的定制和个性化体验。达成这个目标将会缩小博物馆教育计划和观众参观计划之间的差异。虽然不太可能要求观众去佩戴一些收集数据的手套，但这类技术在定制体验中仍可能起到一定的作用。

话虽如此，这种定制展览内容和活动的想法（更不用说开发多种切入点的开放式体验）对当前博物馆专业人员来说是重大的挑战。在缺少前述的高科技解决方案的情况下，目前确保展览内容和演示契合观众个人背景的最好办法就是进行系统的、定期的前端评估。展览和活动设计者需要了解观众都知道些什么，以及最终希望观众在参观后知道、理解和感受些什么。有了这些清晰的目标，就可以到展厅里去和观众交谈了。观众是否对这些概念已经有所了解？他们对这个话题是否有兴趣和感觉好奇？如果是，他们有什么问题？是不是他们熟悉这些术语，但不知道具体是如何定义的？对于该主题他们的态度和观念是什么？任何一个展览或者活动设计团队的主要任务就是缩小观众入馆时的认知和兴趣与预期参观后的认知和兴趣之间的差距——架起观众从当前认知和经验跨越到预期认知和经验的桥梁。无论如何这都是一项困难的任务，不过，如果对于这座桥两端的情况都不清楚明了的话，这将是一项不可能完成的任务。

在澳大利亚首都堪培拉的澳大利亚战争纪念堂开展了一项前端研究，结果表明了这种研究方法的重要性，尤其是针对有争议和敏感的话题。在 20 世纪 90 年代末的两个新的展览是

259

以第二次世界大战时期太平洋区域澳大利亚和日本军作战为背景设计的，这两个展览是纪念堂的主要更新改造的部分。[7]设计团队主要考虑的是，根据人们受到战争，尤其是这次战争的触动程度的不同，观众希望看到与众不同的展览内容，并对展览的内容有多种诠释，要么记住展览的内容，要么确定自己曾经不确定的信息，或者想了解当时发生了什么，有哪些人参与其中。在进行改造之前，焦点小组、观众调研以及追踪研究都已开展，目的是确定当前的观众对于新展览的反应。在进行焦点小组访谈时，博物馆的评估人员提出了各种各样的问题，包括呈现"敌人"的形式，以及在展厅中应该如何对待他们。

参与研究的人们对于这一话题反应非常强烈。他们一致希望机构能够展示出战争丑陋的一面，尤其是很多澳大利亚人在二战中受到了战争的摧残，被日军杀害。然而，如预期一般，展览的观众对于"敌人"这一话题也有很多争议的地方。一方面，那些生活没有受到战争波及的人，想要通过展览更多地了解敌人，试着去了解敌人的动机、文化和行为。他们想要对战争的全面展示，看到战争的双方，重点关注参与战争的人，包括敌人的人性的一面。另一方面，很多被战争波及的人表示他们不想要了解敌人，尤其是在纪念馆。虽然观众明白虐待战俘是日本人的文化，但是他们非常关注这种虐待不要在纪念馆解说过程中受到原谅。持有这种观念的观众在理解有人性的敌人方面存在困难，认为在纪念馆中展示敌军军人的个人信息是非常不恰当的。设计团队如何处理这两种截然不同的观点，并且在展览中以恭敬和开放的形式将其体现？解决办法就是提供选择，让观众知道如何有意识地进行这种选择：设计者保证在展览中会有关于战争丑陋一面的内容；根据他们想要对日本人了解多少给观众提供一定程度的选择；在澳大利亚人的故事中引入涉及日本人的情节，然后让观众自己形成见解，并得出结论；对于那些展示日本人动机、行为和文化的历史事实，不加以解释；通过提及敌人的姓名，使用遗物、物品、照片来呈现共有的人性，引起人们对敌人人性的关注。

再次强调，负责展览和活动开发的博物馆专业人士需要学会超越展览和活动看到观众的体验过程。考虑到博物馆的特有属性，展览和活动围绕内容呈现是常态，正如博物馆策展人或者其他主题专家所定义的。但是当所有精力都围绕内容时，观众最终的体验效果就削弱了。有效的解决办法就是通过展览内容创造观众体验，或者在设计参观体验的时候围绕内容展开。博物馆也应该考虑其希望观众在与展品互动的时候获得的体验是什么，以及展品的内容如何与体验相结合。一种方法是使用多感官和多媒体技术，帮助观众参与视觉、听觉和触觉的互动体验。这些技术的应用能够帮助观众在情境中理解内容。然而，必须明确的是，这些技术并不是万应灵药，只有在经过深思熟虑且保持原有内容完整性的情况下，这些技术才能发挥作用。博物馆不断尝试吸引新的、各种类型的观众，保住原有观众，就需要尝试和使用新的技术和方法。以前那种一刀切地用一种体验方法应对所有类型观众的日子已经一去不返了。

尽管我们担心博物馆太过于关注展品和内容，但这些展品是博物馆区别于其他机构的根源，是促使众多观众来到博物馆的原因。观众来博物馆参观，是因为博物馆内有大量的藏品且能够给他们营造一种不同于日常生活的体验。观众欣赏这些专业的、"真实的"展品，来到博物馆就是为了体验这里的与众不同之处。博物馆应该做一些基本的市场调研，寻找社区居民认为独特的内容，然后设计展览或活动来强化或改变这些观点。例如，如果社区居民认为，博物馆只展示无价之宝，那么如果博物馆里展出的是极简主义的"垃圾"雕塑呢？博物馆能够从后现代美国艺术角度谈论这些艺术品的艺术价值吗？如果公众认为博物馆是一个展示"极棒的科学展品"的地方，那么如果一个展览展示的是普通家用化学用品，观众将会作何反应？现存的问题是如何能够更好地提升观众在博物馆的体验效果。鉴于观众对于博物馆通常有很大的期待，博物馆需要认可这种感受，并且满足观众的需求。但这并不意味着展览会规避观众不喜欢的话题；但这确实意味着当展览和活动没有明显地满足观众期待的时候，我们需要采取额外的步骤。

从整体来看，观众会觉得展览活动吸引人，易于理解。然而，考虑到观众在展厅的参观时间有限，博物馆员工需要明确哪些内容是可以通过展览和辅助活动传播的，哪些不可以。要记住情境的重要性。当把一件展品放在恰当的、容易理解的情境里时，就会提升观众对于这件展品用途和价值的理解。如果一个博物馆设计的展品能够让观众体验后记得这个展品的外观、使用方法以及与自己的关联之处，那么博物馆设计的这个展品就非常成功。观众在看到一件展品的时候，会将之与自己之前见过的类似物品进行对比。观众会说，"你看那个图画有没有让你想起缅因州的海岸？"或者"我祖母就有一条看起来和那个很相似的围巾"。观众总是以自身的经历来理解展品，这也是让博物馆专业人员苦恼的地方。博物馆专业人员并不能时刻记住这一点，因为在他们心里，通常已经将其自身对展品的认知和理解水平体现在展品中了。

成功的展览促进观众自己形成对展品理解的能力；不成

功的展览则对观众个性化理解展览内容设置障碍。应该鼓励观众个性化理解展览。要实现这一目标，可以从说明牌或其他说明性材料、情绪、影院、现场解说、物品的情景安排或者从熟悉内容过渡到不熟悉内容的视频入手。抽象的思想都建立在深入具体的理解基础之上。博物馆想要传达抽象的思想，就应该将其建立在具体的理解上——尤其是以初学者的水平为基础，而不是建立在专家的认知水平上。这一确立基础的过程应该始于展览的概念设计阶段，而不是只在说明牌撰写阶段。选定少数几个主要信息，同时提供使展出内容与新手观众先前知识或经验联系起来的"认知连接"，这两点是至关重要的，从一开始就应成为展览设计的一部分。史密森国家自然历史博物馆就做得非常好，在哺乳类动物展厅为抽象的思想设计了具体有趣的介绍。举一个例子，观众被邀请参观"哺乳动物家庭聚会——来见见你的亲戚"展览。在这个展览中，有各种哺乳动物物种和一个加了框的镜子，观众可以通过镜子看到自己，强化自己也是这个家庭一分子的理念。在这个简单的例子中，博物馆使用了少量的说明牌，非常直接、正确、优雅地让观众感受到了所有哺乳动物的个性特征。

假设展览或者活动设计团队已经做过了前端研究，确定了观众的知识水平、态度及预期，接下来应该怎样将获取的这些信息运用到展览或者活动的设计中，让展览和活动可以适合更多类型的观众呢？一旦初步设计和信息已定，博物馆就需要通过形成性评估，包括访谈或焦点小组与观众进行持续的对话，设计原型，测试假设。例如，博物馆可以邀请小部分观众来到展览或者活动设计区参观，或向他们展示设计的初期视频，然后引导观众对其反馈进行讨论。焦点小组的优势是，与一对一访谈相比，人们更愿意在群体中分享自己的感受和意见。群组的氛围也能够引起头脑风暴，形成有创意的、重要的建议。

　　另一种有效的形成性评估工具就是结构性观察。在观众观看设计视频或者测试品的时候，观察他们的反应，听他们谈论的内容。他们是如何个性化自身体验的？他们能明白自己正在看的或者做的事吗？观众会阅读说明牌或者地图、图片等其他说明性材料吗？如果阅读，看的是哪些？观众的交谈反映出了展览的意图吗？

　　一旦形成性评估成功地为概念、展示理念和解说方法提供了必要的依据，接下来最常见的方式就是进行多层次的设计——有些方面适合初学者并为其学习体验发挥"支架"作用，有些为专家进行深层次的互动提供更多的机会；有些内容适合仅停留 5 分钟的观众，有些也可供观众参与 50 分钟。另一种办法就是分受众设计展览和活动，一些是为初学者设计，一些是为经常参观的人和专家设计。几乎其他每种类型的教育机构都提供分层次教学，博物馆也可以这么做。一些博物馆已经在小范围的特别展览中进行了尝试，但是更多的博物馆可以在常设展览中尝试，为知识水平、年龄或者文化背景划分具体标准。正如约翰的研究显示的，不同的人出于不同的原因选择不同的休闲活动，不可能通过一种方法或者一个展览活动去迎合每一个观众的日程安排。这是有关人性的原则。人们可以设计一个看起来很棒的展览，但如果没有人去看，或者展览没有满足当时（当地）人们的兴趣和需求，结果就不完美了。流畅的图片、精密的计算机硬件和软件、价值连城的物品并不能保证吸引观众的目光；展品能够与观众"对话"，激发观众的兴趣，引发观众对于自身融入世界的认知，就取得了巨大的成功。

过度重视"吸引力量"和"保持力量"。虽然观众可能客观上参观了令人眼花缭乱的展品，但是几乎没有证据能证明，在没有引起观众的好奇，没有与观众的自身兴趣相关的情况下，观众会与展品有智识上的互动。想要在智力层面引起互动，展品不一定要花哨和贵重。虽然并不是总能预测什么可以在智识层面吸引观众，但是通过前端评估和形成性评估，可以确定什么对观众没有吸引力。展览设计的驱动力应该是（使展览）与观众建立联系。

博物馆与观众建立联系的一个好办法就是通过新媒体。比如，一些移动设备上的应用程序能够提供学习的"支架"、建构个性化体验和增强博物馆体验的互动性。[8]例如，来到泰特现代艺术博物馆的观众可以从三款应用程序中任选一种免费下载到手机中，然后按照这款应用程序的模式参观展厅。在战斗模式，你会被问到，"如果这件作品成真，在战斗中会有多厉害？"；在心情模式，你要寻找你认为有恐吓性的、令人愉快的或者荒谬的艺术品。或者，尝试收集模式，你有一个自己的展厅，寻找有名的、近期出品的或者适合的艺术品（一旦完成了展览的收集，就可以和朋友约好玩闯关的游戏，看谁做得最好）。另一种与观众积极互动的方式是在展览和活动中提供拍摄照片的机会。一些机构，包括史密森学会下属的美国艺术博物馆和国立美国历史博物馆、工艺和民俗艺术博物馆和纽约公共图书馆，尝试通过邀请观众参与举办的工艺制作活动来推动社区意识的形成。一些机构也使用社交媒体来吸引青少年观众在虚拟环境中打造一种专有社区，他们不仅是学习者，而且是通过公民参与来帮助博物馆完成使命的充满活力的人群。例如，西雅图水族馆的社会改变倡议就是以青少年为主力推动的；明尼苏达动物园的"野狼迷踪"，是美国国家科学基金会资助的游戏，包含一个完全由青少年主持的论坛。

在某种程度上，这些互动例子效果非常显著的原因是，它们都是在对来馆参观团体了解的基础上开展的；大多数的博物馆观众来到博物馆参观，是作为社会群体的一部分的，而观众看到的、做到的和记住的，都是通过群体内互动和沉浸在博物馆这个学习共同体中实现的。博物馆是一个社会环境，但是很多博物馆对社交互动设置了巨大的障碍。一些博物馆不鼓励对话，而是营造安静的氛围（图书馆模式的行为要求）；另一些博物馆人声嘈杂，几乎不可能在里面进行对话。内容的组织和等级也经常阻碍对话的开展；如果信息有高技术含量或者是晦涩的，其作为家庭谈资就非常困难。博物馆对于观众围绕展品展开对话的难易程度如何？观众对于每一个展品都有个性化的理解，通常将其作为丰富社交关系的工具。这些关系也可以用前端调研和形成性评估来预见，并且也可直接用于展览和活动的设计中。

实体环境也会阻碍社交互动；展品元素常常是同时只允许一个观众与其互动的。例如，虽然大多数科学中心的观众主要是以家庭为单位的，但让人惊讶的是，大部分科学中心的互动展品是不允许多人同时使用的。展览设计创建了在展品前只允许单排移动的观众线路，这也是阻碍社交互动行为发生的。有没有其他一些可能性？因为家庭观众占据了博物馆观众的一大部分，展览设计应该考虑到成人和儿童的身高差别，陈列、说明牌和其他说明性材料，以及活动等，都应该同时易于儿童和成人理解。同时，如果展览和活动专门为家庭团体设计，就应该允许团体一起参与。

要记住，社会团体是多样化的，适用于一个团体的方法也许并不能通用于所有的团体。根本没有"适用所有观众"的展览、活动或辅导模式，博物馆员工也不应该追求这样的目标；展览、活动和辅导应该鼓励团体间交流，并具有足够开放性以适用于多样团体。这主要是关于他们，不是我们。我们倡导博物馆分别专门为成年人、个人、学校团体和不同年龄的家庭团体设计展览。同时也要记住有些家庭喜欢独立学习，更喜欢独自参观的体验；而有些家庭喜欢和其他家庭，甚至是陌生人分享。随着博物馆对于多样化观众设计了更多的互动渠道，他们也应该记住前来参观的大家庭的数目越来越多，这些家庭在仅能容纳几个人的展览空间里难以进行互动。

只要人们认可参观团体和个体的社交计划，我们就强烈建议将这些计划尽可能融入博物馆体验中。博物馆的专业人士极大地影响着博物馆体验的质量。最令人难忘的体验是那些工匠、音乐家、科学家和辅导员参与并发挥不可缺少作用的活动。当真实的人参与到博物馆体验环节中时，观众体验展品的范畴和关系就超越了博物馆范围。这也是"活的"历史遗址和自然中心的精华之处，是现代动物园、水族馆和植物园的目标——呈现有意义的、现实的场所，观众在其中了解历史、生物和其他内容。

除了常规参观团体，针对特定观众的有组织的活动也是大多数博物馆的重要组成部分，代表着博物馆对于公众理解的贡献。学校的团体参观、公共活动和外延教育项目都是博物馆教育部门的主要业务。与此同时，针对其他参观群体（老年人、家庭和国际游客）的新型活动也在规模和重要性上不断扩展和增强。这些活动都是经过设计的、个性化的和分类实施的。一个明智的例子，安妮之家为有组织团体有重点地参观进行创新。通过预约和额外的收费，安妮之家提供30分钟的导览介绍，对象为有组织的团体（学校儿童和成人），目的是提供深层次的信息或者是对某一话题，例如有关秘密配楼里的帮助者或对于犹太人的迫害进行重点阐释，该导览介绍在团体自由参观之前进行。

加利福尼亚科学院也提供分年级的学校团体参观，学校团体有多种选择，例如免费且不需要预约的项目"选择自己的参观路径"（K－12以下的年级）；学生实验室项目（K－2～8年级），需要收费，由博物馆教育人员进行某个话题的深度讲解；免费且需要预约的讲解员辅导项目（K－5年级）；以及天象学生专场演示（K－8年级）。科学院也为住在旧金山县内的4到5年级的学生和他们的家庭设计了试验性深度参观博物馆项目。这个项目是免费的，对于步行无法到达，又需要参与的学校团体提供交通服务。教师工作坊突出展品主题和教育资源（第一次来馆的老师必须参与，来过多次的老师可选择性参与）；为提升学生校外考察活动参与效果而设计的教育活动，一张学生可多次免费参观的学生通票，一张一次性的家庭参观券，附加一本科学活动手册。

昆士兰科技大学的博物馆合作项目是澳大利亚昆士兰的一个研发项目，合作单位包括两个大型国有博物馆、一个科学中心和一个专门收藏社会历史和艺术作品的地区画廊。它们为儿童努力打造突破既有的参观模式的不同类型的博物馆体验。[9] 参观方式有三种，分别是工作人员引导参观、幕后参观和儿童引导参观。其中工作人员引导参观是专门为第一次来馆的儿童设计的，帮助他们快速熟悉展厅设置，知道如何"观察"和"使用"博物馆资源。

虽然所有的人在有新材料具体呈现时学习效果最佳，但不同的年龄应该有不同的方法。例如，学龄前儿童和幼儿园儿童处理信息，尤其是词汇，非常依赖字面意思；因此，比喻这样的形式就不适用于这一年龄段的孩子。低年级的小学生能够开始处理多个变量，尤其是连续变量。例如，可以问一个二年级的孩子：一群鸟中哪只鸟的鸟喙最长，哪只最短？有最长鸟喙的鸟，腿也是最长的吗？也可以给出两到三个指令，这个年龄段的孩子可以按照指令去完成。高年级的小学生，他们应该能够应对多种变量，这个过程通常在心里进行，只要这些变量是具体的。例如，向这个年级的学生展示蜂鸟，让他们看蜂鸟的鸟喙有多长，然后让他们到室外去找适合蜂鸟吸取花蜜的花朵。对于四年级的学生来说，在植物园参观时，他们应该能够将蜂鸟的鸟喙形象记忆在脑海中了。而对于一年级的学生来说，需要在边走边看花的时候，手里拿着一根牙签或者其他象征性的实物。12岁到13岁的孩子，很多已经在身体上和智力上像是成人了，但在情感上不是。虽然青少年已经能够进行抽象思维，但对于任何年龄的学生来说，有形的学习都无法被替代。这个年龄的学生社交逐渐开展起来，因此为青少年而设计的活动应该基于他们对社交的渴求。从高中开始，辅导重点将转移到让观众将参观体验与先前经验结合。年龄大点的观众对信息更加具有辨别能力；他们想知道信息如何直接影响他们，为什么他们需要知道这些新内容。因此，对于年龄大的观众来说，非常重要的一点就是呈现的内容要与他们过去的经历相联系，并且照顾到他们的未来需求。当与年龄大的观众团互动的时候，博物馆员工和讲解员常常担心自己与观众相比会显得知识不够渊博。结果就是面向这些人的解说过高估计了他们的兴趣程度和知识水平，当然也有可能出现相反的情况。如果给成年人提供一个表达自己的兴趣和展示自己学识的机会，就基本上不会过高或者过低预估观众，传递出的信息也让这个人群感觉到自己的学习受到关注。成年人可能不愿意参与团体活动。当和成年人团体互动时，最好是让成年人自己决定时长、社交结构和大体涵盖的内容。关于人类发展有很多理论，大量的信息以印刷品和网络资源的形式存在。提供这方面的资源应该是与公众互动的所有员工必要的专业发展的一部分，尤其是对于讲解员或其他与有组织的团体互动的员工来说。

任何有效学习都基于先前的经验，博物馆参观也不例外。常见的做法是鼓励学校组织与该学期内所上课程相关的校外实地考察活动。这么多年，学校一直依靠博物馆来设计适合现有课程的活动，且大多数博物馆愿意协助——但是博物馆应该要求学校履行自己的承诺。应该寻问学校老师，他们如何利用学生参观博物馆的机会，将学校课程学习内容延伸到博物馆，并且参与到准备工作当中。正如先前提到的，加州科学院要求老师在带领学生参观前做好相关准备。校方做出这样的举措将促进学校和博物馆的合作关系，这种关系将让学生长期受益。

虽然一些团体的领头人计划去看某一藏品系列或者某一个展览，但是大多数团体成员希望看到整个博物馆的展陈。当观众被告知他们只能看到博物馆展陈的一小部分时，他们无论如何都不会相信自己没有错过什么。尽管集中时间和精力只看某一个展览符合教育学的特点，但是大多数的观众，尤其是孩子，仍然想看全部展览。在参观前，告知观众他们将有机会利用小段时间浏览整个展览，但是首先要集中精力看事先选择好的展品。针对儿童进行的研究结果表明，这样的参观方法极大地促进了各种形式的学习。而且，回忆研究表明，儿童会因为不让看他们想要看的内容而非常沮丧。

同样至关重要的是，要谨慎考虑展示出来的思想、展品和体验的数量。一些博物馆呈现大量刺激的内容，观众，尤其是儿童，会感官刺激过度。儿童可能会变得超级兴奋，从一个展品前跑到另一个展品前，注意力集中的程度都不超过几秒钟。告诉儿童慢一点，一次看一件展品基本无法起作用。为儿童准备参观前导览材料，然后给他们留 15 到 20 分钟自行参观。一个更好的解决办法是为学生安排多次参观，这样学生在第二次参观的时候就会冷静很多，更能集中注意力于选定的展览、展品或者活动上。在这种情况下，感知比事实更重要。在一次参观中，不可能看完所有的展览，团体观众可能会选择再次参观；重要的是他们可以自由选择参观内容，而且博物馆显然认可了观众想要"看到所有内容"的合理性。

大多数人，不论智商高低，可以同时处理的信息量只有 7 比特，可能有 2 比特的上下浮动。专家和初学者的区别就在于，专家可以基于以往的知识和经验，将大量的信息转化为有价值的信息块。[10]对于很多观众来说，博物馆的每一部分就是一个独立的信息块，这是典型的只见树木不见森林。缺乏博物馆参观体验的观众（包括儿童），看到的不是展览全貌。他们看到的不是热带珊瑚礁生态系统，而是一个鱼缸，里面有上百条色彩鲜艳的鱼类个体，有体型大的，有体型小的，还有一些不是鱼的东西。对于一个有组织的参观群体来说，帮助观众将这些信息组织成信息块是非常重要的，为了成功实现这一目标，负责教育的人员需要知道观众的起点。

有组织的参观，尤其是学校考察活动，经常被忽视的一方面就是这些参观活动也是社交活动；观众前来参观，陪伴的有学校同学、老师、监护人、家庭成员（详见本书在第七章的讨论）。团体参观的社交互动，对学生后续记忆展览体验作用巨大，有助于后续的继续学习。一些观众会因在一个不熟悉的社会环境中感觉不舒适而进行社交。博物馆可以研发有利于社交的活动，因为有强有力的证据证明这能帮助观众创造个人舒适空间，有助于观众学习。有关老年人团体的博物馆研究工作也证明在高度社交的方式下，其参观体验的效果最好。

时刻铭记学生中间存在不同类型的学习模式，专门为那些喜欢独自学习的人设计一些学习体验可能是明智的。虽然没有经过全面测试，起码有初期研究表明身份相关动机的概念同样适用于参加学校组织参观的儿童；因此，迎合学校学生的不同兴趣与需求也是很重要的。并不是每一个学生都以成为专业人士／"发烧友"为动机，虽然这个角色是学校或者博物馆分配给他的，这难道不令人惊讶吗？

博物馆教育者长期存在的困境就是在孩子们参观过程中，博物馆人员缺乏来自老师和监护人的支持。多年来，我们一直认为这可能是校外实地考察活动中成年人陪同的"行为模式"。关于这一现象从社会文化角度看，也体现出老师和监护人在陪同孩子实地考察时不清楚自己应该承担的角色和表现的行为。一些机构尝试改变这一现状，它们鼓励老师和监护人在实地考察活动中扮演积极的角色，以此来提高学生整体的参观质量。美国国会图书馆、林肯动物园、费城艺术博物馆和圣马特奥市历史学会采取不同策略促进这类辅助性观众发挥潜力。

当然，像博物馆体验的所有方面一样，让学校和其他团体获得高质量的教育体验，最根本的办法就是让每一位观众都直接、深入地参与到自身个性化意义的建构当中。当然随着互联网2.0的发展，就整个互动和参与领域来说都发生了改变。

你不必为了参与对话而成为专家——问题变成了观众是否可以与博物馆专业人员一起成为自身体验的创造者。已经有一些博物馆开展了高度参与式的活动；一些博物馆，像是位于西雅图的展示亚洲裔美国人经历的陆荣昌亚洲博物馆，在过去的 20 年间与社区居民合作设计开发了一些获奖展览。其他的一些博物馆也有类似的措施，比如格拉斯哥开放博物馆，这个场馆所在的社区居民，从博物馆的广泛藏品中借用物品，[11]创建自己的展览和开发教育项目。

成为博物馆领域的一分子是一件既令人兴奋又具有挑战性的事情。博物馆在想要增强公众的参与性和互动性方面有极高的要求，但是得到的公众支持和资源都相对较少。然而，许多博物馆都在用行动表示积极迎接挑战，它们能够做出改变，该放手时就放手。或许，这一领域的伟大变革都没有发生在博物馆内，而是在博物馆之外。现在我们开始探索针对观众参观结束后的有效举措。

参观结束后

正如我们在整本书中所说的，不论观众有没有受到机构的影响，博物馆体验早早开始于观众到达场馆之前，并会在参观结束后继续发生，没有终止。然而，博物馆的员工可以在观众参观前和参观后更好地挖掘观众的兴趣、计划和创造力，以更好地支持观众长期的学习和休闲轨迹。博物馆经历就像强化观众兴趣的发射台，帮助观众扩展关于某一话题和活动的工作词汇、概念性知识、个人记忆以及互动实践。如果体验是相关的且能够融入多种博物馆外的活动〔以青少年为例，鼓励他们使用社交媒体去与没有来到场馆的朋友、家人联系，将博物馆的游戏下载到手机上，或过后通过统一资源定位器（URL）访问]，那么在数周、数月或者多年后，就会获得相对深入的知识和其他学习效果（社交方面的、审美的和参与性的）。增强学习，昆士兰科技大学（QUT）的芭芭拉·皮斯卡特里（Barbara Piscatelli）称之为"双重作用"，[12]取决于对体验的增强，博物馆的工作人员可以尝试寻找博物馆体验和观众在博物馆外生活之间的联系。博物馆内发生的事情与人们日常生活之间的关联越多，人们记住并随后将其应用于生活中的可能性就越高。

在本章较前部分，我们给出的一个主要建议是，确保观众有一次满意的、享受的博物馆之旅的方法是在观众到达博物馆的时候就表示欢迎，让他们认为选择在这天参观博物馆是非常美好的一件事。这可能听起来是陈词滥调，但是你能做的最重要的一件事情就是让观众知道你很高兴他们今天能来参观。这意味着尽可能在他们离开时特意向他们道别，感谢他们前来参观，希望能再次见到他们。对虚拟游客也要这么做，这很重要。要和欢迎一样，如果能够记住对方的名字，以姓名相称会更好。如果可能的话，这是一个重提约翰的身份相关动机理论的恰当时机，对那些你认识的多次参观的人来说更是如此。感谢那些陪孩子前来扮演导览者角色的父母，并明确表示他们这么做真的很棒，这样对父母行为表示肯定强化了他们对于本身角色的认可。向在博物馆中同时扮演探索者的父母询问他们在参观时都发现了什么，会很有效果。不过，这在大型场馆的旺季是难以实现的，但是在一天或者一年中的观众量小的时候则可以尝试。

这不仅是得体的顾客服务行为，也是明智的商业策略。零售商和其他企业多年前已经知道最好的顾客都是忠诚的回头客。这么做的目的就是当观众还在场馆内的时候强化他们的体验（以及和这个人或者团体的关系），为下一次参观创造动机。正如妮娜·西蒙（Nina Simon）的评论：

> 当人们回到家之后，你要想和他们取得联系，鼓励他们再次选择博物馆参观的概率是很小的。他们已经有了对于参观体验最直观的感受，他们再次参观的概率、成为会员的可能性等等，都在很大程度上取决于之前的印象。你可以选择在参观之后给他们发送邮件，但是这些邮件基本不可能成为让他们再次参观的动机。[13]

所以，当他们还在场馆内的时候，问问他们都体验了什么，喜欢（以及不喜欢）哪些内容，饶有兴趣地倾听他们说了什么。这需要对一线员工进行职业发展培训，还需要对一线员工的岗位职责重新定位——他们不仅是检票员，还是问候者、欢迎者和祝福者。如果你所在的机构追求长期的影响力，鼓励多次参观，支持所在社区的终生学习轨迹，员工就需要认真对待自身支持和强化博物馆参观体验的角色。

正如西蒙（Simon）敏锐地指出的那样，一旦你的观众离开了场馆，强化参观体验就变得更困难了。20 年前，当《博物馆体验》出版发行的时候，在参观后体验方面所做的工作是非常少的。但幸运的是，研究证据表明这样的实践能够加深长期的影响，在接下来的几年里，在如何有效增强参观后的体验方面业界开展了大量工作和研究。很多场馆利用它们的网站、邮件、脸书账号、网络相册、邮件和其他方式推动着博物馆体验能够从博物馆内延伸至博物馆外，使其进一步得到拓展和深入。这些做法包括，让观众使用自己参观的照片制作网页，在网上继续参与在展厅参加的实验，或者给观众发送有关展览内容和活动的邮件。明尼苏达历史学会的网站有一个很有趣的功能。参与者可以发送一个个性化的电子卡片，名字为"邮件中的明尼苏达"，上面有来自明尼苏达州的欢迎致辞。这些卡片来自学会的收藏，观众可以自行选择。罗彻斯特理工学院、史密森学会下属的美国艺术博物馆，以及保罗·盖蒂博物馆都在馆内和馆外尝试用游戏来与观众建立联系。这些只是博物馆众多尝试中的几种，目的是在博物馆体验中融入观众的"声音"，把观众当成有着真实生活的有血有肉的人来对待，凯西·麦克林（Kathy McLean）和温蒂·波洛克（Wendy Pollock）这样的有见地的从业者在很多年前就提出了这样的建议。[14]

需要说明的是，很多方式方法虽然听起来很有意思、可以实施，然而实践证明，实施得好很困难，尤其是面向一般观众。瑞典斯德哥尔摩的瑞典皇家理工学院和瑞典计算机科学研究所的员工合作开展了一项研究，其内容是开发一个可作为旅行日志的展览，观众在参观中通过短讯服务和多媒体信息服务[15]记录博物馆相关体验，然后在参观后访问这些记录，拓展这些记录，并将其反馈给展览，这是博物馆与观众协作打造展览的一种延伸的形式。[16]这个团队进行了一项前期研究，评价这一活动的可行性，因此采访了一些学生和成人。访谈问题是开放性的，主要侧重于动机研究，即究竟什么能够鼓励观众给博物馆展览发送短讯。答案显示，对于一些人来说，能够给一个博物馆的展览带来影响，并且让其他人看到自己的观点，这就足够了。其他人则认为，需要某种比赛或者明确的任务。小组也对其他相似的看起来比较成功的应用做了测试。例如，斯德哥尔摩的免费报纸《城市》开设了一个有关短讯聊天内容的每日专栏。任何人都可以投稿，如果幸运的话，所发送的内容可能被选上并且第二天见报。受到这一专栏的启发，小组认为可以就此设计一个展览。然而遗憾的是，即使把形式设计为比赛模式，也鲜少有人进行投稿。虽然很多观众（儿童和成人）在博物馆互动时很热情地表示愿意将这种体验延伸到博物馆外，很可能是认为博物馆员工希望听到这样的回答，但是实际上没有人能坚持完成整个活动过程。研究者表示，很多人认为参观完博物馆离开场馆后，整个参观就结束了。即使是意识到是与博物馆相关的学习体验，也很难记起展览内容（在这个研究的案例中，是找到有关参与内容的宣传单）。研究人员甚至在想，即使把激励变为一张电影票，也都不足以吸引人们选择继续参与并进行反馈。类似的情况是，书签在一些机构中也是无效的。这些机构包括伦敦泰特现代美术馆、美国加利福尼亚圣莫尼卡的盖蒂中心、伦敦科学博物馆、波士顿科学博物馆、圣何塞技术创新博物馆和伦敦英国自然历史博物馆。[17]

斯德哥尔摩研究小组的一个额外发现是，观众自己没有参观后阶段这一概念，也不知道他们的参观体验在此基础上被拓展和深化。我们认为研究这一点很刺激。可能如同参观过程中的体验一样，扩展和强化博物馆参观体验的观念需要更加明确。最终，我们希望这些活动是内在驱动的，不需要外在激励，因为这一活动是有关个人的，而不是机构。其他"捕捉"和使用现场数据的形式——例如协同感知技术[18]、文化和技术探测技术[19]、和工作场所的社会互动设计[20]——强调反思、归属、关怀、愉悦感和趣味性，将会是未来卓有成效的探索途径。

然而，在这一领域还是有一些成功的案例，包括一些优秀的、记录完整的学校参观后体验。例如，在之前讨论的昆士兰科技大学博物馆合作项目中，研究者测试了一系列的参观后活动，并提出了一系列建议，包括让儿童在参观后回到学校利用自己的收藏创作属于自己的展览，或者为学生进行艺术创作提供材料。

在进行拓展体验和建立关系的过程中，一个令人惊奇的被忽略的群组就是博物馆的会员群体。并不是所有的博物馆都有会员，但是他们显然是最明白博物馆价值、参观次数最多的群体。在这一类人群中进行研究试验，必将成果丰硕。在这一群体中进行研究的就有北卡罗来纳州杜伦市的北卡罗来纳生命与科学博物馆。他们得到的一个结论就是，会员有很多种，需求与兴趣各不相同，所以他们决定针对不同的会员，提供不同的体验和福利。他们也认识到，只有不完全免费开放展览，价值才有所提升。他们设立了一个"探索者会员"，允许观众带着不同人次的家人和客人前来参观，全年次数不限，但只能根据他们选择的不同会员级别（指会员费用）前来参观（3岁以下的儿童免费，不算在会员数里）。他们提供了四种等级，会费按比例递增：（1）年度门票，最多携带2人；（2）年度门票，最多携带4人；（3）年度门票，最多携带6人；（4）年度门票，最多携带8人。志愿者，包括会员志愿者，也是值得研究的人群。实际上，从很多方面来说，志愿者是博物馆常客中的典范，他们已经明白如何通过志愿服务来强化自己的体验。当然，应该把这些志愿者作为博物馆参观群体的重要组成部分来考虑。

个别博物馆不需要独自承担延伸和拓展观众体验的责任。在你所在的博物馆之外，有整个社区在，可以和它们共同开展这项任务。博物馆可以和其他博物馆、文化机构，以及其他教育组织与致力于社区良好运行和福祉的社区组织缔结伙伴关系，与在其他场馆或通过其他媒介获取的体验之间建立有意义的联系和业务交叉；天然形成的联合案例包括图书馆、电视台（特别是公共电视台）、科学节/科学沙龙、医院、健康机构、环境组织等等。其中有一些需要重新思考机构在社区的定位和扮演的角色。与其把博物馆看作一个表面上的体验地点，不如将博物馆看作社区的资源，由社区共同创造，共同管理。位于纽约州阿迪朗达克山脉的野生中心/自然历史博物馆，作为社区的领导者、召集人和联系人，主持讨论社区内的难题——在他们的案例里，包括气候变化、可持续发展和环境问题。这些对于社区来说是复杂和棘手的话题，因为社区居民来自不同的社会阶层，在这些话题上有着千差万别的观点。通过与其他几个社区内机构的合作，该博物馆组织了活动、会议，甚至是绿色工作招聘会，致力于建立一个从经济、社会和环境方面来说具有活力和复原力的社区。在这个领域，他们被看作阿迪朗达克山北部众多教育导向的非营利机构的领导者。

　　然而，就博物馆体验的其他方面来说，正如俗话说的那样，实践出真知——为了提高成效，了解博物馆在参观中、参观后和之后很长一段时间产生的影响，博物馆有必要开展常规性、高质量的总结性评估。当然，如果可能的话，也可以开展基础性的和应用性的研究。我们很高兴地汇报，自我们写作《博物馆体验》20 年以来，这也是博物馆界取得了巨大进展的一个实践领域。那时，任何一种形式的评估都很少见，但是，幸好在很多投资机构的领导下，在美国社会背景下，美国国家科学基金会（NSF）以及美国博物馆和图书馆服务协会（IMLS）在领导促进博物馆评估工作方面应该得到特殊的认可。在过去的 20 年里，同样值得注意的是，研究和评估实践社群渐渐兴起，尤其是在美国，之后是英国、澳大利亚，逐渐扩展至世界范围。因为如此，评估实践不仅更加频繁，而且质量提高，推动当前实践进步的动力逐渐增强。重要的议题和重要的问题不断被提出。在 2012 年明尼苏达州圣保罗举办的美国博物馆联盟会议期间的几个平行会议反映了评估在塑造博物馆实践方面越来越重要的作用。一次会议讨论了明确衡量的内容与使用恰当的衡量指标来吸引利益相关者、实现机构战略目标的重要性。[21]另一次会议关注的是在评估中采用具有包容性的、考虑到文化敏感性的方法，比如制造文化上合适的工具，应对为弱势群体观众服务工作中的困难，以及拓展思维。其他例子包括，一个关注印第安人/部落博物馆的评估项目，一个有关认知障碍的观众评估项目，以及一个有关观众第二语言为英语的评估项目的讨论。[22]另一次会议讨论了使用评估创造性地促进观众互动。[23]最后，还有两个会议将芬兰科学中心（Heureka）馆长珀－埃德温·佩尔松（Per－Edvin Persson）提出的"场馆应该广泛思考自己所支持的不同类型的影响"作为主题。佩尔松提出了四种应该被"衡量"的主要影响：个人/学习影响，公共/社会影响，政治影响和经济影响。[24]其中一场会议讨论了针对机构实体场馆外开展项目所产生影响的调研，另外一场会议讨论了博物馆体验在行为变化方面的长期影响[25]。

　　一项研究显示了组织广义的总结性评估的重要性，这是一项有针对性的研究，研究对象是 15 名来自不同社会，有不同种族背景的大学本科生，她们有各不相同的先前的艺术体验，参与了美国城市女子文科学院"艺术教育概论"课程的学习。她们参与了波士顿艺术博物馆（MFA）的导览式实地考察活动。参观的目的有两方面：（1）走进博物馆，感受博物馆的有机整体，熟悉博物馆的建筑空间；（2）作为一个团体，仔细研究博物馆参考地图上推荐的 14 件艺术作品。这项混合了评估和调研的研究，设计的目的是分析这些学生对博物馆参观的感受，这种感受通过一系列的后续任务——写作、绘画、访谈和问卷来表达。这个研究收集了丰富的数据，对于指导老师（研究者之一）和学生来说都是一次非常有洞察力的学习体验。研究数据支持这样一种观点，即个人意义建构是观众博物馆体验中至关重要的因素，即便这种参观是高度结构化的。没有简单的、单一维度的观众分类能完整地解释这次参观的深远影响。研究者推论是因为每个人有不同的人生体验、不同的感知技能、不同的预期，找不到"正确的"单一方式带领一群不同个体去博物馆参观。[26]

总之，实现有意义和有吸引力的博物馆体验的途径是清晰的，尽管不总是那么简单和容易完成。从过去 50 年的研究，尤其是过去 20 年的研究中，发现不断强调以下内容的重要性：

1. 了解和关注观众的真实需求和兴趣；

2. 打造和实施在情感上、感官上、动觉上和智力上引人入胜的体验；

3. 确保所有的体验能够给予观众重要的选择权、控制权和所有权；

4. 可能的话，支持博物馆体验与观众参观前和参观后增强体验的持续、具体的连接，从而使博物馆体验成为观众一生当中日常生活的一部分。

这些基本原则，以一系列嵌套的机构目标为指导，在对每一位观众的个人、社会文化和实体情境如何影响体验的理解框架内，支撑博物馆专业人士打造卓越的博物馆展览、活动、网页和其他体验。我们知道这些，是因为在世界范围内目睹了这样的博物馆实践，其中有一些我们也在这章里分享过。当然，非常重要的是，高质量的博物馆体验，只有亲身前往博物馆才可以实现。虽然自1992年以来，业界在更好地联结新观众和不常来的观众方面取得了一些进展，但这类观众拓展工作仍然任重道远。这本书中陈述的有关博物馆体验的当前了解，为未来博物馆实践和吸引多元化观众提供了可能性，对此我们非常兴奋。然而，在21世纪，运营一个成功的博物馆所面临的机遇和挑战，是过去的博物馆专业人士无法预见的，因为这一领域被要求保持博物馆作为有价值的、宝贵的社区资源的公共价值。这一点也正是我们将要在下一章，即本书最后一章中讲述的。所谓博物馆为社区提供重要的公共价值意味着什么呢？

第五部分

超越参观

第十二章
21 世纪的博物馆

你能想象这样一座博物馆吗？

- 极贵重的、独一无二的展品，允许观众借出，并在日常生活中使用。

- 没有建筑，没有展览，也没有展品；仅仅在互联网上进行虚拟展示，可以在全世界随时随地访问。

- 致力于为缺乏科普教育资源的青少年提供服务，不是为这些青少年在博物馆提供服务，而是走进社区，培训社区领导者，通过他们更好地为青少年服务。

- 在博物馆的中心位置建造咖啡吧和酒吧；设计的初衷就是让年轻单身成年人能够在晚间展开有深度和吸引力的交谈。

- 完全建在水下的一座艺术博物馆，展示艺术与环境的互动，只有潜水员才能进入。

- 主要目标之一是帮助保护当地的世居民众的语言，通过与当地媒体合作共享文化课程，该课程在"每周阿鲁提克（Alutiiq）语"节目中播放。

- 其主要活动是与当地警察部门合作，为那些被指控涂鸦破坏公物的青少年提供职业培训。

这些博物馆都真实存在。按顺序排列，这些博物馆分别是华盛顿特区史密森学会美国国立印第安人博物馆、旧金山虚拟博物馆、费城的富兰克林科学博物馆、伦敦的科学博物馆达纳中心、墨西哥坎昆的水下博物馆、阿拉斯加科迪亚克的阿鲁提克考古博物馆，以及里诺的内华达艺术博物馆。美国博物馆和图书馆服务协会公共和法律事务主任对我们说："未来的博物馆，即现在许多创新性机构正在创建的博物馆，与如今过时的'博物馆'概念几乎没有相似之处。"[1]世界各地的博物馆都在重新思考作为博物馆存在的意义。

21世纪一座成功的博物馆将与20世纪的博物馆有所不同，后者又不同于19世纪成功博物馆的概念。每座博物馆都必须重新思考，如何在21世纪已经彻底改变的市场和社会中成功运转并繁荣发展。正如20世纪非常成功的先锋改革战略，实际上重新定义了博物馆存在的意义——例如，互动科学中心和儿童博物馆的创建——具有创新精神的博物馆专家已经在探索21世纪的发展新模式。

遗憾的是，面对我们在本书中通篇讨论的根本社会变化，包括人口结构、价值观、技术的作用等方面的变化，我们并没有一个现成的行动指南，而且我们也无从知道目前正在探索和尝试的众多新模式中哪些可能在新世纪获得成功。一点可以肯定的是，成功的博物馆将会找到从根本上满足社区需求的有意义的方式。只满足于博物馆是社区的一个组成部分已经远远不够了。诸如创新性、社区相关性、响应能力和灵活性等词语逐渐成为卓越博物馆的标准，也是博物馆提供支持的基础。博物馆需要证明它们与公共利益的战略联系和支持关系，以确保长期的资金支持和可持续发展。

表面看来，实现这种公共影响的方法似乎只是当前实践中细微的、难以察觉的差异，但结果截然不同、意义深远。社区—中心战略关注某一场馆实现对社区的战略影响，而不是对该场馆的运营影响。这种区别很重要，遗憾的是，即使本着最好的意图，从场馆的角度开发展览和活动，仍然会导致场馆认为社区（或至少部分社区）需要这样的活动，通常得出令人吃惊的结论——社区最需要的是一座运营良好和富有生命力的博物馆。这是一个循环和自私的论证。[2]

为了取得成功，21 世纪的博物馆需要最大限度地发挥其组织内外关系的创造性、灵活性和独创性作用。因此，除了使其对外长期、富有意义的合作与联系更加富有成效，还有另外一项衡量成功的标准，就是更好地支持其员工（包括志愿者和董事会）持续学习和发展。在知识社会，任何机构，特别是像博物馆这样的学习型机构拥有的最重要的优势就是其员工队伍所代表的知识资本。

有趣的是，当我们讨论公共服务和博物馆时，"博物馆业务"在该转型中发挥的重要作用似乎是违反常理的。另一个备受瞩目的深刻社会变化是，区分非营利和营利机构的边界正在日益变得模糊。人们正在用传统的社会责任和环境责任等非营利机构标准来判断营利性机构，同时越来越多地用财务收益来评判非营利机构。只有财政上过得去，才能实现公共利益。在过去的十年中，这一认知引发了在会议和出版物上有关博物馆新商业模式的大量讨论。[3]

从这个广义视角出发，我们打算挑战这个领域。为了适应知识时代的生存和转变，我们认为博物馆需要形成新的业务模式来优化个性化和基于社区的学习。这些学习不仅包括掌握学科概念和事实，还包括第十章所论述的成果：领导技能的发展，通过公民参与成为专家/导师，建立社会资本和扩大社会网络，通过培养自信心、自尊心和抱负促进和改变身份认同。我们相信，只有通过这些转变，博物馆才能改变参观人数下降和社会角色边缘化的困境。只有历经这些转变，博物馆才能够吸引那些历史上对博物馆不太熟悉，并且与博物馆相处不那么融洽的群体，以及那些目前虽然为少数族裔，但到了21世纪末必将成为新的多数族裔的群体。这并不容易，这需要自我反省、认真思考和充分实验，但我们认为这是可能的。

博物馆成功的关键

每个博物馆都必须制定战略，以了解其希望服务的公众不断变化的需求和价值观念。在21世纪，博物馆不再享有居高临下地决定公众应该接受什么的"优势"，也不能期待一种方法、一种说明牌和一种体验就能满足所有的人。成功的博物馆将是那些明白如何与观众发展长期有意义关系的博物馆；这意味着将其服务的对象视为个体的组合，而不是未定义的群体"公众"。21世纪，资源将更多流向深入理解外部人群的需求和关注点的机构，并将用于为满足这些需求和关注点而制定的内外部战略方面。这种做法与过去使用的战略截然不同，过去的情况是，机构内部一小部分人来决定工作重点，他们自认为知道公众的需求是什么——当然，实际上并未与他们声称为之服务的人群进行沟通。

未来的博物馆建馆必须以能够给所服务社区的部分群体带来益处为出发点。博物馆领域最机敏的观察家之一，已故的斯蒂芬·维尔（Stephen Weil）曾称：

博物馆的建立和运作本身并不是目的，只有当博物馆致力于一个或多个公共目的时，它才有存在的必要。存在本身并不能说明什么，能够为所服务的社区提供有价值的东西，才能体现出博物馆的重要性。只要把致力于公共服务当成自身的驱动力，博物馆的成功就有无限种可能……博物馆每做一件事，都必须牢记整个事业所依赖的基石，即改善人们的生活质量。这样做的博物馆很重要——至关重要。[4]

哈罗德·斯克拉姆斯塔德（Harold Skramstad）最为简明扼要地总结了这一观点，他指出传统的博物馆收藏、保存和展览功能已经让位给新的更简洁的问题："那又怎么样？"

> 我的观点是建议大多数博物馆不要再用这样的使命宣言："我们的使命是收集、保存和诠释需填补的空白。"这种使命说明回答不了根本问题"那又怎么样？"随着社会发展，博物馆的使命宣言对"附加价值"的基本表达，不仅要包含对博物馆作用的简明陈述，还要描述博物馆的行动结果以及这种结果对社区工作的价值意义。[5]

成功的博物馆，其建馆宗旨是为特定公众提供有价值的东西，这些东西是他们想要的并愿意给予资金支持的。有多种途径可以创收（门票、私人和公共赠款等），但都必须最终满足真实的人的真正需求，并且往往是多个人群的多重需求。作为教育机构和民间机构，许多博物馆已经变得相当具有创业精神，越来越努力地深入了解其所服务的人群。一些博物馆认为自己就是为服务社区而存在的，他们存在的目的就是支持公民参与和提高社会资本，但是其中有多少馆付诸实际进入它们服务或意欲服务的社区，直接向居民了解他们真正的需求，然后满足这些需求呢？

可以说，在这个新时代里，博物馆群体最重要的公共作用是，尽管博物馆种类繁多，但基本上是公共教育机构，特别是如果我们以开阔的、21世纪的视角来看待学习以及公共教育机构的意义，而不是以20世纪的狭隘观点。来到博物馆的人们或多或少地，并且经常是潜意识地进行意义建构——这是学习与人之为人的基本核心，去探索、思考、质疑，以及/或者去了解他们自身、同伴，以及他们在宇宙中的地位。总体来看，博物馆有不可估量的资源，有无限可能的联结点。单个来看，在各种社区中都能发现博物馆，博物馆成为社区资源的一部分。最终的任务可能是尝试利用博物馆的资源为尽可能多的人创造内容最丰富的学习环境。创建能满足所有参观者需求的博物馆是一个巨大的挑战，对于创建能够满足更广阔的社会需求，甚至包括不来参观的人的需求的博物馆，则提出了更高的要求。我们要讨论的就是21世纪博物馆的最终挑战。

作为教育机构的博物馆

大多数的博物馆专业人士认为，博物馆所支持的一项重要价值就是为公众提供某种教育体验，即引起理解、鉴赏或行为变化的智识投入。虽然相当多的研究成果，包括第十章概述的研究表明，几乎每个参观博物馆的人确实在智识上发生了某些改变，但同样的研究也表明，参观展览和参与活动使公众在意义构建上产生的实际变化往往偏离了很多机构目前所宣称的教育成果。

博物馆体验的教育成果应该是什么？实际上可以期望达到多少？按理说，我们应该为哪些负责？目前成立的博物馆在提供教育价值方面具有明显优势，也有很大的局限性。至少在参观展览中，绝大多数的博物馆体验都是短暂的，有人会有幸在其一生中多次参观，但是也有很多人只参观一次。大多数人参观博物馆的时长只有一到两个小时，在线体验可能只持续数分钟——一天、一周、一年乃至一生中的几分钟或几个小时。博物馆的活动可能涉及更长期的、更深入的体验，如第十章中叙述的针对女孩的科学项目，这种方法常常面临资金和如何吸引忙碌的公众参与持续活动的挑战。在人的一生中，几分钟、一个小时、一两天甚至是一个夏天的时间，都不足以产生持久的教育效果。人生中有多少短暂的体验会产生持久的印象，引起重大的认知、情感和/或行为的改变？

　　如第十章所述，越来越多的证据表明，博物馆确实提供了重要的教育价值，即使（人们）通常在此经历的时间很短。然而，加利福尼亚州科学中心的研究有一个值得关注的发现，即博物馆与社区其他部分是密切关联的。不仅该科学中心参观的学习成果建立在先前学习的基础之上，又为今后的学习奠定了基础，而且很明显，公众利用多种资源进行学习。同样地，在针对女孩们的回顾性研究中，女孩们参加的自由选择/非正式活动有助于她们学习，但是也发现，这些活动与她们的其他体验相关，这些体验包括校内和校外的，有些发生在她们参与该活动的时候，有些发生在她们参与活动后的一段时间，而对于一些女孩，时间跨度则长达 10 到 20 年。在加州科学中心这个案例中，数据明确显示，这座博物馆如同几乎所有博物馆一样，仅代表很多重要公共学习资源之一种，其重要性与其他资源难分伯仲。在相对较短的 10 年间，大约一半洛杉矶人将该科学中心作为学习资源，考虑到洛杉矶是全美国最大的，也可以说是最多元化的城市，这实在是一个庞大的数字。然而，这些数据也表明，过去 10 年间，有大约一半的洛杉矶市民不认为该科学中心是一个有价值的学习资源。

虽然期望人人都去参观博物馆是不合理的（也不一定可取），但很可能并非每个对这样的体验感兴趣，甚至爱好的人都实际进行了参观。假设许多人不参观是受到缺乏充足收入、交通方式或足够的时间等因素影响是合理的，假设许多人不参观主要是因为缺乏对博物馆价值的认知也同样合理。例如，洛杉矶白人人口的二分之一和将近三分之一家庭收入高于中位数水平的人从未访问过该科学中心。因此，尽管博物馆需要继续努力扩大受众群体以确保少数族裔和低收入人群有机会参观，但从整个社会的层面来说还有很多工作要做。

加州科学中心调查得出的另一个惊人的结果是所发生的学习的性质。任何一个人从参观中学到的最多的就是对此前一个"略知一二"话题的扩展和深化。虽然大多数博物馆专业人士愿意认为，他们的工作是帮助观众看到前所未见的事物，思考以前从未想过的事情，并参与到具有挑战性的事情中，但是大多数观众会被在视觉和知识方面的熟悉事物强烈吸引。观众参观博物馆主要是为了看到和确认他们（某种程度上）已经知道的事物，而不是挑战他们对世界的理解或看法。大多数人乐于看到新鲜的、不同的事物，只要它不是过于新奇。大体上，公众想要的是，看到从来没有见过的艺术，只要是他们熟悉的流派；乐于进一步对历史进行了解，只要是他们已然发生兴趣的那段历史；探索以前不知道的科学或自然现象，只要他们认为值得了解。

如果博物馆愿意以这些为条件开发教育体验，它们就会在支持公众学习方面迸发出无限力量。这是否意味着博物馆不应该试图扩大公众的视野并挑战他们的思维？答案显然是否定的，但这也意味着，对博物馆专业人士来说，更明智的做法是尝试尽最大努力依据公众的实际情况"因材施教"。它们还应该意识到，超出观众适度新奇和已知的舒适区有可能被认为是脱节的、精英主义和不切合实际。也许要使一个机构的教育效果最大化，关键在于找到一个最佳的点，以推动个人积极参与到刚好超出当前认知水平的重要话题、观点和行为中。如前所述，以及多年对最佳体验的研究证实，[6]这种推动力度不能太小，也不能太大；然而更具挑战性的是，针对每个观众要使用不同的力度。但好消息是，第十章中提到的对年轻女性进行的回顾性研究结果表明，这些推动如果在一个让人感到安全和与文化相关的环境中，并且理想状态下有知识渊博的人的支持和指导，就可能产生较大的学习效果。该项研究中年轻女性所报告的学习成果中最常见的是意识的转变——除了科学方面的意识，也包括相互之间的，对自己、生活中的成年人，以及对博物馆和其他自由选择式学习环境的作用的认识。对许多人来说变化是志向方面的，不仅包括鼓励她们追求与科学相关的未来职业、教育和爱好，而且包括培养她们的思维习惯，塑造她们的社会角色。值得进一步研究并且有趣的是，其中许多女性认为参加非正式项目有助于她们认识到，作为一个有责任感的公民的重要内容是公民参与并回馈社区。

如何找到这个最佳的点，这个让我们社区中每个人的生活发生变化的特别的个性化推动？为了实现这一点，我们需要在两个层面更加努力地工作。首先，必须重塑机构的目标，让它们更符合目前我们对场馆中观众体验的认识。这意味着承认和尊重博物馆作为学习机构的优势和劣势，也意味着认真考虑来访观众身份相关的需求和期望的重要性，所有这些都涉及某种程度的学习，但其中更强调社会、情感或审美的学习，而不是概念的学习。在这方面需要做的一件重要工作，是在身份相关需求和期望的框架内，尝试了解博物馆包括成人、家庭和青年项目在内的项目参与情况。迄今为止，我们知道使用约翰的身份相关框架开展的研究工作几乎完全集中于展览体验方面。几乎可以肯定的是，网上观众和项目参与者也是以身份相关需求为动机的。很可能一些影响展览体验的需求和动机也同样驱使了观众在线参观博物馆和参加博物馆项目。

然而，我们仍然坚决强调，我们并不主张博物馆免除其为公众提供引领和制订学习计划的责任。博物馆将会并且必须继续以自己的目标为使命驱动。真正的问题来了，是否有可能确保博物馆能够证明的学习成果中更多的是观众和博物馆都认为重要的观点、认识或行为呢？正如我们在前面的章节所说，博物馆的教育计划与观众的参观计划同样重要；为了实现真正的价值，两个计划都要得到满足，并进行最佳关联。高质量的教育需要在两个群体的需求和兴趣之间建立起桥梁，在这个案例中，一个群体是博物馆，另一个群体则是博物馆的观众。桥梁不是从峡谷或者河流的一侧建造到另一侧，而是需要两边的强大支撑才能有效。大多数博物馆投入巨大的资源打造好了桥梁的一侧——展品、围绕展品的研究工作、展览设计和活动设计，以及诠释这些概念的训练有素的员工。然而，博物馆投入相对较少的时间和资源理解另一侧——观众和潜在观众的需求、兴趣、关注点、期望和能力。正如我们之前所说，我们并不认为观众这一侧比博物馆这一侧更重要；相反，我们认为两者同样重要。

按照本书中提出的建议，博物馆可以开始创造能够在博物馆的需求和计划与公众的需求和计划之间搭建起有意义的桥梁的博物馆体验。[7]事实证明，情境化模式不仅帮助我们将学习概念化，也是创造高效博物馆体验的有效方式。关键是创造一个环境，在这个环境中，观众成为互相促进的情境的一部分，这些情境单独或者共同支持博物馆的目标。在这样的体系中，不应该将博物馆专业人员的工作理解为设计大型展览或组织精彩的活动。相反，博物馆专业人员的工作是利用一切可以使用的工具创造并支持有意义的，同时将博物馆与公众的兴趣连接起来的博物馆体验。

评估

在过去的 25 年中，评估，特别是前端评估（在项目最开始时进行的评估，基于观众的先前经验、知识和兴趣，明确要展出哪些重要观点）和形成性评估（在展览开发过程中进行的评估，找出内容和展示中存在的问题）作为帮助确保博物馆的教育目标与公众体验、兴趣和理解相一致的最具成本效益的方式已被广泛采纳。考虑到博物馆体验，特别是借由展览和活动进行的体验的复杂性，在将体验定型（如利用塑料、钢铁等材料制作展品，制作印刷品——或活动案例中的工作人员）之前，直接与公众交流或面向公众测试要展出的理念都是不可替代的步骤。与 20 年前《博物馆体验》问世时不同，今天有很多线上和出版的优秀资源，就前端和形成性评估给从业者以指导。我们在上一章中提到一些。另外，也成立了越来越多的专业协会，用以支持和提高博物馆评估人员的技术和能力。[8]20 年前，博物馆开展评估的情况还不常见，而如今则成为一种常态，而且这样做是有充分理由的；对前端和形成性评估的少量投资未来会有极大的回报，有助于博物馆避免重大失误和误判，而在总结性/成果评估上进行的投资，是博物馆向资助者证明博物馆重要性的有效工具。

体现总结评估价值的一个优秀案例是近来在支持"纽约市城市优势项目"上所做的工作。这是博物馆教育工作中迄今为止最具雄心的项目之一，其中来自纽约市 5 个行政区的数以千计的中学生和老师，在科技学习方面得到美国自然历史博物馆、布鲁克林植物园、纽约科学馆、皇后植物园、史坦顿岛动物园、纽约植物园、布朗克斯动物园和纽约水族馆 8 个纽约市博物馆的支持，该项目历时 7 年多。近期评估显示，该计划显著提高了参与学生的技能和科学兴趣——包括所有种族、族裔和各社会经济阶层的学生。[9]

虽然评估仍然是一个宝贵的工具，但不再是满足公众真正教育需求的唯一答案。在今天的社会中，公众不希望经验是别人为他们打造的，无论它实施得多好。人们越来越想直接参与到自己的教育体验创造中。最近在这方面有一位主要倡导者说：

"文化机构如何与公众重建联系，在当代生活中表明其价值和意义？我认为它们可以通过邀请人们以文化参与者的身份投入其中，而不是只充当被动的消费者。随着越来越多的人喜欢并习惯参与式的学习和娱乐体验，他们已经不满足于仅仅'参加'文化活动和参观某个机构。"[10]

共同创造博物馆体验

越来越多的博物馆正在努力与公众共同创造博物馆体验；鉴于这项前沿工作正处于起步阶段，而且在博物馆的方方面面，包括展览、活动和逐渐增加的技术驱动体验方面，都在发生很多变化，我们在此仅分享两个案例。案例一，类似于上一章描述的凯文格罗夫艺术画廊和博物馆，是由捷克共和国布尔诺的摩拉维亚艺术馆开发的展览。为纪念其开馆 50 周年，美术馆决定设计一个"最好的"展览。但是美术馆不让它的策展人来设计这个展览，而是决定面向社区开放决策权，使公众更有意义地参与到博物馆机构中，并通过这种参与让他们对艺术博物馆的生活有所了解。各界人士和有不同背景的社区成员纷纷受邀来体验客座策展人角色。最后，10 个人被选中，包括一位女服务员、一位建筑师、一位运输工作者、一位医生和一位当地电台播音员。每位客座策展人被要求从艺术馆的收藏中选出他们认为"最好"的 11 件物品，然后将它们组织起来，并解释为什么选择这些物品。此外，展览还包括每位客座策展人的照片和介绍。至少可以说，这个方法造就了一个非常有趣的、刺激的和自下而上设计的展览。它也成为该馆历史上参观者最多的展览。

第二个案例是布鲁克林历史学会在整个机构范围内重新定义了其收藏政策和指导方针，并且重塑了展览在其实现宗旨中的角色。在这样做的时候，他们有效地模糊了展览和活动之间的界限。[11]他们不是将展览视为静态展示，而是将它们重新定义为一个聚集场所，在其中进行征集意见、个人反思以及围绕充满感情的话题展开公开辩论。有两个项目展现了这一重新定位，即更努力地建设社区，为公众参与创造平台所带来的变革性的影响。第一个项目是强大的口述史活动和展览，这促进了关于越南战争、战争对服役士兵的情感影响，以及越南战争对个人如今经历的重要意义的对话。这项工作使他们将展厅向当地社区开放，开展由社区参与策划的展览和活动。第二个例子是通过与维克斯维尔遗产中心和拉斐特大道教堂的艾伦戴尔中心开展雄心勃勃的合作，讲述了布鲁克林废弃的故事。这个项目使那些重要但鲜为人知的当地历史得以进入公众视野，为围绕历史在当代生活中的意义的社区话语提供了多元平台。在这两个案例中，所做的工作涉及了棘手的主题内容，而且表明在创建有效的公共历史、建设社区的过程以及学习将历史事件与当今战争、种族主义和贫困问题联系起来的话题之间存在必然联系。

从这些例子可以看出，共同创造是对传统的，或者说历史悠久的博物馆实践的根本转变。它挑战了博物馆作为权威而观众作为学习者的观念，提出通过共同创造的过程，二者的力量都是实现新的认知的基础——这个过程可以被视为知识创造。这是一个强大的比喻，即个性化学习体验如何将先前知识与新发现相结合。博物馆是所有人的学习资源，也包括博物馆工作人员，通过这种动态应用被赋予新的意义。这种学习也通过博物馆与社区资源和馆外世界建立联系得到激励和支持，通过协作最终建立一个学习型大校园。"共同创造"无论是为了鼓励更多人参观，还是作为一种发展社区的机制，博物馆工作人员都明显地被馆外的世界所牵引，参与到巨大的变革之中。随着 21 世纪的深入发展，我们不仅需要从内外两方面重新思考我们是谁，还需要重新审视博物馆体验之起止的边界。

创造超越教育的价值

博物馆工作人员投入大量精力为观众开发体验项目，包括展览、活动、网站、电影、播客和语音导览，在此仅列举一些最常见的。虽然这些体验彼此都不尽相同，但都是用来为公众创造价值的。正如在本章开头提到的那样，博物馆越来越多地试图对其所在社区产生战略性影响，而不仅仅是为了自身的运营成效。从最基本的层面说，价值在于确保博物馆的工作与其所在社区的结构和真实需求进行充分、有意义的关联。

从社区角度思考博物馆的价值将重塑博物馆的机构目标。在规划任何活动时，场馆需要回答的主要问题是：

博物馆的存在及其所做的工作如何使所在的社区以积极和公认的方式发生改变并变得更好？

以下次级问题可以帮助我们从社区影响力的角度来重塑和改进活动：

- 贵馆的这一战略举措所服务的主要受众是谁？
- 你为什么选择这些人作为目标受众？
- 通过这些努力你能满足受众的哪些特定需求或愿望？你如何知道这些是目标受众的具体需求或愿望？
- 是否在活动策划和启动伊始，受众中的特定群体就确定了？
- 你打算怎样找到这个特定群体？
- 这个群体将如何从贵场馆的项目中获益？
- 你怎么知道他们从项目中获益？
- 你会如何记录这些收获？
- 社区如何从贵机构的项目中获益？
- 你如何知道社区受益于这个项目？
- 你打算如何记录这些收获？

"美国联合之路"（www. liveunited. org/）就是转变观念方面一个非常优秀的非博物馆案例。这个组织是一个公认的、集合了约1300个地方组织的国家网络，通过致力于教育、收入和健康问题，发展共同利益。在新千年初期，新主席加入后实施了自学计划，该组织意识到其活动几乎完全集中于筹资（手段），而不是社区建设（预期的最终目标）。因此，组织围绕引领联合活动（LIVE UNITED）努力重建它们的核心任务，并帮助当地的"联合之路"组织通过找到解决社区中这些问题的根本方法来实现长期的社区变革。当然，筹集资金能促成社区建设，但这不是他们的核心工作，现在已被降级为实现其社区建设目标的手段。同样地，利用重要藏品开发展览、网站或活动不能作为博物馆的目标，它们应该是实现目标的手段。但问题是，目标是什么？博物馆可以提供许多种价值；很明显，教育价值就是其中之一，但是成为比博物馆本身更大的社区或社会的一部分也是其价值之一。博物馆有潜力为其所在社区更大的社会架构做出重大贡献，有助于确保其所在社区，以及某种程度上全球的可持续发展。

作为更大范畴的一部分

加利福尼亚科学中心的数据揭示了另一个关于博物馆的重要价值。尽管洛杉矶公众普遍认为科学中心具有教育价值，但价值并不是主要针对被访问的成年人的，而是针对其他人的，尤其是他们的孩子。科学中心每 10 位成年游客中约有 4 位认为教育的受益人是他们的孩子。这些成年人坚信参观博物馆的结果是孩子进行了学习。还有证据表明，这些成年人认为科学中心成功地满足了父母帮助孩子学习的需要，不仅在参观博物馆时，而且在参观后的几天和几周内都对孩子的学习有帮助。数据显示，父母相信科学中心有助于促进他们的家庭关系和学习计划，这些是伴随着他们的参观活动的。博物馆提供了一个可以共享高质量和愉快体验的环境，让家庭自我感觉良好。柯斯滕·艾伦伯根（Kirsten Ellenbogen）[12]、马修·温格（Matthew Wenger）[13]、玛丽安娜·亚当斯（Marianna Adams）和杰西卡·卢克（Jessica Luke）[14]的研究表明，博物馆不仅帮助家庭自我感觉良好，还支持家庭学习——既了解博物馆的内容，也了解彼此。如前所述，家庭通过博物馆来满足自己的社交文化需要和兴趣。这可以说是博物馆目前提供公共价值的主要方式之一。

如之前提到的布鲁克林历史学会一样，许多博物馆积极探索将自身重塑为社区聚集之地，成为讨论和辩论当地问题的论坛。当宾夕法尼亚州的一个社区在其重划选区中遇到种族主义的指责时，它参考了当地的历史学会对过去类似的紧张局势的记录及早期民权领导层吸取的经验教训。[15]在圣路易斯，密苏里历史博物馆将自身转变为讨论与解决邻里和社区问题的公认论坛。历史博物馆甚至改写了其宗旨，以体现其对解决社区问题的决心："密苏里历史博物馆致力于加深对过去选择、当前形势和未来可能性的理解，加强社区的纽带作用，并促进共性问题的解决。"[16]都柏林科学馆将自己定义为一种新型的场所，在其中"当今白热化的科学问题付诸研讨，你可以有自己的话语权，并且各种想法可以相互交会，各种意见可以彼此碰撞"[17]。这个对使命的重新定义是一个明确的信号，即博物馆正在寻求在其拥有的资产（收藏、研究、教育专长）与所服务公众的需求（学习、探索、体验）之间建立更有意义的联系。实际上，许多博物馆采用了新的宗旨，以至于美国博物馆联盟于 2001 年用一整份出版物来报告重新定义的博物馆宗旨以及这个变化发生的过程。[18]该出版物多次援用案例，说明各博物馆如何重塑其宗旨与愿景以使自身逐步走近社区的中心。

为了使博物馆被视为真正切合时宜，并且对整个社区的健康和福祉做出重要贡献的机构，博物馆领域需要重塑思想和实践。对于许多博物馆来说，这将涉及思想和行动的根本变化。只有这样，慢慢地，更广大的社会才能开始将博物馆视为其需求和福利的关键。这个挑战类似于要增加政府的公共价值，而令人遗憾的是，自从开始收集这类性质的记录以来，政府的公共认可度目前在全球范围内正处于最低水平。[19] 在私营部门，商业顾问金灿（Chan Kim）和瑞内·莫博涅（Renee Mauborgne）使用"蓝海战略"来描述他们认为的企业最成功的定位。[20] "蓝海战略"促使组织去想象其舒适区以外有什么，去接触和拥抱更广阔的世界和更广泛的目标。并非巧合的是，这正是我们认为博物馆需要为他们目前和潜在的观众去做并与之共同完成的事情。

例如，像越来越多的营利性企业一样，21 世纪的博物馆开始认识到，践行"绿色"和成为负责任的社区公民是其义务，而不是选项。许多博物馆（但仍不是所有）也越来越认识到它们没有内在的"存在权利"，而是必须每天展现出其存在价值。诺伊斯基金会的安·鲍尔斯（Ann Bowers）曾经谈到使科学中心和博物馆从社会的点缀转变为必需品。这个说法的奇妙之处在于，它表明在实现这个目标的过程中，博物馆能够发挥重要和积极的作用。如果竞争是 20 世纪营商方式的核心，那么合作、互联互通、共同创造的概念就越来越成为 21 世纪新范式的核心。后一种概念强调一起做模式，在并行活动或融合的单一活动中相互借力。这种新的范式与系统思维新概念直接相关，唤起整体和协同作用的形象——不仅是对一个社区，也对整个世界。

在这方面领先的是动物园和水族馆，它们积极地尝试把自己重塑为保护地球生物多样性的诺亚方舟。因此，动物园和水族馆已经成为博物馆界最活跃的一批场馆，毫不犹豫地努力表达世界当前环境状况的紧迫性，并督促它们的观众投入保护环境的行动中。在禁闭的笼中圈养动物和定时表演等传统的展示形式正在消失，取而代之的是在有野生动物保护信息的自然环境中展示这些动物，这就是所谓的"蓝海战略"。讽刺的是，动物园和水族馆的工作人员与资助者反而比公众更容易接受这一改变。动物园和水族馆的大部分游客仍然认为这些场馆主要是令人愉快的家庭郊游地点，而不是学习如何拯救世界的场所。博物馆宗旨和公众参观计划的分离恰好表明与观众合作而不是为观众工作的重要性，同时也凸显了搭建桥梁必须两岸一起发力而非单方发力之重要性。

展示和记录价值

正如我们已经强调的那样，成功的博物馆将是那些为公众创造不可或缺的价值的场馆。成功的博物馆也将营造为其员工提供支持和发展的动态工作场所。成功的博物馆将是创造和维持富有意义的社区关系的场所。最后，成功的博物馆不仅要做这些事情，同时还要照顾到其活动的每一个层面——治理、运作和财务——的透明度和可说明性。例如，董事会和行政部门明确沟通政策和行政决策过程将变得越来越重要。同样地，博物馆将越来越多地需要阐明和公开其决策过程，比如决定要收藏和展示哪些物品及其理由，以及决定停止收集、出售处理及不再展示哪些物品。财务的所有方面也要求做到透明和公开——资金来自哪里，以及如何使用。所有这些要求将需要不同于博物馆界历史模式的领导方式，不断变化的公共价值观和公众期待将要求博物馆与这些更广泛的社会趋势保持一致。

不管博物馆希望追求、创造或鼓励何种价值或变化，仅仅声称价值存在已经不够了；逐渐地，博物馆必须证明其价值存在。无论业界是否愿意承认，可悲的现实是，许多博物馆并不如其内部专业人士希望的那样与社区紧密相连。一个人数不多的直言不讳的博物馆专业人士群体，包括业内的长期观察者罗伯特·简斯（Robert Janes）、伊莱纳·休曼·古里安（Elaine Heumann Gurian）和埃姆林·考斯特（Emlyn Koster）等这样著名的人士，已经开始发声。他们认为，许多博物馆甚少参与影响自己社区福利的主要全球或地区问题的讨论，即使对话聚焦于教育和学习[21]。

我们同意这些人的看法。重要的是，我们认为，在理论和实践两方面遵循上述打造一个新的、关注其他的宗旨的建议，将使博物馆观众体验变得更好。我们也相信这会使博物馆的财政更加稳健和具有可持续性。也许，尽管这很不确定，但依然可能实现更美好的世界！

正如杰拉尔丁·道奇基金会宣称的：

> 想象一下在我们的影响范围内——有时在它之外——的未来，并从这个愿景逆向计划。我们愿景中的合作伙伴是我们支持的团体，拥有更美好世界愿景的组织，规模有大有小，我们向每一个组织致意……这些组织的愿景很大程度上决定了其成效……那些能够最有效地将其基于使命的愿景变为现实的组织，并不会在其工作的"想象"方面偷工减料。这些组织在行动之前会花费时间对自身的使命进行定义和认识……在每日、每周的日常生活中，它们想方设法将关于使命和目标的对话继续下去。它们一直在问"成功是什么样的？"，它们预备时间来应对这

个问题及其潜在答案。[22]

当我们身处 21 世纪初期时，成功的博物馆将越来越成为致力于提供公共服务，接触并吸引新的观众，奋力解决迫在眉睫的公民、教育、经济、环境和社会问题的机构。事实上，这些标准在很大的程度上解释了美国博物馆和图书馆服务协会（IMLS）每年评选博物馆和图书馆卓越奖时所遵循的指导方针。[23]

在 21 世纪，成功是一个旅程，而不是目的地。对博物馆体验的认识只是这个旅程中小小的，却可以说是必不可少的一部分。我们祝您拥有一次平安、愉悦的旅行，无论你是单枪匹马，还是全机构共同开启旅程，都希望这本书是你有益的伴侣和助手。借用圣雄甘地墓志铭的一句话，我们希望你和你的博物馆"欲变世界，先变其身"。

小结

■ 在 21 世纪成为一座成功的博物馆与在过去成为一座成功的博物馆，这两者可谓大相径庭。每一座博物馆都必须重新思考，如果想在 21 世纪瞬息万变的市场和社会中得以生存，应该怎样履行职责。可以说，即使存在多样性，新的世纪中博物馆最重要的公共角色就体现在本质上它们都是公认的公共教育机构（从 21 世纪广义角度看待学习和公共教育的意义）。

■ 从社区角度思考博物馆价值，要求对机构的目标进行重新定义。如果博物馆希望被视为与整个社区息息相关，并且为社区的健康发展和总体福祉做出了重大贡献，则我们的领域需要重塑其理念和实践。对于许多博物馆，这将需要其在思想上和行动上进行重大变革。然而，最终，成功的博物馆将越来越成为致力于公共服务的机构，接触并吸引新观众，并努力解决突出的城市、教育、经济、环境和社会问题。

给从业者的建议

■ 重新设想博物馆的一个关键方面将是机构与其所服务的社区之间关系的变化。

◆ 博物馆在其所有活动，包括治理、运营和财务方面，都需要变得越来越透明和对更广泛的社会负责。

◆ 博物馆还需要改变它们对知识权威者是谁以及谁是学习者的看法。这就意味着一个带有目的性的过程，通过这个过程，场馆与观众共同奠定新知识的基础——这是一个协同创造知识与意义的典型。

■ 要想成功，博物馆需要努力将自身重新定位为所有人的学习资源，包括自身作为学习者的博物馆员工在内。捷克布尔诺摩拉维亚艺术馆和布鲁克林历史学会是这一动态转变的绝佳例证。

附　录

以下是对参观伦敦自然历史博物馆的一个家庭中6位成员的采访文字稿。对本篇文字稿的讨论以及全文的摘录可以在第九章中找到。

采　访

一年后，1986年夏天，7个人中的6个［比尔、简、安妮（妈妈，安妮外祖母）、曾外祖母（又名姥姥）、马特和鲍勃］再次聚在一起。我们采访了其中5个人，询问他们关于去年夏天参观自然历史博物馆的情况。两年后，小组的第七位成员吉尔也接受了采访。没有一个受访者事先知道他们将要接受采访。7个人中谁都不知道其他人已经或即将接受采访。

鲍　勃

问：回想一下去年夏天，当你在英国的时候去了一座博物馆，你是和谁一起去的？

答：安妮外祖母、曾外祖母、马特、爸爸（比尔）、简和我。

问：博物馆是什么样的？

答：那是一座砖头建筑，很大，浅灰色的。我记得走上了台阶。

问：你看到的第一个东西是什么？

答：我记得看到大雷龙的骨头和一些恐龙。有一个角落里摆放了所有这些小骨头。

问：接下来你去了哪里？

答：洗手间。

问：洗手间是什么样的？

答：洗手间是正方形的，中等大小。有一个走廊，有指示牌指向男卫生间和女卫生间。

问：那你做了什么？

答：我和爸爸、简、吉尔、安妮外祖母和曾外祖母一起参观了博物馆。

问：告诉我你记得的所有事情。

答：我记得看到了一些恐龙。有一个剑齿虎的头骨。一头毛茸茸的猛犸象的毛发。（在英国吗？是的，在英国！）

问：你吃了什么吗？

答：我们之前吃了午饭。呃，我想起来了，我们在外面吃了饭。都喝了酸奶。在外面玩了几分钟。这座建筑很高——有两层楼，有窗户。

问：你记得在博物馆还看到了什么？

答：暴龙和依拉丝莫龙。一只头上有隆起的恐龙，所以它可以通过顶部呼吸。

问：还有什么？

答：我们给林恩（没去伦敦的妹妹）买了一个三角龙——它在二楼，我在那也买了我的依拉丝莫龙。马特买了那个黄色的家伙，一只禽龙。我们也买了明信片。我不记得祖母在礼品店买了什么礼物，但她买了东西。

问：还有什么吗？

答：没有了。

问：你在博物馆待了多久？

答：我们可能在博物馆里待了一个半小时。我们都在爸爸完成他的事情之前准备好离开了。

马　特

问：回想一下去年夏天，当你在英国的时候去了一座博物馆，你是和谁一起去的？

答：我和爸爸（比尔）、简、唐纳德·克鲁（简的一位英国亲属，马特与他一起玩了很长时间，但他没去博物馆）。

问：博物馆是什么样的？

答：那是一座巨大的建筑，里面有恐龙骨头，还有那些黑色的大石头，就像月亮上的岩石一样，我想爬上去。

问：你最先看到的东西是什么？

答：某种动物。

问：你还看到了什么？

答：博物馆里有鸟，仿造的鸟，很多都是标本。我没法特意记住。有哺乳动物，也是标本，有大的，也有小的。我觉得是狼。还有鱼，蜡制鱼。我看到仿造的鲸鱼，蓝鲸，我认为是座头鲸……我只记得这两个了。

问：你有没有看到其他的东西？

答：我看到了一个剑齿虎标本和剑齿虎的骨头，乳齿象、猛犸象和披毛犀。

问：你在哪里吃的午饭？

答：在地下层吃的午饭。

问：还有什么吗？

答：没有了。

问：你在博物馆待了多久？

答：不确定，也许一两个小时吧。

安 妮

问：回想一下去年夏天，当你在英国的时候去了一座博物馆，你是和谁一起去的？

答：姥姥（曾外祖母）、吉尔、简、比尔，还有两个男孩（鲍勃和马特）。

问：给我讲讲你记得的事情。你是怎么到达博物馆的？

答：我们在地铁站与比尔、简、鲍勃和马特碰面。然后我们走进博物馆，我们都在那里。我们帮比尔照看两个男孩，因为他要和别人见面。

问：你在博物馆看到了什么？

答：难以决定要看什么，可选择的太多了。男孩们想看恐龙。妈妈（曾外祖母）行动受限（不良于行）。我们去看展品时妈妈（曾外祖母）坐在前厅里，吉尔坐在台阶下与她待了一会儿。简和我还有两个男孩在博物馆里四处走走。

我在有栏杆的开阔地带重新体验了一番，我对栏杆感到恐惧。在楼上时，我会恐高。

我不记得任何展品了，所有展品都在我的脑海里混淆了。我想，博物馆中间有一头大象（实际上是在去年夏天，与简在华盛顿特区国家自然历史博物馆看到的）。

问：你吃了什么吗？

答：那天我们在外面野餐了吗？是的，我们吃的是芝士、水果和面包。我们在进去之前可能已经这么做了，但我不这么认为。

然后我们又遇到了比尔，我们可能走进了礼品店去挑书。

之后我们吃了午餐。

问：你还记得什么吗？

答：一件都不记得了。

问：你在博物馆待了多久？

答：大概是一个半小时。

曾外祖母

问：回想一下去年夏天，当你在英国的时候去了一座博物馆，你是和谁一起去的？

答：和安妮、吉尔、比尔、简，还有两个男孩（鲍勃和马特）一起去的。

问：跟我说说这次参观。

答：我们住在宝拉（曾外祖母的侄女）的家里。安妮、吉尔和我坐公共汽车，花了相当长的一段时间，我们去了伦敦塔的卫士亭，去了白金汉宫、大教堂、摄政公园，然后是自然历史博物馆。我们一起吃了午饭。我不记得我们在哪里遇见了比尔、简、鲍勃和马特。

问：午餐吃了什么？

答：一块或两块奶酪，一块面包，喝了一杯可乐。我们还吃了冰激凌。

问：你在博物馆里看到了什么？

答：我们进了博物馆，当我还是个小女孩的时候去过那里。我们上了楼梯，有很多东西要看。我说我累了。这是一个多好的地方啊，我们肯定在那儿待了一两个小时。我想不起来都看到什么了。我为安德鲁、马克，可能还有苏（孙女）买了几个小礼物。我给安德鲁买了一个书签。我不记得我给马克或卡罗尔（马克的妻子）买了什么。我给苏买了一本关于博物馆的书。

问：还有什么呢？

答：参观博物馆之后，我们带吉尔去了海德公园附近。我们找到了乔治（亲戚）、迈克尔（安妮的丈夫）和安妮以前经常玩的（设施）。然后我们去了特拉法加广场。

简

问：回想一下去年夏天，当你在英国的时候去了一座博物馆，你是和谁一起去的？

答：我们（马特、鲍勃、比尔和我）与吉尔、妈妈（安妮）和姥姥（曾外祖母）在地铁站碰面，随后决定去买一些食物当午餐。那天是一个晴朗、阳光明媚的日子。比尔带我们到一些他在此工作时就知道的、临近博物馆的小店，我们就此分开。我们找到了一家不错的水果和奶酪店。比尔去了面包店，买了一些面包和糖果。我们喝了葡萄酒，比尔给姥姥（曾外祖母）买了她喜欢的一种特别的苏打水。我们在博物馆的地上吃了一顿豪华的野餐。鲍勃试图扔掉桃子而不吃它，这引起了一阵争吵。

我们进了博物馆。比尔要去见某个人，我们分头走了。

马特和我走过几个动物展厅——大型史前动物。他很兴奋，后来他带着安妮和吉尔从里面走过。我那时和姥姥（曾外祖母）待在一起。

马特对我们参观的顺序非常适应。鲍勃和我陪姥姥（曾外祖母）坐在一起，他觉得无聊。

鲍勃问梁龙有多长。我们用"鲍勃的脚"来测量它——我们在这里花了很多时间。马特也这样做了。

妈妈（安妮）去了洗手间。她兴奋地回来，因为卫生纸就像他们在二战后使用的那种——"玻璃纸"卫生纸。

然后比尔回来了。马特想带比尔去看史前动物（哺乳动物）展览。

然后我们去了礼品店。比尔不是去看伞架下的那个人是不是还在那里吗？他过去了，但那个人不记得他了。

问：你刚进入博物馆时做的第一件事是什么？

答：我们直接走到主厅。马特和鲍勃被恐龙们吸引住了。妈妈（安妮）和吉尔上楼去了。

在某个时候，马特和我走到了史前哺乳动物的右边，我没有上楼。

问：你关于史前哺乳动物有什么记忆？

答：不是很多。马特认识了很多动物。那里有立体模型、大型动物、象牙、毛皮——真正的传统展品。那地方有一股霉味。当天那里很拥挤。

问：博物馆里有什么人？

答：我不记得了。

问：你还记得什么吗？

答：野餐时外面有很多的鸽子。

我没有在礼品店买东西。我正在为比尔找一本书。我已经不记得是什么书了。我想我也看了明信片。我记得姥姥（外祖母）在礼品店买了东西，但是不记得是什么了。

问：你在博物馆待了多久？

答：也许在博物馆里待了一个半小时。我们都在比尔完成他的事情之前准备好离开了。

吉　尔

问：回想一下去年夏天，当你在英国的时候去了一座博物

313

馆，你是和谁一起去的？

答：妈妈（安妮）和姥姥（曾外祖母）、比尔、简和男孩们。但是我什么都不记得了，已经过去太久了。

问：记得上楼梯和走进博物馆吗？你看见什么了？

答：我记得当时真的被这座建筑所震撼。这座建筑非常宏伟、美丽。

问：你还记得它是什么颜色的，或者是由什么材料制成的吗？

答：不记得了，但是那里有彩色的玻璃窗。我记得那个。我记得那个台阶，大的美丽的台阶。我还记得站在台阶上面，向姥姥（曾外祖母）挥手，试图引起她的注意。在楼下的房间中央有一个大恐龙。我以前从来没有见过这样的建筑。

问：你还记得楼上有什么吗？

答：不记得了。有两组楼梯，但是我不记得上面有什么东西。我知道我想让妈妈（安妮）从栏杆旁往下看，但是她害怕靠近栏杆。站在高处，我记得光线透过窗户照到下面，这个景象非常美丽。

问：进入博物馆以后，你去了哪里？

答：我不记得了。我想我们去看了恐龙。

男孩们在恐龙的周围跑来跑去。我想我们在看恐龙。我还记得沿着走廊往前走，那是礼品店附近的走廊，里面有装满鸟儿的大玻璃柜。

除了吃午餐，我不记得其他的事了。

问：给我讲讲午餐。

答：我们在室外吃饭。有一片草地，我想我们是在一棵树下吃的午餐，那里有一个长凳。

问：你午餐吃了什么？

答：我记得我们去过一些小商店。我们有奶酪、一些肉，我觉得是火腿。这就是我记得的所有内容。

问：你在博物馆待了多久？

答：我忘了，也许两三个小时吧。

注 释

前 言

1　纵览全书，我们使用"博物馆"这个词表示一个内涵广泛的群体，包括各种博物馆式的机构，例如历史之家和遗址，科学技术与自然中心，水族馆、动物园和植物园，国家公园和其他类似场所，以及传统意义上的艺术、历史及自然历史博物馆。

2　Neves, C., Wang, D. Y – Y, Jiangming, C., Schwarzer, M. & Elliott, "D. S.: Come Together: 21st Century Museum Leadership in China and the U. S. Session,"发表于美国博物馆联盟年会（Annual Meeting of the American Association of Museums），2012 年 4 月 29 日，明尼苏达州，明尼阿波利斯。

3　首个图形图像于 1992 年出现在网络上，正是《博物馆体验》出版那年。多数专家认为，可用网络的"转折点"促进了 1992 年末/1993 年初"嵌入式"浏览器的发展。维基百科，万维网的历史，检索 2012 年 5 月 30 日，en. wikipedia. org/wiki/History_ of_ the_ World_ Wide_ Web。

4　2011 年，美国 70% 的博物馆背负经济压力，40% 的博物馆收入下降。www. aam – us. org/upload/ACME12 – final. pdf，2012 年 5 月 10 日。欧洲也经历了类似的压力，例如，www. museumsassociation. org/maurice – davies – blog/17042012 – cutting – it#. T47McgJJDXx. twitter。

5　Falk, J. H. & Dierking, L. D. (2000), *Learning from Museums*: *Visitor Experiences and the Making of Meaning*, Walnut Creek, CA: AltaMira Press.

第一章　导论：学习的情境化模式

1　Association of Science – Technology Centers. （2010）, *Science Center and Museum Statistics*, Washington, DC: Association of Science – Technology Centers.

2　N. A. （2001 年 4 月 21 日）, When Merchants Enter the Temple, *Economist*, 第 359 期, 第 64~66 页。2008 年经济衰退初期, 70% 的美国博物馆产生了经济压力, 观众人数下降; 到 2011 年, 大多数博物馆观众人数得以恢复, 但仍存在经济压力。引自 http：//www. aam – us. org/upload/ACME12 – final. pdf, 2012 年 5 月 10 日。

3　在该书的初版中, 我们将这一框架命名为互动体验模型; 大约 10 年后, 我们在《博物馆学习》（Falk & Dierking, 2000）中, 将其重新命名为学习的情境化模式并沿用至今。

4　例如, Falk, J. H. & Storksdieck, M. , "Using the Contextual Model of Learning to Understand Visitor Learning from a Science Center Exhibition," *Science Education*, 89, pp. 744 – 778。
Liu, C – C. , "Serious Fun: Life – deep Learning of Koi Hobbyists," 2012, Unpublished Doctoral Dissertation, Oregon State University, Corvalis, OR.

第二章　个人情境：与身份相关的动机

1　本书中所有引文, 都来自约翰或迪尔金所做的访谈, 除非另有注明。

2　安娜为化名, 本书中所引用的人物均为化名, 除非另有注明。

3　例如, Aguitar, M. & Hurst, E. （2006）, *Measuring Trends in Leisure: The Allocation of Time over Five Decades*, Working Paper No. 06 – 2, Boston: Federal Reserve Bank of Boston。
de Grazia, S. （1962）, *Of Time, Work and Leisure*, New York: Twentieth Century Fund.
Pearson, L. F. （1977）, *Working, Life and Leisure*, Sunderland, UK:

Sunderland Polytechnic.

Roberts, K. (1999), *Leisure in Society*, Wallingford, UK: CABI.

4　Falk, J. H., Ballantyne, R., Packer, J. & Benckendorff, P. (2012), "Travel and Learing: A Neglected Tourism Research Area," *Annals of Tourism Research*, 46 (2).

Kelly, J. R. & Freysinger, V. J. (2000), *21st Century Leisure: Current Issues*, State College, PA: Venture.

Freysinger, V. J. & Kelly, J. R. (2004), *21st Century Leisure: Current Issues*, State College, PA: Venture.

5　Research Resolutions & Consulting Ltd. (2007), "U. S. Heritage Tourism Enthusiasts: A Special Analysis of the Travel Activities and Motivation Survey (TAMS)," Ottawa: The Canadian Tourism Commission.

6　Falk, Ballantyne, Packer & Benckendorff. (2012).

7　Research Resolutions & Consulting Ltd. (2007).

8　Plaza, B. (2010), "Valuing Museums as Economic Engines. Willingness to Pay or Discounting of Cashflows?," *Journal of Cultural Heritage*, 11, pp. 152 – 162.

9　Ashcraft, M. & Radvansky, G. (2010),Upper Saddle River, NJ: Prentiss Hall.

10　见 Falk, J. H. (2009), *Identity and the Museum Visitor Experience*, Walnut Creek, CA: Left Coast Press, Inc. 。

11　NA. (2011), *National Museums Double Visitor Numbers in Decade of Free Entry. The Guardian.* , www. guardian. co. uk, 最后访问时间: 2012 年 4 月 22 日。

12　Martin, A. (2003), *The Impact of Free Entry to Museums*, London: MORI,www. ipsos – mori. com/DownloadPublication/541_ sri – the – impact – of – free – entry – to – museums – 2003. pdf. , 最后访问时间: 2012 年 4 月 22 日。

13　Black, G. (2005), *The Engaging Museum*, London: Routledge.

Plaza (2010).

Prentice, R. C. (1989), "Pricing Policy at Hertitage Sites: How

Much Should Visitors Pay?," In D. T. Herbert, R. C. Prentice & C. J. Thomas (Eds.), *Heritage Sites: Strategies for Marketing and Development*, Aldershot: Avebury, pp. 231 – 271.

14 Bailey, S. J. , Falconer, P. , Foley, M. , McPherson, G. & Graham, M. (1998), *To Charge or not to Charge?*, Full report. A study of museum admission policies commissioned by the MGC and undertaken by Glasgow Caledonian University, London: Museum & Gallerie Commission.

15 Hui, C. & Ryan, C. (2012), "Issues in Museum Management Policies: Evidence from Xi'an, China," *Visitor Studies*, 15 (1), pp. 62 – 81.

16 Falk, J. H. & Sheppard, B. (2006), *Thriving in the Knowledge Age: New Business Models for Museums and Other Cultural Institutions*, Lanham, MD: AltaMira Press.

17 见 Falk 的评论 (2009)。

18 Packer, J. (2006), "Learning for Fun: The Unique Contribution of Educational Leisure Experiences," *Curator*, 49 (3), pp. 329 – 344.

19 Fraser, J. & Sickler, J. (2008), *Why Zoos and Aquariums Matter Handbook: Handbook of Key Research Findings and Results from a National Audience Survey*, Silver Spring, MD: Association of Zoos and Aquariums.

20 Falk, J. H. , Moussouri, T. & Coulson, D. (1998), "The Effect of Visitors Agendas on Museum Learning," *Curator*, 41 (2), pp. 106 – 120.

21 Fraser & Sickler (2008).

22 Rosenfeld, S. (1979), "The Context of Informal Learning in Zoos," *Roundtable Reports*, 4 (2), pp. 1 – 3, 15 – 16。

23 见 Moussouri, T. 的评论 (1997), "Family Agendas and Family Learning in Hands – on Museums," 未发表博士学位论文, University of Leiscester, Leicester, England。
Ellenbogen, K. M. , Luke, J. J. & Dierking, L. D. (2007), "Family Learning Research in Museums: Perspectives on a Decade of

Research," In J. H. Falk, L. D. Dierking & S. Foutz (Eds.), *In principle*, *In practice*: *Museums as Learning Institutions*, Lanham, MD: AltaMira Press, pp. 17 – 30.

24 Kellert, S. R. (1980), *Activities of the American Public Relating to Animal*: *Phase 11* (Report No. PB80 – 194525), Arlington, VA: National Technical Information Service.

25 Tinworth, K. (2010), *Denver All City Preliminary implementation of Falk's Visitor Identity – Related Motivation typology. Technical Report*, Denver: Denver – Area Cultural Evaluation Network.

26 Graburn, N. H. H., "The Museum and the Visitor Experience," 收录于 *The Visitor and the Museum*, 第 5 ~ 32 页。为西雅图美国博物馆联盟 (American Association of Museums) 第 72 次年会准备。

27 Falk (2009).

28 Covel, J. (2009), "Using Falk's Identity – Related Motivations to Support Guest Services at the Monterey Bay Aquarium," 发表于 2010 年 5 月 1 日，费城美国博物馆联盟 (American Association of Museums) 年会。

Falk (2009).

Falk, J. H., Heimlich, J. & Bronnenkant, K. (2008), "Using Identity – Related Visit Motivations as a Tool for Understanding Adult Zoo and Aquarium Visitor's Meaning Making," *Curator*, 51 (1), pp. 55 – 80.

Falk, J. H. & Storksdieck, M. (2004), *A Multi – Factor Investigation of Variables Affecting Informal Science Learning*, Final Report to the National Science Foundation. Annapolis, MD: Institute for Learning Innovation.

Falk, J. H. & Storksdieck, M. (2010), "Science Learning in a Leisure Setting," *Journal of Research in Science Teaching*, 47 (2), pp. 194 – 212.

Koke, J. (2009), "The Use of Identity – Related Motivations to Frame Experiences and Design at the Art Gallery Ontario," 发表于 2010 年 5 月 1 日费城美国博物馆联盟 (American Association of

Museums）年会。

Koke，J.（2010），*AGO Visitor Motivation Study：Cumulative Report*，Technical report，Toronto：Art Gallery of Ontario.

Stein，J.（2007），"Adapting the Visitor Identity – Related Motivations Scale for Living History Sites,"发表于 2007 年 7 月 19 日加拿大多伦多观众研究协会（Visitor's Studies Association）年会。

Storksdieck，M. & Stein，J.（2007），"Using the Visitor Identity – Related Motivations Scale to Improve Visitor Experiences at the U. S. Botanic Garden,"发表于 2007 年 7 月 19 日加拿大多伦多观众研究协会（Visitor's Studies Association）年会。

Tinworth（2010）.

29　Bond，N. & Falk，J. H.（2012），"Who Am I? and Why Am I Here（And Not There）?：The Role of Identity in Shaping Tourist visit Motivations," *International Journal of Tourism Research*，onlinelibrary，wiley. com/doi/10. 1002/jtr. 1886/abstract.

30　Falk，Heimlich & Bronnenkant（2008）.

31　Schaller，D. & Haley，G. K.（2004），"Exploring Motivational Factors and Visitor Satisfaction in On – Line Museum Visits,"见 D. Bearman &J. Trant（Eds.），*Museums and the web 2004：Proceedings*，www. archimuse. com/mw2004/ 和 www. archimuse. com/publishing/ mw_ 2004_ intro. html 上的介绍。

更多阅读书目见 museumsandtheweb. com 。

32　Bowen，J. P.（Ed.）（1999b），"Museums and the Internet（2）," *Museum International* ，no. 205，52（1），pp. 3 – 41.

Chadwick，J.，Falk，J. H. & O'Ryan，B.（2000），*Assessing Institutional Web Sites*，Washington，DC：Council on Library and Information Resources.

Schaller，D.，Borun，M.，Allison – Bunnell，S. & Chambers，M.（2002），"How Do You Like to Learn? Comparing User Preferences and Visit Length of Educational Web Sites," 见 D. Bearman & J. Trant（Eds.），*Museums and the Web 2002：Proceedings*，www. archimuse. com/

mw2002/ 与 www. archimuse. com/publish – ing/mw＿2002＿intro. html 上的介绍。

Ockuly, J. , Johnson, K. & Herman, D. L. （2004）, "What Clicked? A Report on Audience Research and Media Resources," 见 D. Bearman & J. Trant（Eds. ）, *Museums and the Web* 2002：*Proceeding*, www. archimuse. com/mw2004/和 www. archimuse com/publishing/ mw＿2004＿ intro. html 上的介绍。

Schaller & Haley Goldman （2004）.

Kravchyna, V. & Hastings, S. K. （2008）, *Museum Websites and Their Visitors：Information Needs*, Saarbrücken：VDM Verlag Dr. Müller.

33　Kravchyna & Hastings （2008）.

34　Chadwick, Falk & O'Ryan （2000）.

Kravchyna & Hastings （2008）.

Schaller, Borun, Allison – Bunnell & Chambers （2002）.

Ockuly, Johnson & Herman （2004）.

35　Bowen （1999）.

36　Horrigan, J. （2009）, *Wireless Internet Use*, Washington, DC：Pew Internet & American Life Project.

37　Falk, Moussouri & Coulson （1998）.

38　Dawson, E. & Jensen, E. （2011）, "Towards a Contextual Turn in Visitor Studies：Evaluating Visitor Segmentation and Identity – related Motivations," *Visitor Studies*, 11 （2）, pp. 127 – 140.

39　Chung, J. , Wilening, S. & Johnstone, S. （2008）, *Museums & Society* 2034：*Trends and Potential Futures*, Washington, DC：AAM Center for the Future of Museums.

40　Laurel Robinson, "L. A. County Museum of Natural History," 个人通讯, 2011 年 6 月 7 日。

41　Falk, J. H. （1993）, *Factors Influencing Leisure Decisions：The Use of Museums by African Americans*, Washington, DC：American Association of Museums.

42　Falk, J. H. & Needham, M. （2011）, "Measuring the Impact of a

Science Center on Its Community," *Journal of Research in Science Teaching*, 48 (1), pp. 1 – 12.

43　Kelly, J. (1974), "Socialization toward Leisure: a Developmental Approach," *Journal of Leisure Research*, 6, pp. 181 – 193.

44　Falk & Needham (2011).

45　National Endowment for the Arts (2009), *2008 Survey of Public Participation in the Arts*, Washington, DC: National Endowment for the Arts. 检索 www. nea. gov/research/2008 – SPPA. pdf. 。

46　例子参见 Falk (1993)。

47　Falk & Dierking (2000).

48　Dierking, L. D. , Adams, M. & Spencer – Etienne, M. (1996), *Final Report: Lila Wallace/Reader's Digest Audience Development*, *Virginia Museum of Fine Arts*, Annapolis, MD: SLi.

49　Dan Spock, 个人通讯, 2011 年 3 月。

第三章　社会文化情境: 社会中的博物馆

1　Bachman, J. (2011), "STEM Learning Activity among Home – Educating Families," Unpublished doctoral dissertation, Oregon State University, Corvallis, OR.

2　Bachman (2011).

3　Falk & Storksdieck (2010).

4　St. John, M. & Perry, D. (1993), "A Framework for Evaluation and Research: Science, Infrastructure and Relationships," In S. Bicknell & G. Farmelo (Eds.), *Museum Visitor Studies in the 90s*, London: Science Museum, pp. 59 – 66.

5　Leinhardt, G. (2000), "Museum Learning Collaborative: Studies of Learning from Museums," Paper set presented at the annual meeting of the American Educational Research Association, New Orleans.

6　Chase, R. A. (1975), "Museums as Learning Environments," *Museum News*, 5, pp. 36 – 43.

Diamond, J. (1986), "The Behavior of Family Groups in Science Museums," *Curator*, 29 (2), pp. 139 – 154.

Dierking, L. D. & Falk, J. H. (1994), "Family Behavior and Learning in Informal Science Settings: A Review of the Research," *Science Education*, 78 (1), pp. 57 – 72.

7 Moore, M. H. (1995), *Creating Public Value: Strategic Management in Government*, Boston: Harvard University Press.

8 Dana, J. C. (1916), *On Museums, American Association of Museums. Proceedings*, 重印版, pp. 10, 80 – 87。

Dana, J. C. (1917), *The New Museum*, Woodstock, VT: ElmTree Press.

Dana, J. C. (1926), "In a Changing World Should Museums Change?," *Publications of the American Association of Museums*, pp. 17 – 22.

9 Weil, S. E. (2002), *Making Museums Matter*, Washington, DC: Smithsonian Institution Press.

Janes, R. (2009), *Museums in a Troubled World: Renewal, Irrelevance or Collapse?*, New York: Routledge.

10 *Curator: The Museum Journal*（例如 2007 年第 50 卷第 2 期的文章，献给 Stephen, E. Weil）及 2011 年 1 月号北美科技中心协会（ASTC）的文章 "Museums & Social Issues"。

11 Dierking, L. D. (2010), "Being of Value: Lntentionally Fostering and Documenting Public Value," *Journal of Museum Education*, 35, pp. 9 – 19.

12 O'Brien, D. (2010), "Counting and Costing Culture: Review of *A Textbook of Cultural Economics*," *Journal of Policy Research in Tourism, Leisure and Events*, 2 (3), pp. 285 – 287.

Scott, C. A. (2010a), "Searching for the Public in Public Value: Arts and Cultural Heritage in Australia," *Cultural Trends*, 19 (4), pp. 273 – 289.

Scott, C. A. (2010), "Museums, the Public and Public Value," *Journal of MuseumEducation: Museum Education and Public Value New Ideas and Strategies*, 35（1）, pp. 33 – 42.

13　U. K. Department for Culture, Media and Sport.（2011）, "Encouraging Involvement in Big Society: Cultural and Sporting Perspective," May 26, 2012, www. dcms. gov. uk/images/publications/Taking_Part_Big_Society_Report_NOV2011_update. pdf.

14　U. K. Department for Culture, Media and Sport.（2011）.

15　Falk & Needham（2011）.

16　Gould, J. E.（2005）, *Venezuela Youths Transformed by Music*, Caracas: BBC News.

17　Scottish Government Social Research.（2011）, *Evaluation of Big Noise, Sistema Scotland*, Edinburgh: Scottish Government Social Research.

18　Farrell, B. & Medvedeva, M.（2010）, *Demographic Transformation and the Future of Museums*. Washington, DC: AAM Press.

19　Farrell & Medvedeva（2010）, p. 13.

20　National Endowment for the Arts.（2009）, *Arts Participation 2008: Highlights from a National Survey*, Washington, DC: National Endowment for the Arts, www. nea. gov. research/NEA – SPPA – brochure. pdf.

21　Wilkening, S. & Chung, J.（2009）, *Life Stages of the Museum Visitor*, Washington, DC: AAM Press.

22　Falk（2009）.

23　Dewey, J.（1938/1997）, *Experience and Education*, New York: Macmillan.

第四章　个人情境：先前经验、兴趣和知识

1　弗洛伦丝为化名；她参与了由 John Falk 和 Dana Holland 主导的未公开的初步研究"自我在休闲决策中的作用"（1988）。

2　Adams, G. D.（1989）, *The Process and Effects of Word – of – Mouth Communication at a History Museum*, Unpublished masters thesis, Boston:

Boston University.

3　例如, Adams (1989)。

Kotler, N. G. & Kotler, P. (1998), *Museum Management and Marketing*, San Francisco: Jossey – Bass.

4　www. travelchannel. com/tv – shows/mysteries – at – the – museum, 最后访问时间: 2012 年 4 月 24 日。

5　Roper, G. (1988), "Roper Poll," *Social Science Monitor*, 10 (4), p. 2.

6　Sernovit, A. (2007), "The Rising Importance of Word of Mouth," www. damniwish. com/2007/06/the – rising – impo. html, 最后访问时间: 2011 年 12 月 27 日。

7　Sernovit (2007).

8　Sernovit (2007).

9　Sernovit (2007).

Kotler & Kotler (1998).

10　Loomis, R. J. (1987), *Museum Visitor Evaluation: New Tool for Management*, Nashville, TN: American Association for State and Local History, p. 123.

11　Adams (1989).

12　Adams (1989).

13　Borun, M. (1977), *Measuring the Immeasurable*, Washington, DC: Association of Science – Technology Centers.

Slowik, P. (1980), *Brandywine River Museum Visitor Survey*, 7 月 9 日至 8 月 11 日, 未出版原稿。

Slowik, P, *The Conner Prairie Pioneer Settlement*, 1982 年 8 月和 1986 年 8 月, 未出版原稿。

Bitgood, S. , Patterson, D. & Nichols, G. (1986), *Report of a Survey of Visitors to the Anniston Museum of Natural History*, Jacksonville, AL: Jacksonville State University, Psychology Institute.

Survey of Biltmore Estate, Summer. (1987), 未出版原稿。

Survey of Museums at Stony Brook, 1976 年至 1984 年、1987 年、

1988 年，未出版原稿。

Survey of Colonial Michilimakinac（1988），未出版原稿。

14 Falk & Sheppard（2006）.

Sernovit（2007）.

15 *Time*，2010 年 12 月 15 日。《*Time* 选定 Facebook 创始人和 CEO 马克·扎克伯格为 2010 年度"时代人物"》，www. timeinc. com/pressroom/detail. php? id = releases/2010_TIME_Person_of the_Year_Zuckerberg. php，最后访问时间：2012 年 4 月 24 日。

16 Farrell & Medvedeva（2010）.

17 Ostrower, F.（2005），*The Diversity of Cultural Participation: Findings from a National Survey Report*，Washington, DC: The Urban Institute.

18 Wilkening & Chung（2009）.

19 Falk, J. H.（1995），"Factors Influencing African American Leisure Time Utilization of Museums," *Journal of Leisure Research*，27（1），pp. 41 – 60.

20 Hobbs, F. & Stoops, N.（2002），"Demographic Trends in the 20th Century," Census 2000 Special Reports, Series CENSR – 4, Washington, DC: U. S. Census Bureau.

21 U. S. Census Bureau.（2009），"Statistical Abstract of the United States," Washington, DC: U. S. Census Bureau, www. census. gov/compendia/statab/2009/2009edition. html.

22 U. S. Census Bureau.（2009），"American Community Survey 2006 – 2008 3 – year Estimates," Washington, DC: U. S. Census Bureau.

23 U. S. Census Bureau.（2009）.

24 Frey, W. H. , et al.（2009），"Getting Current: Recent Demographic Trends in Metropolitan America," Washington, DC: The Brookings Institution Metropolitan Policy Program.

25 个人通讯，Salvador Acevedo, Contemporanea, 2011 年 4 月 6 日。

26 Smithsonian Institution Office of Policy and Analysis.（2001），*Increasing Museum Visitation by Underrepresented Audiences: An Exploratory Study of Art Museum Practices*，Report prepared for the International Art Museums

Division, Washington, DC: Smithsonian Institution Office of Policy
and Analysis.

27　Farrell & Medvedeva (2010).

28　个人通讯, Salvador Acevedo, Contemporanea, 2011 年 4 月 6 日。

29　Karp, I. & Lavine, S. D. (Eds.) (1991), *Exhibiting Cultures: The
Poetics and Politics of Museum Display*, Washington, DC: Smithsonian In-
stitution Press.

30　个人通讯, Salvador Acevedo, Contemporanea, 2011 年 4 月 6 日。

31　Chittick, C. & Linett, P. (2008), "Literature Review on Cross -
Ethnic Arts Attendance: A Summary of Findings and Implications," Re-
port for the Dance Center of Columbia College Chicago, Cross - Eth-
nic Research and Marketing Initiative, Chicago, IL: Slover Linett Strate-
gies, www. colum. edu/DANCE_CENTER/PDF_Folder/Literature_
Review_Final. pdf, 最后访问时间: 2011 年 10 月 15 日。

　　Miller, P. & Kemp, H. (2006), "What's Black about It?: Insights
to Increase Your Share of a Changing African - American Market," Ith-
aca, NY: Paramount Market.

32　Ostrower (2005).

33　Falk (1993).

34　Falk (1993).

　　Dierking, L. D. & Holland, D. G. (1994), "Utilizing Interpretive
Carts to Collect Naturalistic Data in a Natural History Museum. AAM
Committee on Audience Research & Evaluation," *Current Trends*, 8,
pp. 38 - 43.

35　Falk (1993).

　　Dierking & Holland (1994).

36　大部分工作是在科学领域进行的。参见, 例如, Bell, P., Lewen-
stein, B., Shouse, A. W. & Feder, M. A. (2009), "Learning Sci-
ence in Informal Environments: People, Places, and Pursuits. Com-
mittee on Learning Science in Informal Environments," National Re-
search Council: Washington, DC。

Bevan, B. , Dillon, J. , Hein, G. E. , Macdonald, M. , Michal-
chik, V. , Miller, D. , Root, D. , Rudder, L. , Xanthoudaki,
M. & Yoon, S. (2010), "Making Science Matter: Collaborations
Between Informal Science Education Organizations and Schools," A
CAISE Inquiry Group Report, Washington, DC: Center for Advance-
ment of Informal Science Education (CAISE), caise. insci. org/up-
loads/docs/MakingScienceMatter. pdf。

Falk, J. H. & Dierking, L. D. (2010), "The 95% Solution: School
is not Where Most Americans Learn Most of their Science," *American
Scientist*, *98*, pp. 486 – 493.

Falk, J. H. & Dierking, L. D. (2002), *Lessons without Limit: How
Free – choice Learning is Transforming Education*, Walnut Creek, CA: Alta-
Mira Press.

Nature. (2010), "Editorial: Learning in the Wild," *Nature*, 464,
pp. 813 – 814.

Stocklmayer, S. M. , Rennie, L. J. & Gilbert, J. K. (2010), "The
Roles of the Formal and Informal Sectors in the Provision of Effective
Science Education," *Studies in Science Education*, 46 (1), pp. 1 – 44.

37 Barron, B. (2006), "Interest and Self – Sustained Learning as Cata-
lysts of Development: A Learning Ecology Perspective," *Human Devel-
opment*, 49, pp. 193 – 224.

Csikszentmihali, M. , Rathunde, K. & Whalen, S. (1993), *Talented
Teenagers : The Roots of Success and Failure*, New York: Cambridge Universi-
ty Press.

Lipstein, R. & Renninger, K. A. (2007), " ' Putting Things into
Words': 12 – 15 – year – old students' interest for writing," In P. Boscolo
& S. Hidi (Eds.), *Motivation and Writing: Research and School Practice*, New
York: Kluwer Academic/Plenum Press, pp. 113 – 140.

Renninger & Hidi (2002).

38 Barron (2006).

Barron, B. , Martin, C. K. , Takeuchi, L. & Fithian, R. (2009),

"Parents as Learning Partners in the Development of Technological Fluency," *International Journal of Learning and Media*, 1（2）, pp. 55 – 77.

Csikszentmihali, Rathunde & Whalen（1993）.

Lipstein & Renninger（2007）.

Renninger & Hidi（2002）.

39　Dierking & Holland（1994）.

40　Doering, Z. D. & Pekakirk, A. J.（1996）, "Questioning the Entrance Narrative," *Journal of Museum Education*, 21（3）, pp. 20 – 22.

Falk & Dierking（2000）.

41　Falk & Needham（2011）.

42　Hein, G.（1998）, *Learning in the Museum*, London: Routledge.

43　McKelvey, L., Falk, J., Schreier, A., O'Mara, H. & De Prizio, J.（1999）, *Conservation Impacts Study: National Aquarium in Baltimore*, Annapolis, MD: Institute for Learning Innovation.

44　McKelvey, Falk, Schreier, O'Mara & De Prizio（1999）.

45　Falk, Heimlich & Bronnenkant（2008）.

46　Babinowich, S.（2012）, "How Do People Relate to History in Free – Choice Learning Environments," Unpublished master's capstone project, Oregon State University, Corvallis.

47　Falk & Storksdieck（2010）.

48　Falk（1993）.

49　Falk（1993）.

Coles, R.（1975）, "The Art Museum and the Pressures of Society," In American Assembly（Ed.）, *On Understanding Art Museums*, Englewood Cliffs, NJ: Prentice – Hall, pp. 189 – 190.

Dunn, G.（2011, August 24）, "Museum 2. 0（An interview with Nina Simon）," *Good Times*, goodtimessantacruz. com/ good – times – coverstories/2900 – museum – 20. html, 最后访问时间: 2012 年 4 月 24 日。

50　Bourdieu, P. & Nice, R.（1984）, *Distinction: A Social Critique of the Judgment of Taste*, Cambridge, MA: Harvard University Press.

Schwarzer, M.（2006）, *Riches, Rivals and Radicals: 100 Years of Museum in America*, Washington, DC: AAM Press.

第五章　实体情境：展览

1　数据由 John Falk 和 Katie Gillespie 收集，作为 NSF 基金关于加州科学中心展览"鸡皮疙瘩：恐惧的科学"情绪的研究和累积性评估的一部分。见 Falk, J. H. & Gillespie, K. L.（2009），《调查情绪在科学中心观众学习中的作用》, *Visitor Studies*, 12（2）, pp. 112 – 132.

2　Gammon, B.（1999）, "Everything We Currently Know about Making Visitor – Friendly Interactive Exhibits," *Informal Learning Review*, 39, pp. 1 – 13.

3　Falk（2009）.

4　de Rojas, C. & Camerero, C.（2008）, "Visitors' Experience, Mood and Satisfaction in a Heritage Context: Evidence from an Interpretation Center," *Tourism Management*, 29, pp. 525 – 537.

5　例如, Flesh, R.（1962）, *The Art of Readable Writing*, New York: Macmillan。

　　Shettel, H. H., Butcher, M., Cotton, T., Northrup, J. & Slough, D. C.（1968）, *Strategies for Determining Exhibit Effectiveness*（Tech. Rep. No. AIR – E59 – 4168 – FR）, Pittsburgh, PA: American Institute for Research.

　　Screven, C. G.（1969）, "The Museum as a Responsive Learning Environment," *Museum News*, 47（10）, pp. 7 – 10.

　　Shettel, H. H.（1973）, "Exhibits: Art form or Educational Medium?," *Museum News*, 52（9）, pp. 32 – 41.

　　Neal, A.（1976）, *Exhibits for the Small Museum: A Handbook*, Nashville, TN: American Association for State and Local History.

　　Borun, M.（1980）, "To Label or Not to Label," *Museum News*, 58（4）, pp. 64 – 67.

　　Miles, R. S., Alt, M. B., Gosling, D. C., Lewis, B. N. & Tout, A. F.（Eds.）（1982）, *The Design of Educational Exhibits*, London:

George Allen and Unwin.

McLendon, C. & Blackstone, M. (1982), *Signage*, New York: McGraw – Hill.

Serrell, B. (1983), *Making Exhibit Labels: A Step – by – Step Guide*, Nashville, TN: American Association for State and Local History.

Bitgood, S. & Gregg, G. (1986), "A Brief Review of the Research on Signs and Labels: Where Are the Data?," *Visitor Behavior*, 1 (3), p. 4.

Borun, M., Dritsas, J., Johnson, J., Peter, N., Wagner, K., Fadigan, K., Jangaard, A., Stroup, E., Wenger, A. (1998), *Family Learning in Museums: The PISEC Perspective*, Philadelphia: PISEC c/o The Franklin Institute.

Serrell, B. (1998), *Paying Attention: Visitors and Museum Exhibitions*, Washington, DC: AAM Press.

Gammon, B. (1999), pp. 1 – 13.

Lord, B. & Lord, G. K. (2001), *Manual of Museum Exhibitions*, Lanham, MD: AltaMira Press.

McLean, K. & McEver, C. (2004), *Are We There Yet? Conversations about Best Practices in Science Exhibition Development*, San Francisco: Exploratorium.

Allen, S. & Gutwill, J. (2004), "Designing Science Museum Exhibits with Multiple Interactive Features: Five Common Pitfalls," *Curator*, 47 (2), pp. 199 – 212.

Humphrey, T. & Gutwill, J. P. (Eds) (2005), *Fostering Active Prolonged Engagement: The Art of Creating APE Exhibits*, Walnut Creek, CA: Left Coast Press, Inc.

Bitgood, S. (2011), *Social Design in Museums: The Psychology of Visitor Studies, Collected Essays Volume One*, Edinburgh: Museumsetc.

Klobe, T. (2012), *Exhibitions: Concepts, Planning & Design*, Washington, DC: AAM Press.

6 Robinson, E. (1928), *The Behavior of the Museum Visitor*, New Series

No. 5, Washington, DC: American Association of Museums.

Melton, A. (1935), *Problems of Installation in Museums of Art*, New Series No. 14, Washington, DC: American Association of Museums.

7　Screven, C. G. (1969), "The Museum as a Responsive Learning Environment," *Museum News*, 47 (10), pp. 7 – 10.

Bitgood, S. , Patterson, D. & Benefield, A. (1986), *Understanding Your Visitors: Ten Factors That Influence Visitor Behavior*, (Tech. Rep. No. 86 – 60), Jacksonville, AL: Psychology Institute.

Shettel (1973).

Serrell (1998).

8　Serrell (1998).

9　Serrell, B. (2010), "Paying Attention to Paying Attention," Washington, DC: Center for the Advancement of Informal Science Education, caise. insci. org/news/96/51/Paying – More – Attention – to – Paying – Attention, 最后访问时间: 2011 年 6 月 16 日。

10　Falk, J. H. , Koran, J. J. , Dierking, L. D. & Dreblow, L. (1985), "Predicting Visitor Behavior," *Curator*, 28 (4), 326 – 332.

Falk, J. H. (1991), "Analysis of Family Visitors in Natural History Museums: The National Museum of Natural History, Washington, DC," *Curator*, 34 (1), pp. 44 – 50.

Falk & Dierking (2000).

11　Falk, Koran, Dierking & Dreblow (1985).

12　Falk & Dierking (2000).

13　Bitgood (2011).

14　Ross, S. R, Melber, L. M, Gillespie, K. & Lukas, K. (2012), "The Impact of a Modern, Naturalistic Exhibit Design on Visitor Behavior: A Cross – Facility Comparison," *Visitor Studies*, 15 (1), pp. 3 – 15.

15　Munley, M. E. (1982), *Telltale Tools*, Unpublished manuscript, Smithsonian Institution, National Museum of American History, Washington, DC.

16　Bitgood, Patterson & Benefield (1986).

　　Falk (2009).

17　Gutwill, J. (2000), *Revealing Bodies Summative Evaluation Brief*, Technical Report, San Francisco: Exploratorium.

　　Bitgood (2011).

18　Serrell (2010).

19　Bitgood, Patterson & Benefield (1986).

20　Falk & Needham (2011).

21　Hilke, D. D. & Balling, J. D. (1985), "The Family as a Learning System: An Observational Study of Family Behavior in an Information Rich Environment (Final Report Grant No. SED – 812927)," Washington, DC: National Science Foundation.

22　Renner, N. O. (2011), "Multisensory Sensemaking: Children's Exploratory Behavior Has Organizing Structure at Micro – and Macro – Scales," Paper presented at the annual meeting of Cognitive Science Society, Boston, July 21, 2011.

23　Lawson, A., Karplus, R. & Ali, H. (1978), "The Acquisition of Propositional Logic and Formal Operational Schemata During Secondary School Years," *Journal of Research in Science Teaching*, 15, pp. 465 – 478.

24　American Association of Museums. (2011), "What is a Museum," www. aam – us. org/aboutmuseums/whatis. cfm, 最后访问时间: 2011 年 6 月 19 日。

25　ICOM. (2011), "Museum Definition," icom. museum/who – we – are/the – vision/museum – definition. html, 最后访问时间: 2011 年 6 月 19 日。

26　Neal, A. (1976), *Exhibits for the Small Museum: A Handbook*, Nashville, TN: American Association for State and Local History.

27　Humphrey & Gutwill (2005).

28　Humphrey & Gutwill (2005).

　　Gutwill, J. & Allen, S. (2010), *Group Inquiry at Science Museum Exhibits: Getting Visitors to Ask Juicy Questions*, Walnut Creek, CA: Left

Coast Press, Inc.

29　Ross, Melber, Gillespie & Lukas (2012).

30　Rand, J. (2012), "The Visitor's Bill of Rights," In G. Anderson (Ed.), *Reinventing the Museum: Historical and Contemporary Perspectives on the Paradigm Shift*, Lanham, MD: Rowman Littlefield, pp. 158 – 159.

31　Falk, J. H. (1982), "The Use of Time as a Measure of Visitor Behavior and Exhibit Effectiveness," *Roundtable Reports: The Journal of Museum Education*, 7 (4), pp. 10 – 13.

Borun, M. & Miller, M. (1980), *What's in a Name?*, Philadelphia: The Franklin Institute Science Museum.

Screven, C. G. (1974), *The Measurement and Facilitation of Learning in the Museum Environment: An Experimental Analysis*, Washington, DC: Smithsonian Institution Press.

Laestch, W. M. (1982), "An Overview of Research on Museum Visitors," In J. Glaser (Ed.), *Proceedings of "Children in Museums: An International Symposium"*, Washington, DC: Smithsonian Institution.

32　Falk (1982).

Borun & Miller (1980).

Screven (1974).

Laetsch (1982).

33　Falk, Koran, Dierking & Dreblow (1985).

Falk (1991).

Falk & Dierking (2000).

34　McManus, P. (1989), "Oh Yes They Do: How Museum Visitors Read Labels and Interact with Exhibit Text," *Curator*, 32 (3), pp. 174 – 180.

35　Wolf, R. L. & Tymitz, B. L. (1978), *Whatever Happened to the Giant Wombat: An Investigation of the Impact of the "Ice Age Mammals and Emergence of Man" Exhibit*, National Museum of Natural History, Washington, DC: Smithsonian Institution.

36　Falk, Koran, Dierking & Dreblow (1985).

Falk（1991）.

Falk & Dierking（2000）.

37 Diamond（1986）.

38 Bechtel, R. B.（1967）, "Hodometer Research in Museums," *Museum News*, 45（3）, pp. 23 – 26.

39 Bechtel（1967）.

40 Serrell, B.（1996）, *Exhibit Labels: An Interpretive Approach*, Lanham, MD: AltaMira Press, p. 47.

41 Babinowich（2012）.

42 Perdue, B., Stoinski, T. & Maple, T.（2012）, "Using Technology to Educate Zoo Visitors about Conservation," *Visitor Studies*, 15（1）, pp. 16 – 27.

43 Dierking, L. D. & Falk, J. H.（1998）, "Audience & accessibility," In S. Thomas & A. Mintz（Eds.）, *The Virtual and the Real: Media in the Museum*, Washington, DC: AAM Press, pp. 57 – 70.

44 www. newseum. org/about/overview/index. html. ，最后访问时间：2012 年 4 月 25 日。

45 Dierking & Falk（1998）.

46 Tallon, L. & Walker, K.（2008）, *Digital Technologies and the Museum Experience: Handheld Guides and Other Devices*, Lanham, MD: AltaMira Press.

47 无线射频识别设备（RFID）是使用射频电磁场的无线非接触式系统，将数据从某物体上附着的标签上转移，用于自动识别和跟踪的目的。

48 Wilson, K. S.（1992）, *Two Multimedia Design Research Projects: Palenque and the Museum Visitor's Project*, New York: Center for Technology in Education.

49 Simon, N.（2010）, *The Participatory Museum*, Santa Cruz, CA: Museum 2. 0.

Tallon & Walker（2008）.

50 Dierking, L. D.（1987）, *Parent – Child Interactions in a Free Choice*

Learning Setting：*An Examination of Attention – Directing Behaviors*, Unpublished doctoral dissertation, University of Florida, Gainesville.

51　Hilke & Balling（1985）．

　　McManus（1989）．

52　Diamond（1986）．

53　Tokar, S.（2004）, "Universal Design in North American Museums with Hands – on Science Exhibits：A Survey," *Visitor Studies Review*, 7（2）, pp. 6 – 10.

　　请参阅通用设计 – 研究 & 评估中心，www. ncsu. edu/ project/ design – projects/ udi/ publications/ recommended – archive – articles/，最后访问时间：2012 年 4 月 24 日。

54　Wilkening & Chung（2009）．

55　Simon（2010）．

56　Gurian, E. H.（2001）, "Function Follows Form：How Mixed – Used Spaces in Museums Build Community," *Curator*, 44（1）, pp. 97 – 113.

57　Garibay, C.（2006）, *Washington Metropolitan Area Latino Research Study for the Program in Latino History and Culture：National Museum of American History, Smithsonian Institution*, Technical Report, Chicago：Garibay Group.

58　Stein, J., Garibay, C. & Wilson, K.（2008）, "Engaging Immigrant Audiences in Museums," *Museums & Social Issues*, 3（2）, pp. 179 – 196.

第六章　实体情境：不只是展览

1　访谈由 Martin Storksdieck 和 John Falk 主导，NSF 提供资金，关于加利福尼亚科学中心观众的纵向研究。参阅 Falk, J. H. & Storksdieck, M.（2010）, "Science Learning in a Leisure Setting," *Journal of Research in Science Teaching*, 47（2）, pp. 194 – 212。

2　Gilman, B. I.（1916）, "Museum Fatigue," *Science Monthly*, 12, pp. 62 – 74.

3　Robinson, E. S. (1931), "Psychological Studies of the Public Museum," *School and Society*, 33, pp. 121 – 125.

4　Melton (1935).

　　Melton, A. (1933), "Studies of Installation at the Pennsylvania Museum of Art," *Museum News*, 10 (15), pp. 5 – 8.

　　Melton, A. W., Feldman, N. G. & Mason, C. W. (1936), *Experimental Studies of the Education of Children in a Museum of Science*, Washington, DC: American Association of Museums.

　　Melton, A. W. (1972), "Visitor Behavior in Museums: Some Early Research in Environmental Design," *Human Factors*, 14 (5), pp. 393 – 403.

5　Serrell, B. (1977), "Survey of Visitor Attitude and Awareness at an Aquarium," *Curator*, 20 (1), pp. 48 – 52.

　　Falk, Koran, Dierking & Dreblow (1985).

　　Falk (1991).

6　Bitgood, S. (2010), "When is 'Museum Fatigue' Not Fatigue?," *Curator: The Museum Journal*, 52 (2), pp. 193 – 202.

7　Melton (1935).

8　Porter, M. C. (1938), "Behavior of the Average Visitor in the Peabody Museum of Natural History," *Yale University Publications of the American Association of Museums* (New Series, No. 16), pp. 1 – 31.

　　deBorhegyi, S. F. (1968), "Testing of Audience Reaction to Museum Exhibits," In S. F. deBorhegyi & I. A. Hanson (Eds.), *The Museum Visitor*, Milwaukee: Milwaukee Public Museum Publications in Museology, pp. 76 – 80.

　　Loomis, R. J. & Hummel, C. F. (1975), "Observations and Recommendations on Visitor Utilization Problems of the Denver Museum of Natural History," *Working Papers in Visitor Studies*, 1.

　　Serrell (1977).

　　Taylor, S. (1986), "Understanding Processes of Informal Education: A Naturalistic Study of Visitors to a Public Aquarium," Unpublished doctoral dissertation, University of California, Berkeley.

9　Bitgood, S. (2006), "An Analysis of Visitor Circulation: Movement Patterns and the General Value Principle," *Curator*, 49 (4), pp. 463 – 475.

10　个人通讯, Salvador Acevedo, Contemporanea, 2011 年 4 月 6 日。

11　Melton (1935).

12　Nielson, L. C. (1946), "A Technique for Studying the Behavior of Museum Visitors," *Journal of Educational Psychology*, 37, pp. 103 – 110.

13　Melton (1933).
　　Allen, P. & Shacklett, A. (1982), "Epcot Center Computer Simulation Model," Unpublished manuscript, WED Industries, Inc.
　　Falk, Koran, Dierking & Dreblow (1985).

14　Falk, Koran, Dierking & Dreblow (1985).
　　Falk (1991).
　　Davey, G. (2005), "What is Museum Fatigue?," *Visitor Studies Today*, 8 (3), pp. 17 – 21.

15　Falk, Koran, Dierking & Dreblow (1985).
　　Falk (1991).

16　Nielson (1946).
　　Diamond (1986).
　　Taylor (1986).

17　Hayward, D. G. & Brydon – Miller, M. L. (1984), "Spatial and Conceptual Aspects of Orientation: Visitor Experiences at an Outdoor History Museum," *Journal of Environmental Systems*, 13 (4), pp. 317 – 332.

18　Lynch, K. (1960), *The Image of the City*, Cambridge, MA: MIT Press.
　　Gould, P. & White, R. (1974), *Mental Maps*, London: Penguin.
　　Robinson, A. & Petchenick, B. (1976), *The Nature of Maps: Essays Towards Understanding Maps and Mapping*, Chicago: University of Chicago Press.
　　Stea, D. (1976), "Program Notes on a Spatial Fugue," In G. T.

Moore & R. G. Golledge (Eds.), *Environmental Knowing*, Strouds-
burg, PA: Dowden, Hutchinson, and Ross, pp. 106 – 120.

Winkler, R. (1970), "Use of Maps and Guides at the National Mu-
seum of History and Technology," Unpublished manuscript, Smithso-
nian Institution, Washington, DC.

Morris, R. G. M. & Alt, M. B. (1979), "An Experiment to Help
Design a Map for a Large Museum," *Museum Journal*, pp. 179 – 180.

19　Koran, J. J. , Jr. , Koran, M. L. , Dierking, L. D. & Foster, J.
(1988), "Using Modeling to Direct Attention in a Natural History Mu-
seum," *Curator*, 31 (1), pp. 36 – 42.

20　Bitgood (2011).

21　Rounds, J. (2004), "Strategies for the Curiosity – Driven Museum
Visitor," *Curator*, 47 (4), pp. 389 – 410.

22　Bitgood (2010).

23　Falk (1982).

24　Falk, J. H. (1989), "Understanding Audience Behavior and Learn-
ing: Lessons from 'Engines of Change' and 'After the Revolution',"
Unpublished manuscript, National Museum of American History,
Washington, DC.

25　Falk (1991).

Dierking (1987).

26　Falk, J. H. , Martin, W. W. & Balling, J. D. (1978), "The Novel
Field Trip Phenomenon: Adjustment to Novel Settings Interferes with
Task Learning," *Journal of Research in Science Teaching*, 15, pp. 127 – 134.

Balling, J. D. & Falk, J. H. (1981), "A Perspective on Field Trips:
Environmental Effects on Learning," *Curator*, 23, pp. 229 – 240.

Martin, W. W. , Falk, J. H. & Balling, J. D. (1981), "Environ-
mental Effects on Learning: The Outdoor Field Trip," *Science Education*,
65, pp. 301 – 309.

Falk, J. H. & Balling, J. D. (1982), "The Field Trip Milieu: Learn-
ing and Behavior as a Function of Contextual Events," *Journal of Educa-*

tional Research, 76 (1), pp. 22 - 28.

Falk, J. H. (1983), "A Cross - Cultural Investigation of the Novel Field Trip Phenomenon: National Museum of Natural History, New Delhi, India," *Curator*, 26 (4), pp. 315 - 325.

27 Falk, Martin & Balling (1978).

Martin, Falk & Balling (1981).

28 Falk, Martin & Balling (1978).

Balling & Falk (1981).

Martin, Falk & Balling (1981).

Falk & Balling (1982).

Falk (1983).

Balling, J. D., Falk, J. H. & Aronson, R. A. (1980), "Pre - Trip Orientations: An Exploration of Their Effects on Learning from a Single Visit Field Trip to a Zoological Park," Final Report, National Science Foundation, Grant #SED77 - 18913.

29 Barker, R. G. (1968), *Ecological Psychology*, Palo Alto, CA: Stanford University Press.

Barker, R. G. & Wright, H. F. (1955), *Midwest and Its Children*, New York: Harper and Row.

30 Barker & Wright (1955).

31 Wicker, A. W. (1979), *An Introduction to Ecological Psychology*, Monterey, CA: Brooks/Cole.

32 Falk, Koran, Dierking & Dreblow (1985).

Falk (1991).

33 Bandura, A. (1965), "Behavioral Modification Through Modeling Procedures," In L. Krasner & 12. P. Ullman (Eds.), *Research in Behavior Modification*, New York: Holt, 13. Rinehart & Winston, pp. 310 - 340.

Bandura, A. (1986), *Social Foundations of Thought and Action: A Social Cognitive Theory*, Englewood Cliffs, NJ: Prentice - Hall.

34 Koran, Koran, Dierking & Foster (1988).

第七章　社会文化情境：在博物馆里

1　Rosenfeld（1979）.

Rosenfeld, S. （1980）, "Informal Education in Zoos: Naturalistic Studies of Family Groups,"Unpublished doctoral dissertation, University of California, Berkeley.

Astor – Jack, T. , Whaley, K. K. , Dierking, L. D. , Perry, D. & Garibay, C. （2007）, "Understanding the Complexities of Socially – Mediated Learning,"In J. H. Falk, L. D. Dierking & S. Foutz （Eds. ）, *In Principle, in Practice: Museums as Learning Institutions*, Lanham, MD: AltaMira Press, pp. 217 – 228.

Adams, M. （2012）, "Family Learning in Interactive Galleries: Longitudinal Case Studies,"familiesinartmuseums. org/research. caseStudy. html, 最后访问时间: 2002 年 5 月 2 日。

2　Falk, J. H. & Dierking, L. D. （1990）, "The Effect of Visitation Frequency on Long – Term Recollections,"In S. Bitgood （Ed. ）, *Proceedings of the 3rd Annual Visitor Studies Conference*, Jacksonville, AL: Center for Social Design.

Falk, J. H. & Dierking, L. D. （1997）, "School Field Trips: Assessing Their Long – Term Impact,"*Curator*, 40 （3）, pp. 211 – 218.

Falk （2009）.

3　Birney, B. （1986）, "A Comparative Study of Children's Perceptions and Knowledge of Wildlife and Conservation as They Relate to Field Trip Experiences at the Los Angeles County Museum of Natural History and the Los Angeles Zoo,"Unpublished doctoral dissertation, University of California at Los Angeles.

Griffin, J. （1998）, "School – Museum Integrated Learning Experiences in Science: A Learning Journey,"Unpublished doctoral dissertation, University of Technology, Sydney.

Griffin, J. （2007）, "Students, Teachers and Museums: Toward an

Intertwined Learning Circle," In J. Falk, L. Dierking & S. Foutz (Eds.), *In Principle*, *in Practice*: *Museums as Learning Institutions*, Lanham, MD: AltaMira Press, pp. 31 – 42.

4　Silverman, L. H. (1990), "Of Us and Other 'Things': The Content and Function of Talk by Adult Visitor Pairs in an Art and History Museum," Unpublished doctoral dissertation, University of Pennsylvania.

Falk (2009).

5　Astor – Jack, Whaley, Dierking, Perry & Garibay (2007).

6　Falk (2009).

7　Ellenbogen, K. , Luke, J. & Dierking, L. (2007), "Family Learning in Museums: A Perspective on a Decade of Research," In J. Falk, L. Dierking & S. Foutz (Eds.), *In Principle*, *in Practice*, Lanham, MD: AltaMira Press, pp. 17 – 30.

Astor – Jack, Whaley, Dierking, Perry & Garibay (2007).

Dierking & Falk (1994).

Borun, M. , Chambers, M. & Cleghorn, A. (1996), "Families Are Learning in Science Museums," *Curator*, 39 (2), pp. 123 – 138.

Borun, M. , Chambers, M. B. , Dritsas, J. & Johnson, J. I. (1997), "Enhancing Family Learning through Exhibits," *Curator: The Museum Journal*, 40 (4), pp. 279 – 295.

Borun, M. , Cleghorn, A. & Garfield, C. (1995), "Family Learning in Museums: A Bibliographic Review," *Curator*, 38 (4), pp. 262 – 270.

Borun, M. & Dritsas, J. (1997), "Developing Family – Friendly Exhibits," *Curator*, 40 (3), pp. 178 – 196.

Borun, M. , Dritsas, J. , Johnson, J. I. , Peter, N. , Wagner, K. , Fadigan, K. , Jangaard, A. , Stroup, E. & Wenger, A. (1998), *Family Learning in Museums*: *The PISEC Perspective*, Philadelphia: The Franklin Institute.

8　Ellenbogen, Luke & Dierking (2007).

Astor – Jack, Whaley, Dierking, Perry & Garibay (2007).

Dierking & Falk (1994).

Borun, Chambers & Cleghorn (1996).

Borun, Chamber, Dritsas & Johnson (1997).

Borun, Cleghorn & Garfield (1995).

Borun & Dritsas (1997).

Borun, Dritsas, Johnson, Peter, Wagner, Fadigan, Jangaard, Stroup & Wenger (1998).

9   Chase (1975).

Falk (2009).

10 Jensen, N. (1994), "Children's Perceptions of Their Museum Experiences: A Contextual Perspective," *Children's Environments*, 11 (4), pp. 300 – 324.

11 Ellenbogen, Luke & Dierking (2007).

Astor – Jack, Whaley, Dierking, Perry & Garibay (2007).

Bertschi, K. , Benne, M. & Elkins, A. (2008), *Creating a Learning Environment That Fosters Parent – child Interactions: A Case Study from the Animal Secrets Exhibition Project*, caise. insci. org/news/58/51/Creating – a – Learning – Environment – that – Fosters – Parent – ChildInteractions – A – Case – Study – from – the – Animal – Secrets – Exhibition – Project/d, resources – page – item – detail, 最后访问时间: 2012 年 5 月 20 日。

Borun, Cleghorn & Garfield (1995).

Palmquist, S. & Crowley, K. (2007), "From Teachers to Testers: How Parents Talk to Novice and Expert Children in a Natural History Museum," *Science Education*, 91 (5), pp. 783 – 804.

Dierking & Falk (1994).

Ellenbogen (2003).

Ellenbogen, Luke & Dierking (2007).

Hilke, D. D. (1989), "The Family as a Learning System: An Observational Study of Families in Museums," In B. H. Butler & M. B.

Sussman (Eds.) , *Museum Visits and Activities for Family Life Enrichment* , *Marriage and Family Review* , Volume 13 , New York: Haworth Press, pp. 101 – 129.

National Research Council. (2009) , *Learning Science in Informal Environments: Places* , *People and Pursuits* , Washington , DC: National Academy Press.

Moussouri (1997).

Sanford, C. , Knutson, K. & Crowley, K. (2007) , "We Always Spend Time Together on Sundays: Grandparents and Informal Learning," *Visitor Studies* , 10 (2) , pp. 136 – 151.

Anderson, D. , Storksdieck, M. & Spock, M. (2006) , "Long – Term Impacts of Museum Experiences," In J. Falk , L. Dierking & S. Foutz (Eds.) , *In Principle* , *in Practice* , Lanham , MD: AltaMira Press, pp. 197 – 215.

Anderson, D. & Shimizu, H. (2007) , "Recollections of Expo 70: Visitors' Experiences and the Retention of Vivid Long – Term Memories," *Curator* , 50 (4) , pp. 435 – 454.

Leinhardt, G. , Tittle, C. & Knutson, K. (2000) , "Talking to Oneself: Diary Studies of Museum Visits," Museum Learning Collaborative Technical Report MLC – 04.

Falk (2009) .

12 Wolf, R. & Tymitz, B. L. (1979) , *Do Giraffes Ever Sit?: A Study of Visitor Perceptions at the National Zoological Park* , Washington , DC: Smithsonian Institution.

Rosenfeld (1980).

Hilke & Balling (1985).

13 Hensel, K. (1987) , "Families in a Museum: Interactions and Conversations at Displays," Unpublished doctoral dissertation , Columbia University Teachers College , New York.

Silverman (1990).

14 Crowley, K. , Callanan, M. , Jipson, J. , Galco, J. , Topping, K. &

Shrager, J. (2001), "Shared Scientific Thinking in Everyday Parent – Child Activity,"*Science Education*, 85 (6), pp. 712 – 732.

Leinhardt, G. , Crowley, K. & Knutson, K. (2002), *Learning Conversations in Museums*,Mahwah, NJ: Lawrence Erlbaum Associates.

15 Taylor (1986).

Ellenbogen, K. M. (2002), "Museums in Family Life: An Ethnographic Case Study,"In G. Leinhardt, K. Crowley & K. Knutson (Eds.), *Learning Conversations in Museums* , Mahwah, NJ: Lawrence Erlbaum Associates, pp. 81 – 102.

Adams & Luke (2012).

16 Falk, Koran, Dierking & Dreblow (1985).

17 McManus, P. (1987), "It's the Company You Keep. The Social Determination of Learning – Related Behavior in a Science Museum,"*International Journal of Museum Management and Curatorship*, 53, pp. 43 – 50.

McManus (1989).

Ellenbogen (2002).

Adams & Luke (2012).

18 Dierking (1987).

Dierking & Falk (1994).

19 Leinhardt, Crowley & Knutson (2002).

20 Ash, D. (2003), "Dialogic Inquiry of Family Groups in a Science Museum,"*Journal of Research in Science Teaching*, 40 (2), pp. 138 – 162.

Crowley et al. (2001).

Ellenbogen (2002).

Zimmerman, H. T. , Reeve, S. & Bell, P. (2008), "Distributed Expertise in a Science Center: Social and Intellectual Role – Taking by Families,"*Journal of Museum Education*, 33 (2), pp. 143 – 152.

Zimmerman, H. T. , Reeve, S. & Bell, P. (2010), "Family Sense – Making Practices in Science Center Conversations," *Science Education*, 94 (3), pp. 478 – 505.

21　Leinhardt（2000）.

Rogoff, B.（1990）, *Apprenticeship in Thinking: Cognitive Development in Social Context*, New York: Oxford University Press.

Wertsch, J.（1997）, "Narrative Tools of History and Identity," *Culture and Psychology*, 3（1）, pp. 5 – 20.

22　McManus（1987）.

McManus（1989）.

Falk & Storksdieck（2010）.

Falk, Heimlich & Bronnenkant（2008）.

23　Crowley, Callanan, Jipson, Galco, Topping & Shrager.（2001）, pp. 712 – 732.

Crowley, K. & Callanan, M.（1998）, "Identifying and Supporting Shared Scientific Reasoning in Parent – Child Interactions," *Journal of Museum Education*, 23, pp. 12 – 17.

Crowley, K. & Galco, J.（2001）, "Everyday Activity and the Development of Scientific Thinking," In K. Crowley, C. D. Schunn & T. Okada（Eds.）, *Designing for Science: Implications from Everyday, Classroom, and Professional Settings*, Mahwah, NJ: Lawrence Erlbaum Associates, pp. 393 – 413.

Crowley, K., Callanan, M. A., Tenenbaum, H. R. & Allen, E.（2001）, "Parents Explain More Often to Boys Than to Girls During Shared Scientific Thinking," *Psychological Science*, 12（3）, pp. 258 – 261.

Crowley, K. & Jacobs, M.（2002）, "Building Islands of Expertise in Everyday Family Activities," In G. Leinhardt, K. Crowley & K Knutson（Eds.）, *Learning Conversations in Museums*, Mahwah, NJ: Lawrence Erlbaum Associates, pp. 401 – 423.

Palmquist & Crowley（2007）.

Fender, J. G. & Crowley, K.（2007）, "How Parent Explanation Changes What Children Learn from Everyday Scientific Thinking," *Journal of Applied Developmental Psychology*, 28, pp. 189 – 210.

Gleason, M. & Schauble, L.（2000）, "Parents' Assistance of Their

Children's Scientific Reasoning," *Cognition and Instruction*, 17 (4),
pp. 343 – 378.

Rogoff, B. , Paradise, R. , Mejía Arauz, R. , Correa – Chávez,
M. & Angelillo, C. (2003), "Firsthand Learning Through Intent Par-
ticipation,"*Annual Review of Psychology*, 54, pp. 175 – 203.

Schauble, L. , Gleason, M. , Lehrer, R. , Bartlett, K. , Petrosino,
A. , Allen, A. , et al. (2002), "Supporting Science Learning in Muse-
ums,"In G. Leinhardt, K. Crowley & K. Knutson (Eds.), *Learning Con-
versations in Museums*, Mahwah, NJ: Lawrence Erlbaum Associates, pp.
425 – 452.

24 Ash, D. (2002), "Negotiation of Biological Thematic Conversations a-
bout Biology," In G. Leinhardt, K. Crowley & K. Knutson (Eds.),
Learning Conversations in Museums, Mahwah, NJ: Lawrence Erlbaum Asso-
ciates, pp. 357 – 400.

Callanan, M. A. & Jipson, J. L. (2001), "Explanatory Conversa-
tions and Young Children's Developing Scientific Literacy," In K.
Crowley, C. D. Schunn & T. Okada (Eds.), *Designing for Science: Im-
plications from Professional, Instructional, and Everyday Science*, Mahwah,
NJ: Lawrence Erlbaum Associates, pp. 21 – 49.

Crowley, Callanan, Tenenbaum & Allen (2001), pp. 258 – 261.

Ellenbogen (2002).

Gleason & Schauble (2000).

Rosenthal, E. & Blankman – Hetrick, J. (2002), "Conversations
across Time: Family Learning in a Living History Museum," In G.
Leinhardt, K. Crowley & K. Knutson (Eds.), *Learning Conversations
in Museums*, Mahwah, NJ: Lawrence Erlbaum Associates, pp. 305 –
330.

Sanford, Knutson & Crowley (2007).

Swartz, M. I. & Crowley, K. (2004), "Parent Beliefs about Teaching in
a Children's Museum,"*Visitor Studies*, 7 (2), pp. 1 – 16.

25 Allen, S . (2002), "Looking for Learning in Visitor Talk: A Methodo-

logical Exploration,"In G. Leinhardt, K. Crowley & K. Knutson (Eds.),
Learning Conversations in Museums, Mahwah, NJ: Lawrence Erlbaum Asso-
ciates, pp. 259 – 303.

Ash (2002).

Ash (2003).

Ash, D. (2004), "Reflective Scientific Sense – Making Dialogue in
Two Languages: The Science in the Dialogue and the Dialogue in the
Science,"*Science Education*, 88, pp. 855 – 884.

Callanan & Jipson (2001).

Crowley & Jacobs (2002).

Dierking & Falk (1994).

Fender & Crowley (2007).

Wolf & Tymitz (1979).

Rosenfeld (1980).

Rosenthal & Blankman – Hetrick (2002).

26 Ash (2003).

Ellenbogen (2002).

Rogoff, Paradise, Mejía Arauz, Correa – Chávez & Angelillo (2003).

Schauble, Gleason, Lehrer, Bartlett, Petrosino, Allen, et al.
(2002).

Swartz & Crowley (2004).

27 Palmquist & Crowley (2007).

28 Ash (2002).

Ash (2003).

Ash (2004).

Ash, D. (2004), "How Families Use Questions at Dioramas: Ideas
for Exhibit Design,"*Curator*, 47 (1), pp. 84 – 100.

Gleason & Schauble (2000).

Leinhardt, G. & Knutson, K. (2006), "Grandparents Speak: Museum
Conversations across the Generations,"*Curator*, 49 (2), pp. 235 – 252.

Rowe, S. (2005), "Using Multiple Situation Definitions to Create

Hybrid Activity Spaces," In S. Norris & R. Jones (Eds.), *Discourse in Action: An Introduction to Mediated Discourse Analysis*, London: Routledge, pp. 123 – 134.

Zimmerman, Reeve & Bell (2008).

29 Ash (2002).

Ash (2003).

Ash (2004).

Rowe (2005).

30 Falk (2009).

31 Bandura & Walters (1963).

Dierking (1987).

32 Dierking, L. D. (1989), "The Family Museum Experience: Research Implications, Invite Article for Journal of Museum Education," *Spring/Summer*, 14 (2), pp. 9 – 11.

33 Hensel (1987).

34 Lakota, R. A. (1975), "The National Museum of Natural History as a Behavioral Environment," Unpublished manuscript, Smithsonian Institution, Washington, DC.

McManus (1987).

35 欲回顾这些发现，参阅 Falk (2009)。

36 Sachatello – Sawyer, B. & Fellenz, R. (1999), "A National Study of Adult Museum Programs," Study funded by the U. S. Department of Education Field – Initiated Studies Program.

37 Silverman (1990).

Silverman, L. H. (1995), "Visitor Meaning – Making in Museums for a New Age," *Curator*, 38 (3), pp. 161 – 170.

Silverman, L. H. (1999), "Meaning Making Matters: Communication, Consequences, and Exhibit Design," *Exhibitionist*, 18 (2), pp. 9 – 14.

38 Katz, E. & Liebes, T. (1986), "Mutual Aid in the Decoding of 'Dallas': Preliminary Notes from a Cross – Cultural Study," In P.

Drummond & R. Patterson (Eds.), *Television in Transition*, London: British Film Institute, pp. 187 – 198.

Iser, W. (1978), *The Act of Reading: A Theory of Aesthetic Response*, Baltimore: Johns Hopkins University Press.

39 Thelen, D. (1989), "Memory and American History," *The Journal of American History*, 75 (4), pp. 1117 – 1129.

Iser (1978).

Katz & Liebes (1986).

Silverman (1995).

40 Birney (1986).

Martin, Falk & Balling (1981).

41 Birney (1986).

42 Falk, J. H. (1988), "Museum Recollections," In S. Bitgood, J. Roper, Jr. & A. Benefield (Eds.), *Visitor Studies – 1988: Proceedings of the First Annual Visitor Studies Conference*, Jacksonville, AL: The Center for Social Design, pp. 60 – 65.

Falk, J. H. & Dierking, L. D. (1991), "The Effect of Visitation Frequency on Long Term Recollection," In S. Bitgood, A. Benefield & D. Patterson (Eds.), *Visitor Studies: Theory, Research, and Practice* Vol. 3, Proceedings of the 1990 Visitor Studies Conference. Jacksonville, AL: The Center for Social Design, pp. 94 – 103.

43 Falk & Dierking (1997).

44 Balling, Falk & Aronson, (1980).

Chi, deLeeuw & LaVancher (1994).

Crowley & Siegler (回顾)。

Griffin (2007).

45 Birney (1986).

46 Birney (1986).

47 Wolins, I. S., Jensen, N. & Ulzheimer, R. (1992), "Children's Memories of Museum Field Trips: A Qualitative Study," *Journal of Museum Education*, 17 (2), pp. 17 – 27.

48　Azmitia, M. (1996), "Peer Interactive Minds: Developmental, Theoretical and Methodological Issues," In P. Baltes & U. Staudinger (Eds.), *Interactive Minds: Life – Span Perspectives on the Social Foundation of Cognition*, Cambridge, England: Cambridge University Press.

49　Tuckey, C. J. (1992), "Schoolchildren's Reactions to an Interactive Science Center," *Curator*, 35 (1), pp. 28 – 38.

50　Tunnicliff, S. D. (1995), "Talking about Animals: Studies of Young Children Visiting Zoos, a Museum and a Farm," Unpublished doctoral dissertation, King's College, London.

Tunnicliff, S. D. (1996), "The Relationship Between Pupil's age and the Content of Conversations Generated at Three Types of Animal Exhibits," *Research in Science Education*, 26 (4), pp. 461 – 480.

51　Griffin (1998).

Griffin (2007).

52　Anderson, D. (1999), "Understanding the Impact of Post – Visit Activities on Students' Knowledge Construction of Electricity and Magnetism as a Result of a Visit to an Interactive Science Centre," Unpublished doctoral dissertation, Queensland University of Technology, Brisbane, Australia.

Anderson, D., Lucas, K. B., Ginns, I. S. & Dierking, L. D. (2000), "Development of Knowledge about Electricity and Magnetism during a Visit to a Science Museum and Related Post – Visit Activities," *Science Education*, 84 (5), pp. 658 – 679.

53　Forman, E. A. & Larreamendy – Joerns, J. (1995), "Learning in the Context of Peer Collaboration: A Pluralistic Perspective on Goals and Expertise," *Cognition and Instruction*, 13, pp. 549 – 565.

Scardamalia, M. & Bereiter, C. (1991), "Higher Levels of Agency for Children in Knowledge – Building: A Challenge for the Design of New Knowledge Media," *Journal of the Learning Sciences*, 1 (1), pp. 37 – 68.

Wells, G. (1992), "Re – Evaluation of the IRF Sequence: A Proposal for the Articulation of Theories of Activity and Discourse for the Analysis of Teaching and Learning in the Classroom, "Paper presented at the Conference for Sociocultural Research, Madrid, in September 1992.

54　Falk, Koran, Dierking & Dreblow (1985).

　　Falk (1991).

55　Falk, Koran, Dierking & Dreblow (1985).

56　Rosenfeld (1979).

　　Koran, Koran, Foster & Dierking (1988).

57　Koran, Koran, Foster & Dierking (1988).

58　Rosenfeld (1980).

59　Dierking (1987).

60　Falk (2009).

61　Falk & Storksdieck (2005).

62　例如, Sachatello – Sawyer & Fellenz (1999)。

　　McIntyre, M. H. (2004), *Tate Through Visitor's Eyes*, Technical Report, Manchester, UK: Morris Hargreaves McIntyre.

63　Gardner, H. (1983), *Frames of Mind: The Theory of Multiple Intelligences*, New York: Basic Books.

64　Benton, D. P. (1979), *Intergenerational Interaction in Museums*, D. Columbia Teachers College Thesis (Ed.), *Dissertation Abstracts*, 40 (4A), p. 2289.

　　Diamond, J. (1980), *The Ethology of Teaching: A Perspective from the Observations of Families in Science Centers*, Doctoral dissertation, University of California, Berkeley, Dissertation Abstracts International, 40, 3510A.

　　Hilke & Balling (1985).

　　Rosenfeld (1980).

　　Taylor, S. (1986), "Family Behavior at the Steinhart Aquarium," Unpublished doctoral dissertation, University of California, Berkeley. Wolf & Tymitz (1979).

65 Wolf & Tymitz (1979).

66 Dierking, L. D. (1990), *Evaluation of the Super Week Program*, Technical Report, Annapolis, MD: Science Learning.

Dierking & Falk (1998).

Baum, L. & Hughes, C. (1999), "Evaluating Theatre Programs at the Boston Museum of Science," Paper presented at the annual meeting of the Association of Science – Technology Centers, October 2 – 5, Tampa, FL.

Hughes, C. (1988), *Museum Theatre: Communicating with Visitors Through Drama*, Portsmouth, NH: Heinemann.

Van Dijk, P. A., Smith, L. & Weiler, B. (2012), "To Re – Enact or Not to Reenact: Investigating the Impacts of First – and Third – Person Interpretation at a Heritage Tourism Site," *Visitor Studies*, 15 (1), pp. 48 – 61.

67 Cox – Petersen, A. M., Marsh, D. D., Kisiel, J. & Melber, L. M. (2003), "Investigation of Guided School Tours, Student Learning, and Science Reform Recommendations at a Museum of Natural History," *Journal of Research in Science Teaching*, 40 (2), pp. 200 – 218.

Flexer, B. K. & Borun, M. (1984), "The Impact of a Class Visit to a Participatory Science Museum Exhibit and a Classroom Science Lesson," *Journal of Research in Science Teaching*, 21 (9), pp. 863 – 873.

Jarvis, T. & Pell, A. (2005), "Factors Influencing Elementaryschool Children's Attitudes toward Science Before, During, and After a Visit to the UK National Space Center," *Journal of Research in Science Teaching*, 42 (1), pp. 53 – 83.

Tal, T. & Morag, O. (2007), "School Visits to Natural History Museums: Teaching or Enriching?," *Journal of Research in Science Teaching*, 44, pp. 747 – 769.

Tran, L. (2006), "Teaching Science in Museums: The Pedagogy and Goals of Museum Educators," *Science Education*, 90, pp. 1 – 21.

Wolins, Jensen & Ulzheimer (1992).

68　Anderson, D. , Piscitelli, B. , Weier, K. , Everett, M. & Taylor, C. (2002), "Children's Museum Experiences: Identifying Powerful Mediators of Learning,"*Curator*, 45, pp. 213 – 231.

69　Allen, S. & Gutwill, J. P. (2009), "Creating a Program to Deepen Family Inquiry at Interactive Science Exhibits," *Curator*, 52 (3), pp. 289 – 306.

70　Anderson, Piscitelli, Weier, Everett & Taylor (2002).

Falk & Dierking (2000).

Jarvis & Pell (2005).

Lindemann – Mattthies, P. & Kamer, T. (2006), "The Influence of an Interactive Educational Approach on Visitors' Learning in a Swiss Zoo,"*Science Education*, 90, pp. 296 – 315.

Marino, M. & Koke, J. (2003), "Face to Face: Examining Educational Staff's Impact on Visitors,"ASTC Dimensions: January/February 2003, Washington, DC: Association of Science – Technology Centers.

Wolins, Jensen & Ulzheimer (1992).

71　Anderson, U. S. , Kelling, A. S. , Pressley – Keough, R. , Bloomsmith, M. A. & Maple, T. L. (2003), "Enhancing the Zoo Visitor's Experience by Public Animal Training and Oral Interpretation at an Otter Exhibit,"*Environment and Behavior*, 35 (6), pp. 826 – 841.

Dierking, L. D. , Adelman, L. M. , Ogden, J. , Lehnhardt, K. , Miller, L. & Mellen, J. D. (2004), "Using a Behavior Change Model to Document the Impact of Visits to Disney's Animal Kingdom: A Study Investigating Intended Conservation Action," *Curator*, 47 (3), pp. 322 – 343.

Falk & Dierking (2000).

Marino & Koke (2003).

72　Lindemann – Mattthies & Kamer (2006).

Marino & Koke (2003).

Flexer & Borun (1984).

73　Allen & Gutwill (2009).

74 Mony, P. & Heimlich, J. E. (2009), "Talking to Visitors about Conservation: Exploring Message Communication Through Docent – Visitor Interactions at Zoos," *Visitor Studies*, 11 (2), pp. 151 – 162.

75 Rosenthal & Blankman – Hetrick (2002).

76 Pattison, S. & Dierking, L. D. (印刷中), "Exploring Staff Facilitation that Supports Family Learning," *Journal of Museum Education*。

77 Rosenfeld (1980).

78 Taylor (1986).

79 Cox – Petersen, Marsh, Kisiel & Melber (2003).

Flexer & Borun (1984).

Jarvis & Pell (2005).

Tal & Morag (2007).

Marino & Koke (2003).

National Research Council (2009).

Tran (2006).

80 Falk (1993).

Kotler, N. & Kotler, P. (1998), *Museum Strategy and Marketing*, San Francisco: Jossey Bass.

Falk, J. H. & Needham, M. (未出版), "Factors Contributing to Adult Knowledge of Science and Technology," *Journal of Research in Science Teaching*。

Salvador Acevedo, Contemporanea, 个人通信, 2011 年 4 月 6 日。

81 Dierking, Adams & Spencer – Etienne (1996).

82 Smithsonian Institution Office of Policy and Analysis (2001).

83 Smithsonian Institution Office of Policy and Analysis (2001).

84 Smithsonian Institution Office of Policy and Analysis (2001).

85 Smithsonian Institution Office of Policy and Analysis (2001).

86 Baum, L., Hein, G. E. & Solvay, M. (2000), "In Their Own Words: Voices of Teens in Museums," *Journal of Museum Education*, 25 (3), pp. 9 – 14.

Cosmos Corporation. (2001), *From Enrichment to Employment: The*

YouthALIVE! *Experience*, Washington, DC: Association of Science - Technology Centers.

Inverness Research Associates. (1996), "An Invisible Infrastructure: Institutions of Informal Science Education," Volumes 1 and 2, Washington, DC: Association of Science - Technology Centers.

87 Ellenbogen, K. M. , Luke, J. J. & Dierking, L. D. (2004), "Family Learning Research in Museums: An Emerging Disciplinary Matrix?," In L. D. Dierking, K. M. Ellenbogen & J. H. Falk (Eds.), *In Principle, in Practice: Perspectives on a Decade of Museum Learning Research* (*1994 - 2004*), Supplemental Issue. Science Education, 88, pp. 48 - 58.

Luke, J. J. , Stein, J. , Kessler, C. & Dierking, L. D. (2007), "Making a Difference in the Lives of Youth: Mapping Success with the ' Six Cs ' ," *Curator*, 50 (4), pp. 417 - 434.

88 Baum, Hein & Solvay (2000).

Cosmos Corporation (2001).

89 Dierking, L. D. , Luke, J. J. , Foat, K. A. & Adelman, L. (2001), "The Family & Free - Choice Learning," *Museum News*, November/December, pp. 38 - 43.

第八章　情境的相互作用：作为格式塔的博物馆

1 在 M. McIntyre 主导下进行的访问，经许可重印。McIntyre, M. (2010), "More than a Meal: The Impact of Museum Dining on the Visitor's Museum Experience," Unpublished master's thesis, Harvard University, Boston.

2 Graburn (1977).

3 Marty, P. (2009), "Museum Websites and Museum Visitors: Digital Museum Resources and Their Use," arizona. openrepository. com/arizona/bit - stream/10150/105782/1/marty_mwmv_part2. pdf, 最后访问时间：2012 年 5 月 7 日。

4 Cameron, F. (2003), "Digital Futures I: Museum Collections, Dig-

ital Technologies, and the Cultural Construction of Knowledge," *Curator*, 46, pp. 325 – 340.

Hamma, K. (2004a), "The Role of Museums in Online Teaching, Learning, and Research," *First Monday*, 9 (5).

Simon, N. (2008), "Setting Expectations: The Power of the Pre – Visit," *Museum* 2. 0. January 8, museumtwo. blogspot. com/2008/01/ setting – expectations – power – of – pre – visit. html, 最后访问时间: 2012 年 5 月 29 日。

5　duChateau, G. (2011), "What's the Point of a Museum Website? ," futureofmuseums. blogspot. co. uk/2011/04/whats – point – of – museum – website. html, 最后访问时间: 2012 年 5 月 7 日。

Haley Goldman, K. & Dierking, L. D. (2005), "Setting a Course for Research in the Virtual Science Center," In W. H. Tan & R. Subramaniam (Eds.), *E – Learning and the Virtual Science Center*, Hershey, PA: Idea Press, pp. 192 – 202.

Simon (2008).

6　Balling, J. D. & Cornell, E. A. (1985), *Family Visitors to Science – Technology Centers: Motivations and Demographics*, (Final Report Grant No. SED – 8112927), Washington, DC: National Science Foundation.

7　Wagner, K. F. (1989), "Maintaining a High Quality Visitor Experience," In S. Bitgood, J. T. Roper, Jr. & A. Benefi ld (Eds.), *Visitor Studies – Theory, Research, and Practice: Proceedings of the Second Annual Visitor Studies Conference*, Jacksonville, AL: The Center for Social Design, pp. 192 – 202.

8　Wagner (1989).

9　Wagner (1989).

10　Falk, J. H. (1982), "The Use of Time as a Measure of Visitor Behavior and Exhibit Effectiveness," *Roundtable Reports: The Journal of Museum Education*, 7 (4), pp. 10 – 13.

11　Consolazio, C. F. , Johnson, R. & Pecora, L. (1963), *Physiological Measurements of Metabolic Functions in Man*, New York: McGraw – Hill.

12　Coles（1975）.

13　Coles（1975）.

14　Smithsonian Institution Office of Policy and Analysis（2001）.

15　Falk & Balling（1982）.

16　Martin, Falk & Balling（1981）.

17　Kimmel, P. S. & Maves, M. J.（1972）, "Public Reaction to Museum Interiors," *Museum News*, 51, pp. 17 – 19.

18　Wagner（1989）.

　　Huo, Y. & Miller, D.（2007）, "Satisfaction Measurement of Small Tourism Sector（Museum）: Samoa," *Asia Pacific Journal of Tourism Research*, 12（2）, pp. 103 – 117.

　　Lin, Y – N.（2008）, "The Use of Importance – Performance Analysis for Museum Management," www. intercom. museum/conferences/2008/papers/yn_lin. doc, 最后访问日期：2012 年 5 月 7 日。

19　Wolf & Tymitz（1978）.

　　Falk（1991）.

　　Taylor（1986）.

20　Hayward & Brydon – Miller（1984）.

　　Winkler（1970）.

　　Stea（1976）.

　　Morris & Alt（1979）.

21　Stea（1976）.

22　Stea（1976）.

23　Hayward & Brydon – Miller（1984）.

24　Hayward & Brydon – Miller（1984）.

25　Wagner（1989）.

　　Huo & Miller（2007）.

　　Lin（2008）.

26　Monmaney, T.（1987）, "Are We Led by the Nose?," *Discover*, 8（9）, pp. 48 – 56.

27　Grossology, The science of really gross things, www. grossology. org/,

最后访问时间：2011 年 7 月 3 日。

28 Museum Restrooms as Functional Art. （2003），www. smith. edu/
bfac/restrooms. php，最后访问时间：2009 年 6 月 22 日。

29 Wagner（1989）.

30 Wagner（1989）.

Manask, A. M. & Schecter, M. （2002），*The Complete Guide to Foodservice in Cultural Institutions*, New York: John Wiley & Sons, p. 3.

31 Mottner, S. & Ford, J. B. （2005），"Measuring Nonprofit Marketing Strategy Performance: The Case of Museum Stores," *Journal of Business Research*, 58, pp. 829 – 840.

32 Liles, K. H. & Roth, S. E. （1978），"The Unrelated Business Income Problems of Art Museums," *Connecticut Law Review*, 10 （3），pp. 638 – 652.

33 Falk & Dierking（1991）.

34 Theobald, M. M. （2000），*Museum Store Management*, Lanham, MD: AltaMira Press.

35 American Association of Museums （2007），*2006 Financial Information Survey*, Washington, DC: American Association of Museums.

36 McIntyre（2010）.

37 Manask & Schecter（2002）.

38 Graburn（1977）.

39 Newman, A. （1991），*Insights: Museums, Visitors, Attitudes and Expectations*, Los Angeles: Getty Center for Education in the Arts.

40 Yellis, K. （1985），*Reverence, Association, and Education: Testing a Typology of Museum – Goer Needs*,未公开手稿。

41 见 Falk（2009）的回顾。

42 Eyl, J. V. （1991），"*Court Arts of Indonesia*" at the Arthur M. Sackler Galley,未公开手稿。

43 Falk & Dierking（1991）.

Falk, J. H. （1997），"Recollections of Visits to Museums," In M. Borun & A. Cleghorn （Eds.），*Research on Families in Museums*, Washington, DC: American Association of Museums, pp. 156 – 163.

44 Falk, J. H. , Scott, C. , Dierking, L. D. , Rennie, L. J. & Cohen Jones, M. (2004), "Interactives and Visitor Learning," *Curator*, 47 (2), pp. 171 – 198.

45 Calvin, W. H. (1997), *How Brains Think*, New York: BasicBooks.

Damasio, A. R. (1994), *Descartes' Error: Emotion, Reasons, and the Human Brain*, New York: Avon Books.

Pearson, J. & Platt, M. (2008), "Decision – Making in the Brain: Eavesdropping on Neurons," *Scientific American*, August 5, 2008, www. sciam. com/ article. cfm? id = decision – making – in – brain&sc = rss.

46 Falk (2009).

47 Gillespie, K. L. & Falk, J. H. (in prep), "Factors Influencing Memories of a Science Center Visit: A Qualitative Analysis."

48 Falk (1988).

Stevenson, J. (1991), "The Long – Term Impact of Interactive Exhibits," *International Journal of Science Education*, 13 (5), pp. 521 – 531.

Falk & Dierking (1991).

McManus, P. M. (1993), "Memories as Indicators of the Impact of Museum Visits," *Museum Management and Curatorship*, 12 (4), pp. 367 – 380.

Falk, J. H. & Dierking, L. D. (1996), "Recollections of Elementary School Field Trips," In D. Herrmann & M. Johnson (Eds.), *The Third Practical Aspects of Memory Conference*, College Park: University of Maryland, pp. 512 – 526.

Falk & Dierking (1997).

Adelman, L. M. , Falk, J. H. & James, S. (2000), "Assessing the National Aquarium in Baltimore's Impact on Visitor's Conservation Knowledge, Attitudes and Behaviors," *Curator*, 43 (1), pp. 33 – 62.

Medved, M. I. , Cupchik, G. C. & Oatley, K. (2004), "Interpretative Memories of Artworks," *Memory Memory*, 12 (1), p. 119.

Falk, Scott, Dierking, Rennie & Cohen Jones (2004).

Anderson, Storksdieck & Spock (2007).

Anderson & Shimizu (2007).

Falk & Gillespie (2009).

Falk & Storksdieck (2010).

第九章 博物馆体验的记忆

1 沃尔特是化名。

2 Falk (1998).

Anderson, Storksdieck & Spock (2006).

Medved, M. & Oatley, K. (2000), "Memories and Scientific Literacy: Remembering Exhibits from a Science Centre," *International Journal of Science Education*, 22 (10), pp. 1117 – 1132.

Falk, Scott, Dierking, Rennie & Cohen Jones (2004).

3 Fivush, R. , Hudson, J. & Nelson, K. (1984), "Children's Long – term Memory for a Novel Event: An Exploratory Study," *Merrill – Palmer Quarterly*, 30 (3), pp. 303 – 317.

4 Fivush, Hudson & Nelson (1984), p. 314.

5 Falk & Dierking (1997).

6 Anderson, Storksdieck & Spock (2006).

7 Medved & Oatley (2000).

8 Falk, Scott, Dierking, Rennie & Cohen Jones (2004).

9 McGaugh, J. L (2003), *Memory & Emotion: The Making of Lasting Memories*, New York: Columbia University Press.

10 James, W. (1890), *Principles of Psychology*, *Vol I & II*, New York: Holt, p. 645.

11 Luke, J. J. , Stein, J. , Kessler, C. & Dierking, L. D. (2007), pp. 417 – 434.

Dierking, L. D. (印刷中), "Re – Conceptualizing a Lifelong Science Education System that Supports Diversity: The Role of Free – choice Learning," In N. Mansour & R. Wegerif (Eds.), *Science Education for*

Diversity: *Theory and Practice*, New York: Springer Science – Business Media.

12　McGaugh（2003）.

13　Anderson & Shimizu（2007）.

14　Anderson & Shimizu（2007）.

15　Falk（2009）.

16　Gillespie & Falk（in prep）.

17　见 Falk & Gillespie（2009）综述。

　　Staus, N. & Falk, J. H.（in press）, "The Role of Emotion in Eco-tourism Experiences," In R. Ballantyne & J. Packer（Eds.）, *International Handbook on Ecotourism*, Cheltenham, UK: Edward Elgar.

18　Edelman, G.（1987）, *Neural Darwinism*: *The Theory of Group Selection*, New York: Basic Books.

19　Rumelhart, D. E., Hinton, G. E. & McClelland, J. L.（1986）, "A General Framework for Parallel Distributed Processing," In D. E. Rumelhart, J. L. McClelland & the PDP Research Group（Eds.）, *Parallel Distributed Processing*: *Explorations in the Microstructure of Cognition*（Vol. 1）, Cambridge, MA: MIT Press, pp. 45 – 76.

　　McClelland, J. L. & Rumelhart, D. E.（1985）, "Distributed Memory and the Representation of General and Specific Information," *Journal of Experimental Psychology*, 114, pp. 159 – 188.

　　Sylwester, R.（1995）, *In Celebration of Neurons*, Alexandria, VA: Association for Supervision and Curriculum Development.

　　Damasio（1994）.

　　Barclay, C. R., Wellman & Henry, M.（1986）, "Accuracies and Inaccuracies in Autobiographical Memories," *Journal of Memory and Language*, 25（1）, pp. 93 – 103.

　　Neisser, U.（1988）, "Five Kinds of Self – Knowledge," *Philosophical Psychology*, 1, pp. 35 – 59.

　　Neisser, U. & Hyman, Jr. I. E.（1999）, *Memory Observed*: *Remembering in Natural Contexts*（第二版）, New York: Macmillan。

20 Neisser & Hyman (1999), p. 12.

21 Bourdieu, P. & Darbel, A. (1991/1969), *The Love of Art: European art Museums and Their Public*, C. Beattie & N. Merriman, Trans., Cambridge, UK: Polity Press.
    Sandell, R. (2002), "Museums and the Combating of Social Inequality: Roles, Responsibilities and Resistance," In R. Sandell (Ed.), *Museums, Society, Inequality*, London: Routledge, pp. 3 – 23.

22 Herman, J. F. & Roth, S. F. (1984), "Children's Incidental Memory for Spatial Locations in a Large – Scale Environment: Taking a Tour down Memory Lane," *Merrill – Palmer Quarterly*, 30 (1), pp. 87 – 102.

23 Roediger, H. L., Ⅲ & Crowder, R. G. (1976), "A Serial Position Effect in Recall of United States Presidents," *Bulletin of the Psychonomic Society*, 8, pp. 275 – 278.

24 Tulving, E. (1972), "Episodic and Semantic Memory," In E. Tulving & W. Donaldson (Eds.), *Organization and Memory*, New York: Academic Press, pp. 381 – 403.

25 Vygotsky, L. (1978), *Mind in Society: The Development of Higher Mental Processes*, Cambridge, MA: Harvard University Press.

26 Geertz, C. (1973), *The Interpretation of Cultures*, New York: Basic-Books

27 Falk (2009).

28 Neisser & Hyman (1999).

29 Baddeley, A. (1994), *Human Memory: Theory and Practice*, Hillsdale, NJ: Erlbaum.

30 Falk, J. H., Dierking, L. D. & Holland, D. (1995), "What Do We Think People Learn in Museums?," In J. Falk & L. Dierking (Eds.), *Public Institutions for Personal Learning: Establishing a Research Agenda*, Washington, DC: American Association for Museums, pp. 17 – 22.

31 Rowe, S. M. (2003), "Visitors and Voices: A Dialogic Approach to Learning in Science Museums," *Journal of Museum Education*, 28 (2), pp. 3 – 7, 7.

32 O'Brien, J. (2006), "Symbolic Interactionism: A Perspective for Understanding Self and Social Interaction," In J. O'Brien (Ed.), *The Production of Reality: Essays and Readings on Social Interaction*, 4th Edition, Thousand Oaks, CA: Pine Forge Press, pp. 44 – 62.

33 Falk & Dierking (2000).

34 Lave, J. & Wenger, E. (1991), *Situated Learning. Legitimate Peripheral Participation*, Cambridge, UK: Cambridge University Press.

35 O'Brien, S. (2006), "Eye – Tracking and Translation Memory Matches," *Perspectives: Studies in Translatology*, 14 (3), pp. 185 – 204.

第十章　衡量博物馆在学习方面的影响力

1 比尔为化名。

2 Falk & Storksdieck (2004).

Falk & Storksdieck (2005).

Falk & Storksdieck (2010).

3 Falk & Storksdieck (2004).

4 例如, Allen, S. (2004), "Designs for Learning: Studying Science Museums Exhibits That Do More Than Entertain," *Science Education*, 88, Supplement 1 (July), S17 – S33。

Atkins, L., Velez, L., Goudy, D. & Dunbar, K. N. (2009), "The Unintended Effects of Interactive Objects and Labels in the Science Museum," *Science Education*, 93, pp. 161 – 184.

Bielick, S. & Karns, D. (1998), *Still Thinking about Thinking: A 1997 Telephone Follow – up Study of Visitors to the Think Tank Exhibition at the National Zoological Park*, Washington, DC: Smithsonian Institution, Institutional Studies Office.

Falk & Storksdieck (2005).

Schaubel, L., Banks, D., Coates, G., Martin, L. & Sterling, P. (1996), "Outside the Classroom Walls: Learning in Informal Environments," In L. Schauble & R. Glaser (Eds.), *Innovations in Learning*,

Mahwah, NJ: Lawrence Erlbaum Associates, pp. 5 – 24.

5 见 Bell, Lewenstein, Shouse & Fedler (2009)。

Falk, J. H. , Dierking, L. D. & Foutz, S. (Eds.) (2007), *In Principle, in Practice: Museums as Learning Institutions*, Lanham, MD: AltaMira Press.

Falk, J. H. , Heimlich, J. E. & Foutz, S. (Eds.) (2009), *Free – Choice Learning and the Environment*, Lanham, MD: AltaMira Press.

6 参见 Allen, S. , Gutwill, J. , Perry, D. , Garibay, C. , Ellenbogen, K. , Heimlich, J. , Reich, C. & Klein, C. (2007), "Research in Museums: Coping with Complexity," In J. Falk, L. Dierking & S. Foutz (Eds.), *In Principle, in Practice: Museums as Learning Institutions*, Lanham, MD: AltaMira Press, pp. 229 – 246。

Anderson, Storksdieck & Spock (2006).

Ellenbogen, Luke & Dierking (2007).

Falk, J. H. (2007), "Towards an Improved Understanding of Learning from Museums: Filmmaking as Metaphor," In J. H. Falk. , L. D. Dierking & S. Foutz (Eds.), *In Principle, in Practice: Museums as Learning Institutions*, Lanham, MD: AltaMira Press, pp. 3 – 16.

Rennie, L. & Johnston, D. (2007), "Research on Learning from Museums," In J. Falk, L. Dierking & S. Foutz (Eds.), *In Principle, in Practice: Museums as Learning Institutions*, Lanham, MD: AltaMira Press, pp. 57 – 73.

7 Doering & Pekakirk (1996).

Falk (2009).

Falk, J. H. & Dierking, L. D. (1992), *The Museum Experience*, Washington, DC: Whalesback Books.

Falk, J. H. & Dierking, L. D. (1995), *Learning from Museums*, Lanham, MD: AltaMira Press.

Falk, Moussouri & Coulson (1998).

Falk & Storksdieck (2005).

Leinhardt, Crowley & Knutson (2002).

Packer（2006）.

Packer, J. & Ballantyne, R. （2002）, "Motivational Factors and the Visitor Experience: A Comparison of Three Sites," *Curator*, 45, pp. 183 – 198.

Pekarik, A. J., Doering, Z. D. & Karns, D. A. （1999）, "Exploring Satisfying Experiences in Museums," *Curator*, 42, pp. 152 – 173.

8　Dierking, L. D., Cohen Jones, M., Wadman, M., Falk, J. H., Storksdieck, M. & Ellenbogen, K. （2002）, "Broadening Our Notions of the Impact of Free – Choice Learning Experiences," *Informal Learning Review*, 55 （1）, pp. 4 – 7.

Falk（2009）.

Myers, O. E., Saunders, C. D. & Bexel, S. M. （2009）, "Fostering Empathy with Wildlife: Factors Affecting Free – Choice Learning for Conservation Concern and Behavior," In J. H. Falk, J. E. Heimlich & S. Foutz（Eds.）, *Free – Choice Learning and the Environment*, Lanham, MD: AltaMira Press, pp. 39 – 56.

Adams, M. & Luke, J. （2012）, "Family Learning in Interactive Galleries," www. familiesinartmuseums. org, 最后访问时间: 2012 年 5 月 13 日。

9　Brooks, P., Mojica, C. & Land, R. （1998）, "Final Evaluation Report: Longitudinal Study of L. A. 's BEST after School Education and Enrichment Program," Unpublished Technical Report, Los Angeles: University of California, Los Angeles Center for the Study of Evaluation.

10　Falk, J. H. & Amin, R. （1997）, *Los Angeles Public Science Impact Qualitative Research Study California Science Center L. A. S. E. R. Project*, Technical Report. Annapolis, MD: Science Learning.

Falk, J. H., Brooks, P. & Amin, R. （2001）, "Investigating the Long – Term Impact of a Science Center on Its Community: The California Science Center L. A. S. E. R. Project," In J. Falk（Ed.）, *Free – Choice Science Education: How We Learn Science Outside of School*, New York: Teacher's College Press, Columbia University, pp. 115 – 132.

Falk, J. H. (2002), "The Contribution of Free – Choice Learning to Public Understanding of Science," *Interciencia*, 27 (2), pp. 62 – 65.

Falk & Needham (2011).

11 Falk, J. H. & Amin, R. (1999), *California Science Center: BodyWorks Summative Evaluation*, Technical Report, Annapolis, MD: Institute for Learning Innovation.

Falk, J. H. & Amin, R. (2000), *California Science Center: World of Life Summative Evaluation*, Technical Report, Annapolis, MD: Institute for Learning Innovation.

Dierking, L. D. & Amin, R. (2001), *California Science Center: Creative World Summative Evaluation*, Technical Report, Annapolis, MD: Institute for Learning Innovation.

Luke, J. (2005), *California Science Center: Science of Magic Summative Evaluation*, Technical Report, Annapolis, MD: Institute for Learning Innovation.

Falk, J. H. & Gillespie, K. (2008), *Goose Bumps: The Science of Fear Summative Evaluation*, Technical Report, Edgewater, MD: Institute for Learning Innovation.

12 Falk (1993).

13 Falk & Storksdieck (2005).

Falk & Storksdieck (2010).

14 Falk, J. H. (1997), "Testing a Museum Exhibition Design Assumption: Effect of Explicit Labeling of Exhibit Clusters on Visitor Concept Development," *Science Education*, 81 (6), pp. 679 – 688.

Falk & Gillespie (2009).

15 Dierking, L. D. , Luke, J. J. & Büchner, K. S. (2003), "Science & Technology Centers—Rich Resources for Free – Choice Science and Technology Learning," Invited article for issue of *International Journal of Technology Management on Science and Technology Centres*, 25 (5), pp. 56 – 65.

16 Falk & Amin (2000).

17 Luke（2005）.

18 Falk & Gillespie（2008）.

19 Falk, J. H.（2003）, "Personal Meaning Mapping,"In G. Caban, C. Scott, J. Falk & L. Dierking（Eds.）, *Museums and Creativity*: *A Study into the Role of Museums in Design Education*, Sydney, AU: Powerhouse, pp. 10 - 18.

20 关于其中四人的详细访谈内容见 Falk & Storksdieck（2010）。

21 Anderson & Shimizu（2007）.

Falk, Scott, Dierking, Rennie & Cohen Jones（2004）.

22 Falk, J. H.（2006）, "An Identity - Centered Approach to Understanding Museum Learning,"*Curator*, 49（2）, pp. 151 - 166.

23 见 Falk & Dierking（2010）。

24 例如, National Research Council（2009）。

Weiss, H. B. , Little, P. M. D. , Bouffard, S. M. , Deschenes, S. N. & Malone, H. J.（2009）, "The Federal Role in Out - of - School Learning: After - School, Summer Learning, and Family Involvement as Critical Learning Supports,"*Voices in Urban Education*, 24, pp. 32 - 45.

Falk & Needham（印刷中）。

25 例如, Anderson, Lucas, Ginns & Dierking（2000）。

Bransford, J. D. , Brown, A. L. & Cocking, R. R.（2000）, *How People Learn*,Washington, DC: National Academies Press.

Caillot, M. & Nguyen - Xuan, A.（1995）, "Adults' Understanding of Electricity,"*Public Understanding of Science*, 4, pp. 131 - 152.

Korpan, C. A. , Bisanz, G. L. , Boehme, C. & Lynch, M. A.（1997）, "What Did You Learn Outside of School Today? Using Structured Interviews to Document Home and Community Activities Related to Science and Technology,"*Science Education*, 81, pp. 651 - 662.

Medrich, E. A.（1991）, "Young Adolescents and Discretionary Time Use: The Nature of Life Outside of School,"Paper commissioned by the Carnegie Council on Adolescent Development for its

Task Force on Youth Development and Community Programs.

Miller, J. D. (2001), "The Acquisition and Retention of Scientific Information by American Adults," In J. H. Falk (Ed.), *Free – Choice Science Education: How We Learn Science Outside of School*, New York: Teachers College Press, pp. 93 – 114.

Miller, J. D. (2004), "Public Understanding of, and Attitudes Toward, Scientific Research: What We Know and What We Need to Know," *Public Understanding of Science*, 13, pp. 273 – 94.

National Science Board (NSB) (2010), *Science and Engineering Indicators: 2009*, Washington, DC: U. S. Government Printing Office.

Rogoff, B. & Lave, J. (1984), *Everyday Cognition: Its Development in Social Contexts*, Cambridge, MA: Harvard University Press.

Wagner, W. (2007), "Vernacular Science Knowledge: Its Role in Everyday Life Communication," *Public Understanding of Science*, 16, pp. 7 – 22.

26 St. John & Perry (1993).

27 Chan, D. (2009), "So Why Ask Me? Are Self Report Data Really That Bad?," In C. E. Lance & R. J. Vandenberg (Eds.), *Statistical and Methodological Myths and Urban Legends: Doctrine, Verity and Fable in the Organizational and Social Sciences*, New York: Routledge, pp. 309 – 335.

Gonyea, R. M. (2005), "Survey Research: Emerging Issues," *New Directions for Institutional Research*, 2, pp. 73 – 89.

Vaske, J. J. (2008), *Survey Research and Analysis: Applications in Parks, Recreation and Human Dimensions*, State College, PA: Venture.

28 Falk & Dierking (2000).

29 Falk & Amin (1999).

30 Wenger, E., McDermott, R. & Snyder, W. M. (2002), *Cultivating Communities of Practice*, Boston: HBS Press.

31 最终的人数如下：女童之家的"尤里卡!"和 SMART 项目，102 人；女孩与自然科学项目（WINS），44 人；全国科学合作项目（NSP），34 人；技术之桥项目，30 人；农村女孩学科学项目，

3 人。

32　Laurel Robinson,"L. A. County Museum of Natural History,"个人
通讯, 2011 年 6 月 7 日。

33　Garcia, B. (2012),"What We Do Best: Making the Case for Muse-
um Learning in Its Own Right,"*Journal of Museum Education*, 37 (2),
pp. 47 – 56.

第十一章　为博物馆体验提供支撑：参观开始前、
参观过程中和参观结束后三个阶段

1　Kiihne, R. (2008),"Following Families: From Tracking to Trans-
formations,"*The Exhibitionist*, pp. 54 – 60.

2　Vara – Orta, F. (May 10, 2012),"SAMA Worthy Test Site for Lat-
in Students,"*San Antonio Express – News*, www. mysanantonio. com/
news/education/article/SAMA – worthy – test – site – for – Latin –
students – 3550059. php#ixzz1w6zuLv3F, 最后访问时间: 2012 年 5
月 27 日。

3　Simon (2008).

4　Maslow, A. (1943),"A Theory of Human Motivation,"*Psychologi-
cal Review*, 50, pp. 370 – 396.

5　Dim, E. & Kuflick, T. (2012),"Early Detection of Museum Visitors
Identities by Using a Museum Triage,"Paper Presented at 20th confer-
ence on User Modeling, Adaptation, and Personalization (UMAP
2012), 蒙特利尔, 加拿大, 2012 年 7 月 16 日至 20 日。

6　hmsc. oregonstate. edu/visitor/free – choice – learning/whats – new, 最
后访问日期: 2012 年 5 月 30 日。
在这本书将要印刷的时候，我们又发现了一个令人激动的项目，
是瑞士的"规划博物馆体验项目"，由泽佩林大学的 Martin Tröndle
和吕讷堡大学的 Volker Kirchberg 共同主持。该项目内容为，每位
观众都佩戴数据收集手套，这样就能精确测量观众的速度，在艺
术博物馆内的路径，在某一件画作/物品前停留的时间、心率，以

及皮肤电传导的信息。研究人员非常乐观，这样多种方式的研究
（所有定量的研究都被定性的问卷调研所证实）将要引导出一个整
体的有关艺术和观众之间互动和关系的理解认知，也包括了观众
的社会脉络（www. mapping – museum – experience. com/en/about –
project/project – description）。

7　Ferguson, L. (1997), "In Search of Resolution: The Australian War
Memorial, 'the Enemy' and Front – End Evaluation," *Visitor Behavior*,
pp. 3 – 4, 28.

8　Dierking, L. D. & Falk, J. H. (2008), "Digital Media as a Tool for
Enhancing Visitor Interaction and Learning in Museums," In L. Tallon
& K. Walker (Eds.), *Digital Technologies and the Museum Experience:
Handheld Guides and Other Media*, Lanham, MD: AltaMira Press, pp.
19 – 34.

9　Piscatelli, B., Everett, M. & Weier, K. (2003), *Enhancing Young
Children's Museum Experiences: A Manual for Museum Staff*, Brisbane, Aus-
tralia: Queensland University of Technology.

10　见 Falk & Dierking (2000)。

11　Simon, N. (2011), "Participatory Design and the Future of Muse-
ums," In B. Adair, B. Filene & L. Koloski (Eds.), *Letting go?: Sharing
Historical Authority in a User – Generated World*, Philadelphia: Pew Cen-
ter for Arts & Heritage, pp. 18 – 33.

12　Piscatelli, Everett & Weier (2003).

13　Simon (2008).

14　McLean, K. (1993), *Planning for People in Museum Exhibitions*, Wash-
ington, DC: Association of Science and Technology Centers.
McLean, K. & Wendy P. (Eds.) (2007), *Visitor Voices in Museum
Exhibitions*, Washington, DC: Association of Science and Technology
Centers.

15　SMS 是短讯服务的缩写；MMS 是多媒体短讯服务的缩写。这两
者都是智能手机发出信息的类型。SMS 只允许发送信息。MMS
可以发送图片、音频、视频、文本和这四者的混合内容。

了解更多请参见 wiki. ansewes. com/Q/What_is_the_difference_between_SMS_and_MMS_text_messages#ixzzlwIjQAhjO。

16　Taxén, G. & Frécon, E. (2005), "The Extended Museum Visit: Documenting and Exhibiting Post – Visit Experiences," In J. Trant & D. Bearman (Eds.), *Museums and the Web* 2005: *Proceedings*, Toronto: Archives & Museum Informatics, 发布于 2005 年 3 月 31 日, www. archimuse. com/mw2005/papers/taxen/html., www. museumsandtheweb. com/mw2005/papers/taxen. html, 最后访问时间: 2012 年 5 月 29 日。

17　Bowen, J. & Filippini – Fantoni, S. (2007), "Bookmarking in Museums: Extending the Museum Experience Beyond the Visit?" In J. Trant & D. Bearman (Eds.), *Museums and the Web* 2007: *Proceedings*, Toronto: Archives & Museum Informatics, 发布于 2007 年 3 月 1 日, www. archimuse. com/mw2007/papers/filippini – fantoni/filippini – fantoni. html, 最后访问时间: 2012 年 5 月 29 日。

18　Gaver, B. (2002), "Provocative Awareness," *Computer Supported Cooperative Work*, 11 (3 – 4), pp. 475 – 493.

19　Gaver, B., Dunne, T. & Pacenti, E. (1999), "Design: Cultural Probes," *Interactions*, 6 (1), pp. 21 – 29.

20　Vyas, D., van de Watering, M. R., Eliëns, A. & van der Veer, G. C. (2007), "Being Social @ Work: Designing for Playfully Mediated Social Awareness in Work Environments," In A. Venkatesh, T. Gonsalves, A. Monk & K. Buckner (Eds.), *IFIP International Federation for Information Processing*, *Volume* 241. *Home Informatics and Telematics: ICT for the Next Billion*, Boston: Springer, pp. 113 – 131.

21　"Measure What? Metrics to Engage Stakeholders and Achieve Strategic Goals," Speakers: J. Abrams, M. L. Anderson, A. Bartow – Melia & B. Brewer. (2012), AAM Annual Meeting and Museum Expo 2012, April 29, 2012, Minneapolis – St. Paul.

22　"Audience Research and Diversity: First Steps in Planning for Inclusive Museums," (2012) Speakers: B. Cohen – Stratyner, C. Garibay, J.

Heimlich, J. Koke, C. A. Reich, J. Stein & C. Vanden Bosch, AAM Annual Meeting and Museum Expo 2012, April 30, 2012, Minneapolis – St. Paul.

23 "Changing Museums, Changing Methods: Creative Evaluation of Audience Engagement," Speakers: S. Lee, M. E. Munley, S. Sargent & K. Tinworth, AAM Annual Meeting and Museum Expo 2012, April 29, 2012, Minneapolis – St. Paul.

24 Persson, P. E. (2000), "Community Impact of Science Centers: Is There Any?," *Curator*, 43 (1), pp. 9 – 18.

25 "Investigating Impacts on Audiences When Programming Extends Outside Your Walls," Speakers: S. Downey, J. Goss, K. Haley – Goldman, J. Jones – Rizzi & E. Kollmann, AAM Annual Meeting and Museum Expo 2012, Minneapolis – St. Paul.
"What Impact Do We Really Have? Long – Term Evaluation of Behavioral Change," Speakers: E. Silkes, M. Hoque, L. Y. Lee & L. P. Valdez, AAM Annual Meeting and Museum Expo 2012, April 29, 2012, Minneapolis – St. Paul.

26 Black, M. & Hein, G. H. (2003), "You're Taking Us Where? Reaction Andresponse to a Guided Art Museum fi ldtrip," In M. Xanthoudaki, L. Tickle & V. Sekules (Eds.), *Researching Visual Arts Education in Museums and Galleries: An International Reader*, Dordrecht, Netherlands: Kluwer Academic Press, pp. 117 – 133.

第十二章 21 世纪的博物馆

1 Mamie Bittner, 个人通讯, 2005 年 7 月 25 日。

2 Dierking (2010).

3 Falk & Sheppard (2006).
Jacobsen, J. (2008), "Beyond Visitors: Growing Mission and Margins," Presentation at the Association of Science – Technology Centers annual meeting, October 19, 2008, Philadelphia.

Series of sessions on new business models at the 2006 – 2010 Association of Science – Technology Centers organized by David Chesebrough, CEO of COSI.

4　Weil, S. E. (2002).

5　Skramstad, Harold K. (1997), "Changing Public Expectations of Museums," In S. Weil (Ed.), *Museums for the New Millennium*, Washington, DC: Smithsonian Institution, p. 38.

6　Csikzentmihalyi, M. (1990), *Flow: The Psychology of Optimal Experience*, New York: Harper Collins.

7　例如, Luke, J. 与 McCreedy, D. (2012), "Breaking DSown Barriers: Museum as Broker of Home/School Collaboration," *Visitor Studies*, 15 (1), pp. 98 – 113。

8　Visitor Studies Association (U. S.), Committee on Research and Evaluation (U. S., American Association of Museums), and Special Interest groups of Museums Association (UK), Museums Australia, European Science Centre Association, American Evaluation Association and Asian Science Centre Association.

9　Weinstein, M., Nazar de Jaucourt, L., Leos – Urbel, J., Debraggio, E. & Schwartz, A. E. (2010), *Urban Advantage interim Report*, New York: New York University Institute for Education and Social Policy. Weinstein, M. & Ruble, E. (2011), *Can Formal – Informal Partnerships Improve Science Literacy for Urban Middle Schoolers? The Impact of Urban Advantage*, IESP Policy Brief, New York: New York University Institute for Education and Social Policy.

10　Simon (2010).

11　Schwartz, D. (2010), "Experiments in Making History Personal: Public Discourse, Complexity, and Community," *Journal of Museum Education: Museum, Education and Public Value: New Ideas and Strategies*, 35 (1), Spring, pp. 71 – 81.

12　Ellenbogen (2003).

13　Wenger, M. (2011), "Free – Choice Family Learning Experiences at

Informal Astronomy Observing Events," Unpublished doctoral dissertation. University of Arizona, Tucson.

14 Adams & Luke (2012).

15 B. Sheppard, Personal Communication. January 12, 2006.

16 www. mohistory. org/welcome/mission1, 最后访问日期: 2012 年 5 月 16 日。

17 www. sciencegallery. com/this_is_science_gallery, 最后访问时间: 2011 年 12 月 31 日。

18 Anderson, G. (Ed.) (1998), *Museum Mission Statements: Building a Distinct Identity*, Washington, DC: American Association of Museums.

19 Moore (1995).

20 Kim, W. C. & Mauborgne, R. (2004), "Blue Ocean Strategy," *Harvard Business Review* (Oct.), pp. 76 - 84.

21 Janes, R. (2009), *Museums in a Troubled World: Renewal, Irrelevance or Collapse?*, New York: Routledge.
   Davis, J., Gurian, E. H. & Koster, E. (2003), "Timeliness: A Discussion for Museums," *Curator*, 46 (4), pp. 353 - 361.

22 Geraldine R. Dodge Foundation (2002 - 2003), *Annual Reports*, Morristown, NJ: Geraldine R. Dodge Foundation.

23 Institute for Museum and Library Service (2011), "National Medal for Museum and Library Service," www. imls. gov/call_for_nominations_2012_national_medal_for_museum_and_library_service. aspx, 最后访问时间: 2011 年 11 月 1 日。

译后记

无论时代如何变迁，博物馆和科技馆首先是要满足公众的需求，不能很好地满足公众需求的场馆，注定无法弦歌不辍。在我国，前来博物馆、科技馆参观的公众一般被称为"观众"，观众研究是各类场馆可持续发展的核心课题与业务领域。《博物馆体验再探讨》一书，正是对"观众"这一受众群体进行研究的典范之作。

本书的两位作者约翰·福克（John H. Falk）和林恩·迪尔金（Lynn D. Dierking）皆为美国博物馆研究和科学教育的领军人物。约翰·福克是加州大学伯克利分校生物学与教育学双料博士，目前担任俄勒冈州立大学终身科学技术工程与数学学习研究中心主任，曾在生物学、心理学和教育学领域撰写了超过一百篇学术论文或章节。林恩·迪尔金是佛罗里达大学科学教育博士，现任俄勒冈州立大学教育学院研究院代理副院长，担任《科学教学研究》《博物馆管理与策展杂志》《课外活动》等期刊的编委。二人合作密切，曾合作著有《博物馆体验》和《博物馆学习：观众体验和意义的形成》等书。2010 年二人同时荣获美国博物馆联盟颁发的约翰·科登·达纳领导奖。该奖是对博物馆领域之外人士颁发的最高荣誉，主要表彰那些展现出杰出领导才能，并提升了博物馆教育使命和能力的人。

　　两位作者提出"学习的情境化模式"（Contextual Model of Learning），用这一模式建构了本书，并按时间线组织了书中的讨论。他们通过这一模式对观众体验进行统计，对博物馆参观这一链条上的前、中、后三个环节进行细致入微的分析，并在最后一章对博物馆在 21 世纪的发展作出展望。作者专注于全过程、近距离透视和分析观众参观博物馆的行为，直接把镜头对准观众本身，力求绘制一幅完整的观众参观流程图。在这种思路下，观众参观的每一阶段都被条分缕析。

　　在书中，作者敏锐地指出："博物馆体验远远早于实际参观开始之时，并在参观后仍有持续影响。我们的'故事'始于观众尚在博物馆之外，继于观众进入博物馆之时，而终于观众走出博物馆之后。"书中还同时探讨了观众为何前来博物馆、为何不来博物馆，追根溯源，有助于博物馆按图索骥地建立制度和规范，改进管理和服务，从而让馆方和观众持续产生良好的互动和正向反馈。换个角度，本书的读者即使不是博物馆从业人员，仍然可津津有味地阅读。比如书中将观众分为七种类型：探索者、导览者、专业人士/"发烧友"、寻求"体验"者、"充电"者、虔诚的朝圣者以及（或）寻求"关联"者，观众读书至此，不免对号入座，甚至会心一笑。

　　本书 1992 年首次出版，迄今经久不衰，现在呈现在读者面前的是两位作者的最新修订版，在如何分析观众、细分观众和深入研究观众方面对于我国博物馆、科技馆堪称宝贵镜鉴。

　　本书译者分工如下：马宇罡（英文版序，第一至四章）、戴天心（英文版前言，第五至八章）、王茜（第九至十章）、霍菲菲（第十一章）、刘渤（第十二章，附录）。全书由马宇罡、王茜统稿，中国自然科学博物馆学会副理事长兼秘书长、中国科技馆副馆长欧建成先生审定。限于译者水平，书中难免存在疏谬之处，敬请广大读者批评指正。

译者

2020 年 9 月

图书在版编目（CIP）数据

博物馆体验再探讨 /（美）约翰·福克
（John H. Falk），（美）林恩·迪尔金
（Lynn D. Dierking）著；马宇罡等译 .-- 北京：社
会科学文献出版社，2021.4（2024.7 重印）
（中国科学技术馆译著系列）
书名原文：The Museum Experience Revisited
ISBN 978-7-5201-7850-1

Ⅰ.①博… Ⅱ.①约… ②林… ③马… Ⅲ.①博物馆
- 工作 - 研究 Ⅳ.① G26

中国版本图书馆 CIP 数据核字（2021）第 031988 号

· 中国科学技术馆译著系列 ·
博物馆体验再探讨

著　　者 /［美］约翰·福克　　［美］林恩·迪尔金
译　　者 / 马宇罡　戴天心　王　茜　霍菲菲　刘　渤

出 版 人 / 冀祥德
组稿编辑 / 邓泳红
责任编辑 / 陈　雪　宋　静
文稿编辑 / 侯婧怡
责任印制 / 王京美

出　　版 / 社会科学文献出版社 · 皮书分社（010）59367127
　　　　　　地址：北京市北三环中路甲29号院华龙大厦　邮编：100029
　　　　　　网址：www.ssap.com.cn
发　　行 / 社会科学文献出版社（010）59367028
印　　装 / 三河市东方印刷有限公司

规　　格 / 开　本：889mm×1194mm 1/32
　　　　　　印　张：12.875　字　数：290千字
版　　次 / 2021年4月第1版　2024年7月第3次印刷
书　　号 / ISBN 978-7-5201-7850-1
著作权合同
登 记 号 / 图字01-2021-0576号
定　　价 / 79.00元

读者服务电话：4008918866